늘 깨어나는 지금

늘 깨어나는 지금

1판 1쇄 인쇄 2018. 4. 5.
1판 1쇄 발행 2018. 4. 15.

지은이 알마스
옮긴이 김훈

발행인 고세규
편집 김동현 | 디자인 조명이
발행처 김영사
등록 1979년 5월 17일(제406-2003-036호)
주소 경기도 파주시 문발로 197(문발동) 우편번호 10881
전화 마케팅부 031)955-3100, 편집부 031)955-3200 | 팩스 031)955-3111

값은 뒤표지에 있습니다.
ISBN 978-89-349-8125-1 03810

홈페이지 www.gimmyoung.com   블로그 blog.naver.com/gybook
페이스북 facebook.com/gybooks   이메일 bestbook@gimmyoung.com

좋은 독자가 좋은 책을 만듭니다.
김영사는 독자 여러분의 의견에 항상 귀 기울이고 있습니다.

이 도서의 국립중앙도서관 출판시도서목록(CIP)은 서지정보유통지원시스템 홈페이지 (http://seoji.nl.go.kr)와
국가자료공동목록시스템(http://www.nl.go.kr/kolisnet)에서 이용하실 수 있습니다.(CIP제어번호 : 2018010233)

나날이 닦는 즐거움에 대하여

늘 깨어나는 지금
RUNAWAY REALIZATION

알마스
—— 김훈 옮김

김영사

| **일러두기** |

1. 이해를 돕기 위해 원서에 없는 주석을 덧붙였습니다.
2. 구분이 필요한 용어에는 영문 또는 한문을 연달아 함께 표기했습니다. 앞에서 이미 표기한 경우라도,
   문맥상 의미를 분명히 전달하기 위해 추가로 병기한 경우가 있습니다.
3. 우리말로 옮겼을 때 의미가 제한되거나 원어 그대로 이해가 쉬울 경우에는 외국어 표현을 그대로 살
   렸습니다.
4. 외래어는 국립국어원 외래어 표기법을 원칙으로 삼았습니다.

한 알의 모래에서 세상을 보고
한 송이 들꽃에서 천국을 본다.
그대의 손바닥으로 무한을 움켜쥐고
한순간에 영원을 포착하라.

_ 윌리엄 블레이크

인간 활동의 핵심에 자리 잡고 있는 것은 대부분 의미 추구다. 우리
는 보이지 않는 미립자부터 초월적인 거대한 상태에 이르기까지 온갖
곳에서 드러나게 의미를 찾고 있다. 그 추구의 요점은, 우리 인간 경험
전체의 무게를 감당해낼 수 있는 하나의 궁극적인 진리의 바탕이 되
어줄 만한 자리를 찾아내자는 것이다. 우리의 과학은 모든 것을 통일
하는 이론을 찾아냈으면 하는 바람에서 좀처럼 포착하기 어려운 초대
칭supersymmetrical 입자들을 추적하고 있다. 우리의 영적 전통은 실재
의 궁극적 차원을 찾기 위해 내면 영역을 여행하고 있다. 우리의 철학
은 존재와 무無를 탐구하면서 그와 관련한 주요 개념들을 최대한 설명
하고 있다. 그리고 우리 각자는 자기가 누구이고 무엇을 하는 존재인
가 매일 되물음으로써 궁극적인 것을 좇는 이런 충동을 반영하고 있
다. 나아가 우리는 우리의 개인적, 지적, 정치적, 종교적, 문화적인 다툼
에 이르는 온갖 다툼을 서로 경쟁하는 궁극적인 것들의 충돌로 보기도
한다.

모든 것의 의미를 이해하게 해줄 하나를 찾는 일은 종종 개별적인 것들의 특수성을 말살하는 역설적인 효과를 낳기도 한다. 단일성은 같음의 문제가, 평등은 등가等價의 문제가 되어버린다. 우리는 모든 것의 밑바닥, 예컨대 힉스 입자Higgs boson[1]에 이르거나 모든 것 너머, 곧 실재의 절대적 공空에 이르고 싶어 한다. 하지만 우리는 삶에서 아주 광범위한 것들과 마주친다. 쿼크, 잔소리쟁이 아줌마, 태평양, 교통체증, 무한한 자각 같은 것들과. 이처럼 다양한 것들을 고정되고 지배적인 유일한 단일체 곧 양자나 매크로 또는 두 가지 모두로 포괄하고자 하는 충동은 안정에 대한 필요성이나 불안정에 대한 방비의 필요성에서, 확연한 앎에 대한 필요성에서 비롯된다. 우리는 외적인 삶에서뿐만 아니라 내적인 삶에서도 자유를 안정과 바꾸는 경향이 있다.

내적인 깨달음에 대한 다이아몬드 어프로치의 창시자 A. H. 알마스Almaas는《늘 깨어나는 지금Runaway Realization》에서 다른 가능성을 제시하고 있다. 실재가 단일한 어떤 궁극적인 것으로 국한되지 않는 것이라면? 모든 인간 삶을 통합해주는 고정된 어떤 진리도 없다면? 결말에 대한 추구가 미묘한 자아 개념들의 자취에 불과한 것이라면? 단일성이 특수성을 포함하고 있다면? 자유가 최종적인 안식에 결코 이르지 못하리라는 것을 뜻한다면?

알마스는 여기에서 실재를 어떤 한 관점으로 국한시키지 않으면서

---

1 물질을 구성하는 최소 단위인 기본 입자 17종의 하나로, 우주 공간에 가득 차 있으며 다른 입자들과 상호작용하여 각 입자에 '질량'을 부여한다. 물질에 질량을 부여하고는 순식간에 사라지므로 입증이 어려웠는데, 2013년에 입자가속기 실험으로 존재가 확인되면서 이를 통해 현대 물리학의 '표준모형'이 완성되었다.

가능한 모든 견해를 정당한 것들로 보는 관점인 전체성의 관점view of totality으로 우리를 초대한다. 전체성의 관점은 어떤 한 궁극적인 진리에 고착되는 대신에, 어떤 단일한 견해나 여러 견해의 어떤 조합도 실재의 풍요로움을 고갈시킬 수 없다는 것을 인정하고 있다. 전체성의 관점은 이원적, 비이원적, 단일공간적unilocal, 일신론적, 과학적, 철학적 관점을 비롯한 가능한 모든 관점과 그 외의 여러 관점(영원의 철학자 perennial philosopher들이 그러하듯이)을 유일한 어떤 한 진리의 단순한 반복들로 축소시키지 않고 그 모든 것을 다 포함하고 있다. 각각의 관점이 자체의 특수한 진리에 대한 완전한 이해이기는 하지만, 실재는 본래 자유롭고 그 어떤 관점으로도 완전히 포착할 수 없는 것이기에 그런 관점들 가운데 어떤 것도 실재 전체에 대한 완전한 이해가 되지 못한다.

전체성의 관점에서 새로운 어떤 것이 생겨나고 있다. 전체성의 관점은 "이 관점은 저 관점보다 더 낫다"라는 이원론을 넘어서 있다. 그것은 하나의 진리를 반영하는 모든 관점의 비이원론을 넘어서 있다. 그리고 그것은 이원론과 비이원론 모두를 무시하는 것이 아니라 그 양자를 실재를 바라보는 무수히 많은 방식 가운데 두 가지 정당한 가능성들로 봄으로써 양자 모두를 넘어서 있다. 전체성의 관점은 관점들을 부정하지도 않고, 또 그것들을 조화시키려고 하지도 않는다. 이 관점은 혼합주의적이지도 않고 중도주의적이지도 않으며, 무질서한 잡동사니도 아니고 그렇다고 타협의 진구렁도 아니다. 그 핵심에는 동일함과 차이에 대한 전혀 새로운 개념, 상대적인 개념이 아니라 절대적인 개념이 존재하고 있다. 여기서 절대적인 개념이라고 하는 것은 특수성을 희생하는 대가로 단일성을 얻거나, 또는 유한함을 희생하는 대가로 무한함을 얻는 게 아니라는 것을 뜻한다. 전체성의 관점은 더 이상 환원시킬 수 없는 실질적인 차이와도 전혀 무리 없이 조화를 이룬다.

알마스는 실재가 고정되고 최종적인 밑바닥 혹은 천장을 가질 수 있다는 생각을 거부함으로써 실재를 그릇 혹은 담을 수 있는 어떤 것으로 보는 견해를 배제해버린다. 실재가 스스로를 드러내는 방식은 무한히 다양하다. 실재는 온갖 종류의 각기 다른 관점을 다 아우를 수 있으면서도 여전히 불확정 상태로 남아 있는데, 그 불확정성은 모호함이 아니라 철저한 개방성에 더 가까운 것이다. 따라서 쿼크, 잔소리쟁이 아줌마, 태평양은 그 특수성을 양도하지 않고도 하나가 될 수 있고, 원자보다 더 작은 미립자나 비이원성의 수준에 의지하지 않고도 있는 그대로인 채로 하나가 될 수 있다. 이런 것은 전체성의 관점을 통해서 얻을 수 있는 통찰들 중 하나에 불과하다. 이 책 전체를 통해서 알마스는 수행과 공空과 시공간과 관계와 함이 없음(무위)과 관련된 많은 일반적인 견해들을 취해서 전체성의 관점을 통해 새롭게 비춰주고 있다.

전체성의 관점은 각자 자체의 궁극적인 것을 갖추고 있는 모든 관점의 유효성을 인정하기 때문에 결정적인 어떤 단일한 진리라는 개념을 배제한다. 실재는 어떤 한 총체적인 관점이 미칠 수 있는 범위 너머에 머물러 있으며, 이것은 모든 관점이 다 실재에 관한 나름대로의 진리를 포함하고 있다는 사실을 반영하고 있다. 머무르지 않는 깨달음은 한 깨달음에서 다른 깨달음으로 자유롭게 이동하면서 자체의 삶을 사는 실재의 승리다. 자유는 궁극적인 어떤 진리에 도달하느냐의 문제가 아니라, 어떤 한 관점 혹은 여러 가지 관점을 가질 수도 있고 또 전혀 어떤 관점도 갖고 있지 않을 수도 있는, 즉 관점의 면에서 신축자재할 수 있느냐의 문제가 된다. 관점의 개방성, 곧 어떤 한 관점 혹은 여러 개의 관점을 갖고 있기도 하고, 또 전혀 어떤 관점도 갖고 있지 않기도 하는 식의 이런 근본적인 개방성이야말로 실재의 가능한 모든 관점에 생기를 불어넣어주는 활력의 본질이다.

알마스는 이런 전체성의 관점에서, 제아무리 지속적이고 일관된 관점이나 관점의 조합도 실재의 진리를 완전히 바닥낼 수 없다고 함으로써 괴델Gödel[2]의 유명한 수학적 증명을 영적 작업의 영역으로 확장시켰다. 그러니 인간은 자유를 누리는 대가로 이런 불확실성에 따라 살아갈 수밖에 없다.

이 책을 알마스의 이전 책들과 구별시켜주는 것은 이 책이 '다이아몬드 어프로치'의 가르침 전체를 아우르고, 그것을 다른 가르침들 및 영적 담론들과의 관계 속에 자리 잡게 해주는 더 큰 관점을 처음으로 제시하고 있다는 점이다. 그의 이전 책들은 깨달음에 대한 위계적 관점으로 간주할 수 있는 내용을 상세히 서술하고 있는데, 이 관점에서 영적 수행은 에고ego 동일시를 꿰뚫어보고, 현존의 다양한 특성과 비이원성의 여러 수준을 깨닫고, 그런 깨달음들을 우리의 일상생활 속에 통합하는 점진적인 과정이다. 우리는 다이아몬드 어프로치를 근본적인 특성과 무한한 차원과 지혜의 탈것vehicle들을 경험하는 끊임없는 진행과정으로 알고 있는데, 이 책에 다이아몬드 어프로치를 반박하는 내용 같은 것은 전혀 없으며, 그보다는 차라리 그것을 비非위계적인 더

---

2 오스트리아 태생의 미국의 수학자 · 논리학자(1906~1978).

확장된 관점으로 새롭게 조명하고 있다.

　전체성의 관점, 그에 수반되는 실재에 대한 개념인 '전체적 참존재 Total Being'라고 하는 것, 개별적인 수행과 깨달음 간의 관계를 이르는 깨달음의 역학에 대한 이해 등은 다이아몬드 어프로치의 비위계적 관점을 분명히 표현하기 시작한다. 우리는 자신의 즉각적인 경험의 깊이를 잼에 따라서 어느 시점에 이르면 전체성의 관점의 숨은 뜻을 발견하기 시작할 수 있다. 우리는 전체성의 관점을 통해서 그 관점의 독특함과 타당성, 그 특수한 관점의 경험적 우주뿐만 아니라 한 세계관과 또 다른 세계관의 관계도 알아차릴 수 있다. 그렇게 하는 것은 실재 고유의 자유를 해방시키며, 실재는 우리를 다른 관점들과 그 이상의 신비로 인도해줌으로써 기쁨을 드러낸다. 불확실성의 핵심적인 뜻은 이런 것이다. 즉, 우리는 궁극적인 의미를 추구하는 짓에서 해방되어 무한한 모험의 삶으로 뛰어들게 된다는 것.

자리나 마이완디Zarina Maiwandi

감사의 말

이 책은 많은 이들의 애정과 헌신적인 노력 덕에 여러분이 보는 형태로 나타났다. 이블린 번바움Evelyn Birnbaum은 여러 해 동안 내 가르침을 녹취해왔으며, 그녀의 헌신적인 도움은 다이아몬드 어프로치의 가르침들과 그것의 배움터이자 수행터인 리드완 스쿨Ridhwan School에 더없이 소중한 역할을 해왔다. 그녀는 내가 두 번의 안거 기간에 가르친 내용을 녹취했으며, 나는 거기서 일부 내용들을 골라냈고, 그것들이 결국 이 책의 각 장들이 되었다. 그렇게 골라낸 뒤부터 나는 이 책의 책임 편집자인 자리나 마이완디Zarina Maiwandi, 편집장인 바이런 브라운Byron Brown의 도움을 받았다.

이 책은 자리나가 편집 책임을 맡은 내 첫 책이었다. 그 과정이 처음부터 끝까지 원활하게 흘러갔다는 사실은 그녀가 뛰어난 솜씨와 능력을 지닌 사람임을 입증해준다. 처음에 그녀는 안거 기간의 가르침에 내재된 서로 다른 두 흐름을 응집된 하나의 전체로 엮어놓았다. 그리고 그 단계에서부터 그녀는 그 녹취록들을 쉽게 읽을 수 있는 장들로 변형시키는 작업에 도전했다. 그녀가 한 회분의 강연 내용을 대강 편집해서 내게 보내주면, 나는 그것이 그 가르침의 실제를 제대로 반영해주는 원고를 만드는 작업을 했다. 자리나가 단어와 구들을 선택할 때 보면 가르침의 미묘한 뉘앙스들에 대해 탁월한 이해력이 있다는 사실이 드러나곤 했으며, 그것은 대체로 내가 약간만 손을 보면 된다는 것을 뜻했다.

우리는 매 장마다 좀처럼 작업을 진척시키지 못하는 단계를 겪었고, 그때마다 자리나는 그 꼭지를 바이런에게 보내 전체를 읽어보고 자신과 논의하게끔 했다. 바이런은 오랫동안 리드완 스쿨의 교사로 일해 왔고 또 내 책들의 편집자 역할을 해온 터라 경험이 풍부하고 노련해서 원고를 다듬고 그 내용을 더 명증하게 하는 데 큰 도움을 줬다.

마지막으로 그렇게 다듬어진 원고들은 엘리안 오바디아Elianne Obadia에게 넘어가 최종적인 손질과 송고 정리 단계를 거쳤다. 그렇게 완성된 원고는 샴발라Shambhala 출판사로 넘어갔다. 내가 최근에 출간한 모든 책들과 친숙한, 빼어난 편집자 리즈 쇼Liz Shaw는 항상 그랬던 것처럼 소중한 조언을 제공해줬고, 출간 준비의 최종 단계들 내내 이 책을 자상하게 보살펴줬다.

2000년 이래 샴발라 출판사는 다이아몬드 어프로치의 가르침들을 책으로 출간하는 작업을 꾸준히 뒷받침해왔다. 나는 인류에게 유익한 책들의 출간 작업을 돕는 그들의 정책을 높이 평가한다.

이 책을 위해서 일해주신 모든 분들께 감사드린다. 이블린, 자리나, 바이런, 엘리안, 리즈, 그리고 이 프로젝트에 온갖 솜씨를 발휘하고 헌신을 아끼지 않은 샴발라의 다른 모든 분들께.

A. H. 알마스

새로운 가르침의 바퀴를 돌리며

만일 당신이 다이아몬드 어프로치Diamond Approach[3]와 친숙한 이라면 내가 어째서 이 새로운 가르침을 제시하고 있는지 의아해할지도 모른다. 도대체 무슨 이유로 또 다른 책을 내놓은 거지? 당신은 내가 과거에 출간한 책들에서 해야 할 이야기를 다 했다고 생각할지도 모른다. 그것은 사실이며, 나는 이미 아주 많은 말을 했다. 만일 당신이 이 길에 새로 들어선 이라면, 내가 무엇 때문에 이 책을 썼는지 알고 싶어 할 수도 있다. 당신은 대체 무엇 때문에 이 책을 읽고 싶어 하는지 스스로에게 질문할 수도 있다. 대체 무엇이 내가 무슨 말을 하려고 하는지 알아보고 싶은 마음이 들게 하는 걸까? 이런 의문들에 대한 답이 무엇이든 간에, 아무튼 우리는 여기에 함께 있다. 당신과 나는 다시 만

---

3 김영사에서 펴낸《늘 펼쳐지는 지금The Unfolding Now》에 한국 독자들의 이해를 돕기 위해 그 전모가 서술되어 있으니 참고. 하지만 그 내용을 몰라도 이 책을 충분히 이해할 수 있다.

났다. 혹은 처음으로 자리를 함께한 것일 수도 있다.

우리가 함께하고 있다는 것을 내가 이해하는 한 가지 방식은 당신은 이 책을 읽고 있고, 나는 진리에 대한 우리의 공통된 관심사의 표현이자 진리에 대한 사랑의 표현으로서 이 책을 쓰고 있다는 것이다. 우리는 스스로와 교감하는 참된 실재reality다. 본질적으로 우리는 당신으로서, 나로서, 다른 모든 이로서 스스로를 표현하는 실재의 에센스⁴다. 내가 보기에, 진리에 대한 우리의 사랑이 더없이 간절한 것이 될 때 우리는 실재가 인도하는 대로 따라갈 수밖에 없다. 그럴 때면 실재 그 자체가 그것의 모든 일상적인 표현을 통해서 우리의 삶을 살아가기 시작한다. 우리 삶은 실재의 끝없는 드러남, 시작도 끝도 없는 모험이 될 수 있다. 당신이 보고 있는 이 책은 실재의 그 끝없는 속성, 삶이라는 모험의 그침 없는 펼쳐짐을 지적하려는 내 시도에서 나온 것이다.

내가 전하는 가르침인 다이아몬드 어프로치는 생명과 마찬가지로 끊임없이 진화하고 그 자체에 관해서, 그리고 실재에 관해서 더 많은 것을 드러내주는 살아 있는 진리다. 이 가르침은 지난 몇십 년 동안 '참나'와 실재의 본성을 조사해왔다. 이것은 많은 수행법을 개발했고, 수많은 경험 영역을 드러내왔다. 우리의 주요 수행법인 탐구inquiry는 늘 우리가 지금 있는 자리를 탐험하는 것으로 시작된다. 우리 대부분에게 이것은 우리가 자신의 즉각적인 경험의 생생함을 억누르는 구조와 믿음을 다루는 것으로 내적인 작업을 시작한다는 것을 뜻한다. 시간이 흐르면서 우리는 자신의 경험에 대한 열려 있고 목표 없는 이런

---

4 역자에 따라 '참본성'으로 옮길 수도 있지만, 《늘 펼쳐지는 지금》과 용어의 통일을 이루기 위해 '에센스' 그대로 옮겼다.

탐구를 통해서 온갖 종류의 깨달음과 각성의 과정을 밟아나간다. 우리는 영혼을 발견하고, 그 수많은 특성들 속에서 현존을 발견하고, 참본성true nature의 무한한 차원들과 실재의 비이원성nonduality을 발견한다. 그리고 우리는 우리가 발견한 이 모든 것의 지혜를 반영해주는 개별적인 삶을 살아가는 법을 배운다. 실재의 절대적 핵심 속으로 파고들어 가는 탐구의 여정과 아울러 실재를 우리 일상생활과 통합시키는 일은 우리가 깨어나는 데, 그리고 새롭고 예기치 못한 방식으로 끊임없이 깨어나는 데 꼭 필요하다.

내가 과거의 가르침과 책들에서 분명하게 밝힌 점진적인 관점, 즉 여러 수준과 단계, 여러 과정과 발달, 여러 차원과 궁극적 바탕의 관점에서 해방을 이해하는 것이야말로 내적인 작업을 이해하는 데 필요한 유일한 방식이다. 이 책에서 나는 그런 점진적인 관점과 아울러 그보다 훨씬 더 많은 것을 포함하는, 더 폭넓은 비위계적nonhierarchical 관점을 제시할 참이다. 그 비위계적 관점은 다이아몬드 어프로치의 가르침 전체를 포괄하고 있다. 이제까지 나는 그 가르침을 분명히 이야기해왔지만, 단지 깨달음의 한 종류로서만, 실재를 알고 그것으로 살아가는 한 방식으로서만 설파해왔을 뿐이다.

비위계적 관점은 전에 다룬 관점과의 결별을 뜻하는 것이 결코 아니다. 나는 그저 우리가 알고 있는 그 가르침에 내재된 자연스러운 의미들을 따르고 있을 뿐이다. 이 새로운 부분은 내가 아직 직접적으로, 혹은 공개적으로 이야기하지 않은 그 가르침의 여러 측면을 반영하고 있다. 그것은 우리가 지난 삼십여 년 동안 작업해온 것과는 전혀 다른 패러다임인 것으로 판명되었다. 그러나 그 가르침 속에서 이루어진 기존의 발전을 통해 우리가 알고 있다시피 그 새로운 패러다임은 과거의 성과를 포함하고 있을 뿐만 아니라 그것에 의지하고 있기도 하다. 다시 말해 이제까지 우리가 해왔던 모든 것, 우리의 모든 수행과 배움은 우리의 의식을 명료하게 하고 실재의 에센스를 꿰뚫어보는 데 꼭 필요했다. 그 작업은 이 새로운 관점에 눈뜰 가능성을 열어줬다.

우리가 우리의 깨달음을 발견하고 그 안에 머무르기만 하는 대신에 그것을 구현하고 표현하는 방향으로 나아갈 때 우리는 이 새로운 가능성을 알아차리기 시작한다. 실재는 작용과 표현의 면에서 어떤 식으로 스스로를 나타낼까? 깨달음은 어떻게 살아갈까? 만일 삶이 실재의 삶이라고 한다면, 그럴 때도 여전히 인간 삶이 의미를 지닐까? 특정한 개인이 지닌 의미는 무엇일까?

이 책에서 나는 여러 측면aspects, 탈것vehicles[5](운반체), 차원들 dimensions의 면에서 실재를 다루고 있지는 않지만, 그 모든 것은 이제까지 내가 써온 내용과 그 모든 기간 동안 우리가 작업해온 방식에 꼭 필요한 것들이었으며, 나는 그것들 중 어느 것도 무시하거나 낮춰 보고 있지 않다. 그 가르침의 여러 측면과 탈것과 차원들은 일부 사람들이 다이아몬드 어프로치의 맵(지도)이라고 언급하는 것의 구성요소들이다. 이 책에 나오는 가르침은 그 맵에서 벗어난 것이다. 그것은 다이아몬드 어프로치에 관한 모든 이야기의 밖에 있다. 우리는 미지의 땅에 와 있다. 내가 전체성의 관점view of totality(총체관)이라고 부르는 이 새로운 관점은 다이아몬드 어프로치를 지도로 만들 수 없다는 점을 알

---

[5] 예컨대 개별 영혼은 실재가 스스로를 드러내고 현실에서 작용할 수 있는 탈것이 되어준다.

려준다. 실재 자체는 지도 속에 담아둘 수 없는 것이기 때문이다. 실재는 고정된 하나의 방식으로 규정할 수 있는 획일적이고 정태적인 진리가 아니다. 그것은 사실 그보다 훨씬 더 생생하고 신비로운 길이다. 자신이 실재에 관한 궁극적이고 영원한 진리에 도달했다고 믿는 이들은 이런 얘기를 듣고 분개할지도 모른다. 또 어떤 이들은 도달해야 할 목표나 목적지가 없다는 것에서 오는 자유로움 때문에 기뻐할지도 모른다. 우리가 실재에 관해서 어떤 식으로 생각하든 간에, 실재의 이런 불확정성을 인정하는 것은 우리의 깨달음과 자유를 구현해나가는 데 꼭 필요하다.

그러므로 실재의 여러 측면과 차원들에 대한 경험이 우리가 깨어나는 데 도움이 된다 할지라도, 우리가 비록 비이원성의 각기 다른 종류들과 더불어 상승과 하강의 여행[6]을 피할 수는 없다 할지라도, 실재에 관해 좀 더 답사해보고 그것을 발견하고 좀 더 구현해야 할 일은 여전히 남아 있다.

실재의 그런 신비는 우리가 상상할 수 있는 것보다 더 많은 관점을 지니고 있다. 우리는 이 새로운 관점들로 실재를 바라봄으로써 가르침[7]의 다양한 측면을 더 쉽고 수월하게 배워 익힐 수 있다는 사실을 이내 알게 된다. 그러므로 전체성의 관점(총체관)은 가르침의 일반적인 진행, 곧 이 특수한 길과, 점진적인 것이든 갑작스러운 것이든 간에 많은 비이원적 접근법 양쪽 모두의 일반적인 진행을 더 쉽게 경험하고 이해할

---

6 상승 여행은 실재의 절대적 본성을 깨닫는 여정, 하강 여행은 그러한 깨달음을 자신의 삶과 통합하는 여정을 뜻한다. 불교에서는 전자를 반야행, 후자를 보현행이라고 부른다.
7 다이아몬드 어프로치의 가르침.

수 있게 해준다.

가르침의 각기 다른 이런 패러다임들에 관해서 우리가 생각할 수 있는 한 가지 방식은 티베트 금강승 불교에서 빌려온 은유를 사용하는 것이다. 그 전통은 가르침의 각기 다른 단계들을 통한 흐름을 '가르침의 바퀴 돌리기(전법륜轉法輪)'라고 부른다. 매 단계는 가르침의 바퀴가 한 바퀴 도는 것에 해당되며, 매 회전이 온전하고 완전한 가르침 그 자체다. 이 전통에서는 가르침의 세 단계를 이야기하는데, 각각의 단계는 진리truth의 바퀴, 다르마Dharma[8]의 바퀴, 가르침teaching의 바퀴이다. 나는 이런 용어가 쓸모 있다고 여겨서 이것을 빌려 쓰고 있기는 하지만, 금강승 불교 가르침의 단계나 회전, 그리고 다이아몬드 어프로치의 획기적인 계시[9]들 간에는 직접적으로 상응하는 어떤 것도 존재하지 않는다.

이 가르침의 발전과 그것이 실재를 표현하는 방식을 살펴볼 때 우리는 현재 상태에서 그 가르침 바퀴의 회전들에 해당하는 네 가지의 주요 흐름을 알아볼 수 있다. 바퀴의 첫 번째 회전은 영혼 혹은 개별적 의식의 배움, 발달, 깨달음에 해당되는 개별적 국면을 아우르고 있다. 여기서 영혼은 에센스가 자신의 참본성임을 발견한다. 바퀴의 두 번째 회전 단계에서 영혼은 자기 참본성의 무한한 상태를 깨달으며, 이것은 대체로 실재의 단일성과 하나됨oneness과 비이원성에 대한 깨달음과 같은 것이다. 만일 우리가 이 가르침의 역사를 자세히 살펴본다면, 우리가 가르침의 이 첫 두 법륜들 내에서 주로 작업해왔다는 사실을 알

---

8 '법' 혹은 '본성'.
9 열어 밝혀줌.

게 될 것이다. 우리는 자신의 근원적인 정체성을 깨닫고 존재의 단일성에 눈뜨기 위해서 오랫동안 열심히 노력하고 있다. 우리는 자신이 이제까지 해온 작업을 실재의 절대적 본성을 깨닫고 그 깨달음을 자신의 삶과 통합하려는 활동으로 볼 수도 있다. 이런 활동은 상승과 하강의 여정으로 알려져 있다.

이 책에서 나는 가르침 바퀴의 세 번째와 네 번째 회전들과 관련된 일부 지혜들을 소개할 참이다. 바퀴의 세 번째 회전은 내가 자유의 탈것freedom vehicle(자유운반체)이라고 부르는 것과 관련되어 있다. 이 탈것은 참본성의 무한함, 단일성, 비이원성조차도 넘어서는 움직임을 가리킨다. 그것은 실재를 완전히 다른 위치에서 제시해 보여준다. 기본적으로 그것은 우리의 우주와는 전혀 다른, 한 평행 우주로 가서 그 새 우주의 관점에서 깨달음과 영성을 주의 깊게 살펴보는 것과도 같다. 우리는 늘 접해오던 현상들을 이제까지와는 아주 다른 각도에서 탐구해볼 것이다.

바퀴의 네 번째 회전은 그 자유의 탈것의 깨달음에서 일어나는 이해들을 드러낸다. 실재는 예기치 못한 많은 방식으로 열리면서 깨달음이 많은 의미를 지닌 것이라는 점을 보여준다. 우리가 가르침의 첫 번째와 두 번째 회전들에서 보듯이 깨달음의 각기 다른 단계들이 존재할 뿐만 아니라, 각기 다른 종류의 깨달음들도 역시 존재한다. 우리는 실재를 바라보고 탐험하는 통로가 되어주는 많은 시각과 관점을 발견한다. 총체관은 제4법륜의 지혜 중 하나로서 일어난다.

이 책 전체에 걸쳐서 우리는 자유의 탈것의 가르침에서 비롯되는 각기 다른 이해 혹은 깨달음들을 탐사해볼 것이다. 제4법륜에서 드러나는 자유와 열림은 자유의 탈것이 함축하고 있는 의미를 식별하는 데서 비롯된다.

첫 번째 회전은 개별 의식과 더불어 시작되고, 두 번째 회전에서는 형태 없는 실재의 본성으로 이동한다. 그와 마찬가지로 세 번째 회전은 영혼 대신에 자유의 탈것과 더불어 시작되어 네 번째 회전에서는 무한하지도 않고 무한하지 않지도 않은 평행의 실재로 이동한다. 우리가 이 책에서 탐험하기 시작할 것은 우리가 알아온 그 어떤 것과도 다른 것인 이 평행 우주, 좀 더 정확히 말하자면, 대체alternate 실재다. 내가 이 가르침을 제시하려는 것은 사람들이 실재를 이런 아주 다른 방식으로 경험하는 것이 가능하기 때문이다. 이 가르침은 우리의 깨달음을 삶 속에 구현할 수 있는 새롭고도 심오한 가능성들을 드러내는 통합을 가져다준다. 모든 인간이 가진 이런 잠재력이야말로 자유의 길이다.

깨달음의 구현은 우리가 원해서가 아니라 실재가 원하기 때문에 사물들을 경험하는 새로운 방식들에게 우리를 열어주면서 더 깊은 깨달음으로 발전하는 깨달음이 된다. 우리가 제4법륜의 지혜를 경험할 때, 거기에는 무언가를 원하는 사람은 없다. 그 '사람'은 바퀴의 두 번째 회전 때 이미 모든 짐을 내려놓았다. 물론 우리가 바퀴의 몇 번째 회전에 속해 있든 간에 그것과는 무관하게 그 '사람'이 거듭거듭 되돌아오는 것은 불가피한 일이다. 우리는 본인이 아무리 애를 써도 다 낡아 해진 슬리퍼를 없앨 수 없는, 페르시아 이야기에 나오는 부유한 상인 아부 카셈의 처지와도 같다. 사실, 그가 슬리퍼를 없애려고 애를 쓰면 쓸수록 그것은 더욱더 완강하게 되돌아오곤 한다. 이야기의 끝에 가서

아부 카셈이 가난하고 무력한 처지에 빠질 때[10] 외부에서 구원이 찾아온다(H. I. Katibah, 《Other Arabian Nights》 참조).

우리가 바퀴의 몇 번째 회전에 속해 있든 간에, 실재는 항상 끊임없이 스스로를 드러낸다. 그리고 실재는 매 순간 우리 각자를 통해서 스스로를 드러낸다. 바퀴의 네 번째 회전의 단순 소박한 가르침은 다음과 같다. '매 순간 우리 각자는 스스로를 표현하는 실재'라고. 그 개념은 복잡한 것도, 세련된 것도 아니다. 하지만 경험 속에서 그것을 느끼고 알기는 어려울 때가 많다. 그 이유는 우리가 이 간단한 진실과 만나는 것을 가로막는 온갖 종류의 정신적 장애와 맞닥뜨리기 때문이다. 어느 의미에서 그 개념이 아주 간단하다고 해도, 우리는 여러 비전과 통찰, 이해와 처리 과정, 차원과 깨달음을 비롯한 온갖 영적 경험을 두루 거쳐야만 비로소 이 간단한 진실을 깨달을 수 있다.

생겨나고 있는 것이 무엇이든 간에 그 모든 것은 참으로 그것it일 뿐이다. 우리가 지향해갈 또 다른 '그것'은 존재하지 않는다. 바퀴의 첫 번째와 두 번째 회전들에서는 마치 우리가 지향해나갈 '그것', 즉 더 깊은 계시와 더 미묘한 통찰들이 존재하는 것만 같다. 그러나 세 번째 회전에 이르러 우리는 알아차린다. 우리는 '그것'(각기 다른 사람들과 가르침들에게 그것은 다양한 모습으로 나타날 테지만)에 이른 뒤, 사실은 어떤 '그것'도 존재하지 않으며, 우리가 어떤 것을 경험하든 간에 그것은 하나같이 실재고, 실재 말고 다른 어떤 것일 수가 없다는 것을 깨닫는다. 바퀴의 첫 번째 회전과 두 번째 회전에서 나타나는 깨달음의 위계 감각은 사

---

10 슬리퍼가 자꾸 피해를 불러일으켜 그가 계속 배상을 해줘야 하는 상황에 처하면서.

라져버린다. 네 번째 회전은 비위계의 지혜를 드러낸다. 어떤 수준도, 발달 정도도, 진전이나 발전도, 궁극적인 목적이나 목표도 존재하지 않는다. 그 대신에 어떤 식으로든 간에 스스로를 표현하는 실재의 순수한 단순함이 존재한다.

이 단순함은 명료한 것이면서도 말로는 표현할 수 없는 것이기에 우리는 네 번째 회전의 지혜를 밝히기 위해서 어떤 식으로든 언어 놀음을 해야만 한다. 우리는 언어를 사용하면서도 우리가 사용하는 언어를 계속해서 해체하는 식으로 해서 언어의 한계를 넘어서야 한다. 이 책에서 내가 서술하고 있는 것은 완전하게 혹은 결정적으로 말할 수 없는 것을 전달하기 위한 시도에 해당된다. 그것은 다양한 방식들로만 언급될 수 있을 따름이다. 어떤 한 표현도 있는 그대로의 실재를 붙잡을 수 없다. 이 책 전체에 걸쳐서 나는 실재의 다른 면들을 부각시키기 위해 약간씩 다른 표현을 사용하고 있다. 만일 당신이 이 지혜의 다양한 표현의 의미를 분명하게 고정시키기로 결심했다면, 당신은 네 번째 회전이 드러내주는 자유의 핵심인 역동성dynamism을 놓치고 말 것이다. 내가 무슨 얘기를 하는지 이해하려면 그 뜻을 알아차려야 한다. 그 내용에 마음을 열고, 그것이 당신의 내면에서 분출하게 해주고, 그것이 스스로와 실재를 경험하는 당신의 방식을 변형시키도록 허용해줘야 한다.

우리는 개인의 수행과 실재의 펼쳐짐 간의 관계인 깨달음의 역동을 조사하고 검토해보는 것으로 시작할 것이다. 탐구의 이런 줄기를 따라가다 보면 수행에 대한 다양한 망상이 드러난다. 우리는 그런 망상들 하나하나를 꽤 상세히 더듬어볼 것이다. 하지만 우리가 수행과 깨달음의 의미를 완벽하게 이해하려면 깨달음의 역동을 개별적 수행의 관점, 그리고 개별적 수행으로서의 삶을 사는 실재의 관점 양쪽 모두로 봐야만 한다. 두 가지 관점을 동시에 고려할 수 있을 만큼 우리의 탐구를 민활하게 해주는 것은 바퀴의 네 번째 회전을 통해서 나타나는 지혜들 중 하나인 전체성의 관점이다. 여러 관점을 아우르면서도 그것들 중 어느 것에 고착되거나 어느 것에 의해 속박당하지 않을 수 있는 전체성의 관점은 우리 탐구의 힘과 자유를 기하급수적으로 확장시켜준다.

전체성의 관점을 능숙하게 구사하게 될 때 우리는 그 관점에서 온갖 종류의 다른 문제들을 생각해볼 수 있다. 우리가 이 책에서 다루는 주요 논점issue들 중 하나는 이원성과 비이원성 간의 관계다. 비이원적 관점 속에 내재된 여러 속뜻을 알아차릴 때는 경험의 모든 새로운 가능성들이 열린다. 우리는 시간과 공간의 본질, 특정한 개인의 역할, 함이 없음nondoing[11]의 역설, 비어 있음emptiness[12]의 다양한 신비를 전체성의 관점에서 조사해보는 것에 의해 이 새로운 프런티어들을 답사해보는 일로 얼마간의 시간을 보낼 것이다.

우리가 이렇게 할 때는 실재가 우리가 상상할 수 있는 그 어떤 것들보다 훨씬 더 불확실하고 신비로운 것임이 드러난다. 이원적이든 비이원적이든, 단일공간적이든, 혹은 완전히 다른 어떤 것이든 간에, 단 하나의 관점으로는 실재의 역동을 담아낼 수 없다. 자유란 실재가 자신의 역동성을 드러낼 수 있는 자유이며, 형상이나 형상 없음, 또는 그 둘

---

11 무위無爲라고도 한다. '하지 않음'이라는 번역어에는 하지 않으려는 의도나 의지가 포함되어 있으므로 앞으로 이 단어는 '함이 없음'이나 '무위'로 옮길 것이다.

12 공空.

다, 또는 그 어떤 것도 아닌 것으로서 실재 자신을 표현할 수 있는 자유다. 어떤 단일한 형태나 형태들의 조합도 실재의 잠재력을 바닥낼 수 없다. 실재는 끝없는 신비다. 실재는 항상 스스로를 아는 것으로 스스로를 드러내고 있다. 실재를 알고 그것을 구현하는 것이 우리 삶의 완성이 된다. 실재의 청정함purity[13]은 우리에게, 우리를 통해서, 우리로서, 동시에 그 모든 것으로서 스스로를 표현한다. 우리 삶은 의식적으로 살고, 우리로서 스스로를 표현하고, 우리로 존재함으로써 우리를 사용하는 참본성, 곧 실재의 핵심에 자리한 청정함의 삶이 된다. 이런 점이야말로 기적과도 같은 인간 자유의 핵심이다.

---

13 공처럼 훤히 트인 맑고 투명함.

part

I

PRACTICE IS REALIZATION

수행이 곧 깨달음이다

Continual Practice

1장

지속적인 수행

　다이아몬드 어프로치를 포함한 대부분의 영적인 길에는 깨달음의 역설이 내재되어 있다. 우리는 수행을 하고 훈련을 한다. 그 과정에서 자신을 해방시킬 책임은 자신에게 있다. 그런데 그와 동시에 우리는 깨달음이 종종 자신이 하는 수행이나 훈련과 어떤 직접적인 관련도 없이 일어나기도 한다는 것을 경험을 통해서 알고 있다. 우리는 이런 역설을 조사해봄으로써 깨어나고자 하는 자신의 의도와 은총의 작용 간의 관계에 대한 이해에 이를 수도 있다. 그리고 자신의 경험에 대한 자기 책임과, 신 혹은 참존재Being[14] 혹은 참본성true nature이 해방을 일어나게 해준다는 관점 간의 관계에 대한 이해에 이를 수도 있다.

　그 두 가지 지각, 관계의 양극은 여러 가지 진실을 반영한다. 그 역설에 대한 이해에는 수행과 깨달음이 어떤 식으로 상호 관련되고 상호 작용하고 교직되어 결국 하나의 역학이 되는지를 아는 것이 포함된다.

---

14 Being: 일반적인 존재being와는 대별되는 용어라 '참'이라는 수식어를 붙였다. '존재하는 모든 것의 전체성'이라고도 할 수 있다.

우리 가운데 많은 이들이 자신의 경험 속에서 이런 역동과 맞닥뜨려왔다. 우리는 가끔 친구들과 함께 명상을 하고 탐구를 하며, 온갖 종류의 수행을 한다. 그러나 우리의 가장 깊은 깨달음들 중 상당수는 우리가 수행하는 동안에 일어나지 않는다. 깨달음은 우리가 샤워하거나 한가롭게 거리를 걷거나 카페라테를 마시는 동안에 일어난다. 머리말에서 이야기했다시피 깨달음의 역설에 관한 이런 탐구는 그저 실재에 대한 새로운 관점, 곧 다이아몬드 어프로치에서 바퀴의 제4전륜을 아우르는 관점을 적용하기 시작하는 것에 불과하다. 그리고 이 새로운 관점을 열고자 한다면 기본적인 용어들이 실재의 신비에 좀 더 투명한 것들이 되게끔 하기 위해 영적 작업을 하는 과정에서 그런 용어들의 상당수를 해체해야 한다.

우리가 "깨달음realization"이라고 할 때 그 말은 무엇을 뜻할까? 일반적으로 깨달음은 영적 탐구 행로에서의 진보를 뜻한다. 더 구체적으로 말하자면, 그것은 자신의 본성nature으로 존재하는 것을 통해서, 나와 내 본성이 둘이 아님을 알아차리는 것을 통해서, 나와 내 본성이 같은 것임을 아는 것을 통해서, 내 본성을 비이원적으로 경험하는 것을 말한다. 다이아몬드 어프로치의 많은 가르침들은 깨달음의 각기 다른 면들을 탐구한다. 우리는 자신의 참본성, 실재의 가장 순수한 본성을 진실하고 실제적인 것으로, 진짜 자기인 것으로 있는 그대로의 존재로, 밝게 깨어난 상태 속에 존재하는 것으로 경험할 수 있다.

지난 몇 년 동안 우리의 가르침은 깨달음이 참존재의 상태, 우리의 참본성의 상태, 순수한 현존이나 순수 의식이나 공空의 상태에 도달하는 문제에만 국한된 것은 아니라는 점을 강조해왔다. 깨달음은 참본성의 심원함에 관해 배우고 경험하는 문제일 뿐만 아니라, 자신이 알고 있는 것을 구현하고 그런 앎을 제대로 표현하는 법까지도 포함한다.

자신의 깨달음을 구현하는 법을 제대로 배울 때, 우리는 깨달음을 구현하는 일이 깨달음과 다르지 않다는 사실을 알게 된다. 진리를 구현하는 일은 깨달음, 각성, 존재성beingness과 분리되어 있지 않다. 자기 깨달음의 구현은 우선 하나의 경험에서 지속적인 현실로 이행하면서 그 깨달음을 더 큰 영역과 더 넓은 환경으로 확장시켜나가는 것 정도로 나타난다. 그러다 우리는 자기 깨달음의 구현이 그 같은 상태를 행동으로 옮기는 것에만 그치는 것이 아니라 전보다 더 낫고 더 깊고 더 완전한 깨달음을 실현하는 깨달음이라는 것을 알게 된다. 바로 이것이 우리가 뒷장들에서 더 폭넓게 다룰 주제다.

자신의 깨달음을 구현한다는 것이 뭘 뜻하는지를 제대로 탐구할 때, 우리는 그것이 중단 없이 수행하고 끊임없이 그런 일을 한다는 것임을 알게 된다. 많은 이들이 깨달음은 수행의 끝, 노력의 끝을 뜻한다고 여긴다. 우리는 "깨닫고 나면 더 이상 수행할 필요가 없을 거야. 나는 그저 존재하기만 해도 될 거야"라고 생각할 수도 있다. 깨닫지 못했을 때는 그 상황이 그렇게 여겨진다. 하지만 깨달음의 관점에서 보자면 삶은 지속적인 수행, 지속적인 현실 참여의 문제다. 그 때문에 영적 행로에서 우리가 하는 일과, 자유의 경험 내지 자유의 드러남 간의 관계라는 문제, 달리 말해, 수행과 깨달음 간의 관계라는 문제가 일어난다. 내가 제시하고 있는 이 가르침에서 우리는 깨닫지 못한 상태에서의 관점이 아니라 깨달음의 관점에서 수행을 이해하려고 한다.

깨달음의 구현은 지속적인 수행을 깨달음의 관점을 통해 인식하게 해줄 것이다. 깨달음의 상태에서 우리는 참되게 수행할 때마다 우리의 수행이 깨달음을 표현한다는 것을 알게 된다. 우리가 깨달은 상태에 있지 않을 때조차, 우리가 스스로를 깨달았다고 여기기 전에조차, 심지어는 우리가 깨달음을 이해하거나 알아차리기 전에조차도 그렇다. 탐구하고 명상하는 자와 그냥 불쑥 나타나 "여기 내가 있어"라고만 이야기하는 존재 간의 관계의 핵심에 도사린 신비가 바로 이것이다.

인습적이고 판에 박힌 관점에서 깨닫지 못한 상태의 관점에서 볼 때, 탐구하는 자와 드러나는 진리는 별개의 것들이며, 특정한 어떤 관계를 가진 것들이다. 한데 계속해서 탐구해나가는 과정에서 우리는 이런 관계와 아울러 수행에 대한 다양한 망상을 해체해버릴 것이다. 그런 것들은 자신의 깨달음을 구현하는 것을, 자신의 깨달음을 삶과 통합시키는 것을, 자신의 깨달음이 나날의 상황들 속에 깃드는 것을 방해하기 때문이다. 수행과 깨달음의 참된 관계를 이해할 때 우리는 깨달은 상태의 완전함과 전체성을 현실에서 온전히 표현하고 구현할 수 있게 된다. 그리고 그런 이해는 처음부터 우리의 수행을 제대로 인도해주고 우리의 수행에 큰 힘을 불어넣어준다. 우리는 이런 관계가 가진 참된 잠재력을 드러내기 위해 앞으로 이런 관계를 아주 정밀하게 조사할 것이다.

깨달음이 수행의 끝을 뜻하는 것이 아니기에 자신의 깨달음의 구현은 지속적인 수행의 모습으로서 나타난다. 우리는 이런 사실에 크게 놀랄 수도 있으며, 심지어는 자신이 수행이 뭔지 바르게 알지 못했다는 사실을 알아차릴 수도 있다. 개별 자아의 관점에서 우리는 수행을 특별한 어떤 과업을 성취하기 위해서 하는 활동으로 여겨왔다. 하지만 깨달음 속에서 우리는 그게 진실이 아니라는 것을 알게 된다. 내가 수행이라고 말할 때의 수행은 참된 의미에서의 수행을 뜻한다. 간단히 말해, 수행은 실재와 함께하면서 명상도 하고 스테이크도 먹는 등의 일을 하는 것을 뜻한다. 달리 말해, 수행은 우리의 공식적인 수행만으로 국한되지 않는다. 그것은 우리가 탐구하고 있거나 명상하고 있을 때로만 국한되는 것이 아니다. 수행은 현존하는 것을 통해서, 곧 나날의 삶을 살면서 보고 듣고 느끼는 것을 통해서 삶의 모든 순간과 맞닥뜨리는 것이다.

그러므로 수행은 우리가 행하는 특정한 어떤 활동으로만 그치는 것이 아니다. 그것은 지향성, 의도, 동기부여, 수행에 대한 헌신의 자세 등도 역시 아우르고 있다. 수행에 대한 우리의 헌신은 진리, 깨달음, 실재에 대한 우리의 사랑을 반영하는 것이다. 수행은 그러한 이해를 기억하고 표현하며, 그것과 최대한 조화를 이루는 것이다. 수행은 최대한 진실하게, 할 수 있는 한 있는 그대로 존재하려는 충동과 경향성과 움직임이요, 또 그런 식으로 존재하는 것에 대한 관심이자 사랑이다.

내가 깨달음의 구현이 지속적인 수행을 뜻하는 것이라고 말한다고 해서 우리가 늘 명상을 해야 하고 매 순간 탐구를 해야 한다는 얘기는 아니다. 우리의 공식적인 수행은 중요한데, 그것은 그럴 때 우리가 수행에 집중하기 때문이다. 하지만 수행은 우리의 삶에서 지속된다. 우리는 다른 이들과 이야기를 나눌 때도 수행을 하고 있다. 발견의 길로 들어서기 전일 때 우리의 관계는 무의식적으로 이루어진다. 우리는 무심코 할 말을 하고 할 일을 한다. 그러다 한동안 수행의 과정을 밟은 뒤 타인들과 관계를 맺을 때면 그 관계는 그들과의 관계로만 국한되지 않는다. 수행이 중요한 의미를 지닌 것이 될 때면 그런 상호작용과 대화는 추가적인 가치 차원, 진리 차원, 자기 자신과 상대방과 상황의 진정성에 관심을 두게 된다.

지속적인 수행에는 끊임없이 기억되는 그런 종류의 태도, 헌신, 관심, 사랑과 몰입이 포함되어 있다. 여기서 나는 정신적으로 기억되는 것만을 뜻하는 것이 아니다. 가끔 그런 것 같을 때도 있긴 하지만 말이다. 그것은 우리가 삶을 살아갈 때 자신의 수행 속에 반영되는 더 깊은 가치들을 잊지 않고 알아차린다는 것을 뜻한다. 내가 우리가 배운 것을 수행에 적용시킨다고 말할 때, 그것은 우리가, 어느 정도가 되었건 간에, 그런 일을 할 수 있다는 것을 뜻한다. 따라서 수행의 가치를 알게 될 때는 우리가 어떤 식으로 수행을 하든 간에, 즉 부분적으로만 진실하든, 부분적인 시도에 불과하든, 잘 모르면서 부분적으로만 시험해 보든, 혹은 부분적으로만 성공적인 것이든 어쨌든, 그것은 수행의 상당 부분을 반영하게 된다. 그리고 우리는 가끔 전혀 수행을 하지 않는 경우도 있다. 잊고 있거나 의식을 하지 못하는 상태에 빠질 때 그렇다. 우리는 진리의 가치, 깨달음의 가치, 해방의 가치를 완전히 잊어버릴 정도로 자신을 일상적 자아와 동일시할 수 있다. 그럴 때 우리는 아직 영적인 공부를 안 하고 있고, 다른 가능성들에 관해 전혀 생각해보지 않은 이들과 전혀 다르지 않다. 우리가 이렇게 무의식적인 상태에 빠질 때야말로 지속적인 수행에서 벗어나는 때다.

깨달음에 여러 등급이 있듯이 수행에도 여러 등급이 있다. 만일 우리의 수행이 수행다운 것이 되기 위해 늘 완벽한 것이 되어야만 한다면 우리는 결코 수행을 시작할 수 없을 것이다. 흔히 그렇듯이 우리의 수행이 완벽한 것이 되지 못할지라도 수행은 여전히 이루어질 수 있

✳

깨달음이 수행의 끝을 뜻하는 것이
아니기에 자신의 깨달음의 구현은
지속적인 수행의 모습으로서 나타난다.
우리는 이런 사실에 크게 놀랄 수도 있으며,
심지어는 자신이 수행이 뭔지 바르게
알지 못했다는 사실을 알아차릴 수도 있다.
개별 자아의 관점에서 우리는 수행을
특별한 어떤 과업을 성취하기 위해서 하는
활동으로 여겨왔다.
하지만 깨달음 속에서 우리는
그게 진실이 아니라는 것을 알게 된다.

다. 수행은 완벽하지 않은 상태에서도 지속적인 것이 될 수 있다. 수행은 군이 완벽하지 않더라도 깨달음을 표현할 수 있다. 지속하는 일 자체가 수행을 더 완벽하게 만들어줄 것이다. 여기서 말하는 완벽함은 도덕적인 의미에서의 완벽함이 아니라 깨달음을 더 완벽하게 표현한다는 의미에서의 완벽함이다. 수행이 깨달음을 완전하게 표현할 때 수행은 곧 깨달음이다. 그리고 수행이 깨달음을 완전하게 표현하기 전에조차도 수행은 이미 깨달음이다. 참된 마음가짐으로 수행하는 것은 항상 깨달음을 어느 정도 표현하기 때문이다. 만일 우리가 참으로 진지한 마음가짐을 갖고서 제대로 수행하기 시작한다면 우리가 알든 모르든 간에 깨달음은 이미 그곳에 있다.

그러므로 어느 의미에서는 우리 가운데 많은 이들이 이미 지속적으로 수행하고 있다고 할 수 있다. 깨달음이 수행으로서 스스로를 드러낸다는 사실을 알아차리고 경험하고 이해하는 것은 수행을 지속하고 싶은 욕구와 충동을 더 증폭시켜준다. 우리는 수행을 좋아하고, 소중히 여기고, 마음 쓰고, 잊고 싶어 하지 않게 된다. 우리는 수행하는 법을, 수행할 때 가져야 할 마음가짐을, 어디에 초점을 맞춰야 하는지를 잊고 싶어 하지 않는다. 실재와 정렬하려는 우리의 마음가짐이 심화될수록, 진실에 대한 적극적인 헌신의 태도가 강해질수록 의식의 한 가지 속성이 더 맑고 더 순수하고 더 집중된 형태로 나타난다. 우리는 이렇게 집중된 의식을 현존으로, 혹은 우리 존재의 직접성 immediacy과의 접속으로 여긴다. 실제적인 것에 대한 진심 어린 관심의 태도조차도 우리가 현존이나 즉각성으로 여기는 주의집중을 불러일으킬 수 있다.

우리가 행하는 것과 참존재 그 자체의 작용 간의 역학을 우리는 어떻게 이해하면 좋을까? 의도와 은총grace은 어떤 식으로 함께 어우러져 작용하는가? 수행과 자연발생적인 깨달음은 어떤 식으로 상호 관련될까? 수행이 뭔지 이해할 때 우리는 수행이 어떤 식으로 해서든 이미 깨달음이라는 것을 알게 된다. 수행은 깨달음의 여러 가치를 표현한다. 또 수행에는 깨달음의 여러 속성이 내재되어 있다. 가장 유명한 선사들 가운데 한 사람인 도겐道元 선사[15]는 우리가 자신의 깨달음을 구현하는 단계를 "수행이 곧 깨달음이고, 깨달음이 곧 수행이다"라는 고전적인 표현을 통해서 간단히 요약했다. 앞으로 우리는 이 하나의 표현을 제대로 이해하기 위해 다각도로 살펴볼 것이다.

깨달음을 구현하는 것이 어떻게 해서 지속적인 수행이 되는가를 이해할 수 있는 방법의 하나는 어떻게 해서 수행이 곧 깨달음인가를 이해하는 것이다. 물론, 이때의 수행은 일반적인 관점이 아니라 깨달음 그 자체의 관점을 통해서 본 수행을 말한다. 수행은 반복적으로, 그리고 기계적으로 무엇인가를 하는 일에 그치는 것이 아니다. 그냥 앉아서 명상을 한다고 해서 수행을 한다고 할 수는 없다. 수행을 하려면 참된 의도와 동기부여, 진리를 향한 참다운 헌신이 필요하다. 그런 것들이 없다면 수행을 하거나 탐구를 하는 것이 아니다. 만일 당신이 문제를 해결하기 위해서나 기분을 좋게 하기 위해서 진리를 탐구한다면, 당신은 사실 수행을 하고 있는 것이 아니다. 참된 수행은 깨달음의 가치와 특성들을 표현한다. 호기심과 사랑, 열린 자세와 확고부동함, 실

---

15 일본 조동종의 종조宗祖(1200~1253). 1227년에 송나라에 들어가 중국 조동종의 장옹여정長翁如淨의 법을 이어 묵조선默照禪을 계승했고 후에 일본에 조동종을 전파했다.

재의 즐거움, 진실성을 알아보는 안목, 티 없는 즐거움과 맑고 깨끗함, 고요함 속에서의 행복감 등과 같은 특성들을 표현한다.

지속적인 수행의 지향성, 참된 것에 대한 헌신의 자세를 이해할 때 우리는 수행과 깨달음 간의 관계의 신비에 좀 더 가까이 다가간다. 처음으로 수행하는 법을 배울 때 우리는 대체로 자신이 수행하는 경험을 한다. 그러다 자아와 실재의 본성을 더 철저히 이해하게 될 때면, 우리의 자아 감각이 변하면서 어느 시점에 가서는 수행하고 명상하고 탐구하고 염송할 때 그렇게 하는 주체가 특정한 한 개인이 아니라는 것을 깨닫게 된다. 존재하는 모든 것의 전체성이 수행을 한다는 것을 깨닫는다. 우리의 수행이 더 지속적인 것이 되고, 실재에 대한 우리의 지향성이 더 확고부동해질수록 수행의 주체에 대한 우리의 이해도 세상에 알려진 자아에서 실재의 전체성으로 자꾸 더 변해갈 수 있다.

개인이 수행할 때는 모든 것의 전체성이 수행하는 것이다. 개인이 명상할 때, 우리는 실제로 명상하는 주체가 전체성 속에서의 살아 있는 참존재Living Being임을 알게 된다. 살아 있는 참존재는 모든 것과 모든 사람의 존재성beingness, 생생함, 활력이다. 그것은 자체의 삶을 사는 실재다. 앞으로 우리는 이 책 곳곳에서 살아 있는 참존재에 관해 상세히 다룰 것이다. 하지만 지금으로서는 그런 표현이 실재는 깨달음 속에서를 제외하고는 뚜렷하게 드러나지 않는 방식으로 통일되어 있다는 것만을 뜻할 뿐이다.

살아 있는 참존재가 수행을 한다고 할 때 그것은 살아 있는 참존재가 스스로를 경험하고 드러내고 표현하고 있다는 의미에서의 수행을 한다는 것을 뜻한다. 이런 사실은 늘 변함이 없지만, 우리는 좀처럼 그것을 알아차리지 못한다. 수행의 주체가 항상 살아 있는 참존재라는 것을 알지 못하기 때문에 우리의 수행은 다양한 어려움을 드러내곤 한다. 이런 어려움에 관해서는 다음 장들에서 다룰 것이다. 우리가 일단 이런 점이 사실이라는 것을 알아차리고 나면, 우리가 수행을 할 때 산과 대양과 별들이 수행을 하게 될 것이다. 수행의 주체가 존재하는 모든 것의 전체성이라는 것을 이해하고 나면, 우리가 자신의 깨달음을 구현하는 일은 훨씬 더 간단하고 쉬워지며, 많은 의문과 갈등이 저절로 사라져버린다. 우리는 수행과 우리가 배우는 것들을 실천하는 일이 하나가 된다는 것을 알게 된다. 수행을 한다고 해서 꼭 깨달음의 경험이나 통찰을 얻는 것은 아니다. 하지만 수행은 깨달음을 구현해준다.

우리가 자신의 깨달음의 전체성을 구현할 수 있기 전에, 우선 우리의 수행은 지속적인 것이 되어야 하고, 스스로에 관해 투명한 것이 되어야 한다. 아무튼 간에, 어째서 우리는 수행을 하는 걸까? 어째서 우리는 수행을 하는 데 많은 돈과 시간과 공을 들이고, 많은 에너지를 쏟을까? 우리가 내적인 탐구를 하기 시작할 때면 항상 이런 것이 가장 큰 의문이 된다. 우리가 외적인 활동을 쫓아다니느라 분주했던 주의의 방향을 내적인 주체성과 내면 풍경 쪽으로 돌릴 때 우리의 가치체계는 바뀐다.

우리는 충만하게 살고 싶어서, 자유로워지고 싶어서, 존재의 신비를 알고 싶어서, 우리 삶이 그 목표를 성취하기를 바라서 수행을 한다. 우리는 다양한 수행 동기를 찾아볼 수 있다. 그것은 자연스러운 과정이다. 일부 사람들은 그 여행이 다른 이들보다 더 빨리 시작되고, 또 어떤 사람들은 그 여행에 다른 이들보다 더 열정적으로 임한다. 일단 그 여행을 하기 시작했다면 당신은 운이 좋은 사람이다. 만일 그 여행에 아주 많은 에너지와 노력을 기꺼이 쏟아부으려는 마음 자세를 갖고 있다면, 당신은 복 받은 사람이다.

진리가 무엇인가를 밝히는 일에 뛰어들었을 때, 우리는 무엇이 우리 여행을 방해하는지 진지하게 물어볼 수 있다. 우리가 자기 책임을 회피하는 중요한 방식들 중 하나는 늑장을 부려도 괜찮다는 믿음을 갖고 있다는 점이다. 우리는 "내게는 시간 여유가 있어. 지금은 이 일을 하고, 다음에는 저 일을 하고, 다음에 묵상하러 갈 때는 또 다른 어떤 일을 할 거야"라고 생각한다. 우리는 그렇게 할 수도 있고 하지 못할 수도 있다. 생생하게 살아 숨 쉬는 생명 그 자체는 시간에 관해 생각하지 않는다. 어느 의미에서 생명에게는 항상 시간이 있다. 하지만 생명이 영원히 지속될 수 있다손 치더라도 우리는 우리 각자의 삶과 그것의 특정한 학습 방식이 시간의 제약을 받는다는 것을 지식과 경험을 통해서 알고 있다. 각자의 삶의 한계가 어디까지인지는 아무도 모른다. 그러므로 만일 자신에게는 시간 여유가 있으며 자신의 모든 것을 수행에 쏟아부을 필요가 없다고 믿는다면, 우리는 우리로 하여금 수행하도록 끌어당기는 힘을 거스르고 있는 것이다. 그런 힘이 어떤 식으로든 간에 우리 각자를 끌어당기고 있으므로 많은 시간이 남아 있다고 생각하는 것은 둘째 치고, 우선 조금이라도 시간 여유가 있다는 식으로도 생각하지 말도록 하자. 매 순간을 더없이 소중한 것으로 여기도록 하자. 매 순간마다 다음 순간 같은 것은 없을지도 모른다고 생각하도록 하자. 오늘이 가면 내일이 올 것이라고 생각하지 말도록 하자. 물론 순탄하게 내일이 올 가능성이 아주 많긴 하지만, 우리 각자를 놓고 볼 때 상황이 늘 그렇게 돌아가기만 하는 것은 아니다.

수행의 관점에서 꼭 필요한 전력투구의 자세는 우리가 나중에 수행할 수 있다거나 나중에 더 본격적으로 수행할 수 있다거나 나중에 수행에 전념할 수 있다는 생각, 믿음, 망상 같은 것들을 거부한다. "지금은 다른 일을 해야 해. 수행은 나중에 할 거야. 지금은 이메일을 쓰고 친구들을 만나고 텃밭을 돌봐야 할 때야. 실재와 참된 관계를 갖는 것은 나중에 할 거야." 우리는 낭비할 시간이 전혀 없다는 것을, 상황이 항상 절박하다는 것을 깨달을 때, 수행에 전념한다. 그럴 때 우리는 실재와 완전한 관계를 맺고 싶어 한다. 우리는 실재를 알거나 발견하거나 구현하고, 실재로서 존재하고, 그것과 접하고, 그것에 의해 소진되어버리거나 그것을 쓰고 싶어 한다. 우리는 진리에 대한 우리 마음의 열정을 표현하기 위해서, 참된 삶에 대한 우리 영혼의 격렬한 욕구를 표현하기 위해서 수행을 한다. 우리는 죽음의 순간이 다가올 때 어떤 후회도 하지 않기 위해서 수행을 한다.

만일 실재가 그 진리의 빛을 비추기를 원한다면, 수행하는 동안 더 열려 있고 더 자유로워져야 한다. 만일 실재가 환하게 밝아지기를 바란다면 자신의 모든 것을 수행에 바쳐야 한다. 실재가 우리가 누구고 그것이 무엇인지를 드러내주게끔 하기 위해 우리가 실재와 완벽하게 어우러지려면 수행에 자기 존재 전체를 바쳐야 한다. 자신이 가진 모든 것을 다 바쳐 수행할 때 자신이 곧 수행하는 전체성이라는 사실을 깨닫는 일이 비로소 가능해진다. 실재와 완벽하게 어우러진다는 것은 실재의 특정한 어떤 한 측면을 추구한다는 것을 뜻하지 않는다. 실재와의 완전한 어우러짐은 하나의 과정이요, 목적지도 없는 끊임없는 여행이다.

따라서 우리는 깨달음의 관점을 통해서 참된 수행이 지속적이고 전체적인 것임을 알게 된다. 참된 삶을 구현하는 일에 진지하게 헌신할 때, 그것은 우리가 하는 모든 행위에 실재의 찬연한 빛이 스며들게 하는 일이 된다. 우리의 수행이 깨달음의 가치를 구현할 때, 우리는 실재가 끊임없이 스스로를 드러내고 있다는 것을 알게 된다. 실재는 결코 쉬지 않는다. 그리고 우리가 자신이 가진 모든 것을 삶과의 어우러짐, 실재와의 어우러짐에 바칠 때면, 우주의 전체성이 수행을 할 것이다. 그럴 때 수행은 곧 깨달음이다. 완전히 열려 있는 자세로 수행을 할 때, 우리는 어딘가로 가려고 애쓰지 않을 것이고, 특정한 어떤 것을 찾아내려고 애쓰지 않을 것이다. 우리는 수행하고 탐구하는데, 그것은 실재가 살아가는 방식이 그렇기 때문이다. 실재가 제 할 일을 하는 방식이 그렇다. 실재가 스스로를 드러내는 방식이 그렇다. 실재가 스스로 빛을 발하고 찬연하게 빛나는 방식이 그렇다.

다이아몬드 어프로치에서 핵심적인 탐구 수행은 실재의 이런 자유자재한 관점을 구체적으로 표현하고 있다. 이런 작업의 초장부터 우리는 자신이 어느 자리에 서 있는지를 발견하고 알아차리고 이해한다. "내가 있는 자리where I am"에 대한 진지한 탐구에는 "자리where", "나I", "있는am" 각각에 대한 탐구 조사가 포함된다. 그것들 모두는 쉽게 포착할 수 있다. 이런 식의 자유로운 자세로 나아가는 것은 실재가 당신을 통해서, 당신에게, 지금 이 순간 당신으로서 스스로를 드러내는 방식을 존중해주며, 그와 동시에 당신의 자리에서 일어나는 일들의 특수성을 포용해준다.

참된 수행은 지금 이 순간에 일어나고 있는 것을 스스로 살펴보게 한다는 것을 뜻한다. 한동안 우리는, 그렇게 살펴보다 보면 우리가 더 깊은 데로 들어가고, 또 더 많은 것들이 드러나게 되리라고 생각할 수 밖에 없다. 그리고 실제로 그러다 보면 점점 더 많은 것이 드러나며, 결국 어느 시점에 이르러 우리는 그런 드러남이 특정한 어떤 방향이나 목적지를 지향하지 않는다는 것을 알아차리게 될 것이다. 우리는 수행하는 첫 시점부터 매 순간 드러나는 것은 깨달음이요, 스스로를 드러내 보이는 실재임을 알아차리게 될 것이다. 그것 말고 달리 어떤 것이 있을 수 있겠는가? 실재 아닌 다른 어떤 것이 그런 일을 하겠는가?

완전한 깨달음에 이른 수행은 매 순간 생겨나고 있는 모든 것의 평범한 단순함을 그 순간의 깨달음으로 받아들일 수 있을 만큼 성숙한 수행이다. 하지만 그런 종류의 성숙함에 이르려면 대단히 많은 공부를 해야 한다. 그런 단순함이 드러나게 하려면 다른 모든 가능성을 완전히 다 소진시켜야만 한다. 우리가 자유로워지고, 일상의 단순함을 다른 어떤 것으로 바꾸지 않고 있는 그대로 받아들이기 위해서는 온갖 종류의 영적 차원들과 깨달음을 경험하고 이해하고 체현해봐야만 한다. 우리는 어느 날 갑자기 단순해지고 평범해지기로 결심할 수 없다. 우리는 매 순간을 있는 그대로 살아야 한다. 매 순간을 거부하지도 않고 받아들이지도 않으며, 논평하거나 예견하지도 않으면서 충만하게, 참답게 살아야 한다. 우리는 그처럼 전체적인 수행을 하면서 수행과 은총의 역설이라는 신비를 구현하기 시작한다.

The Enlightenment Drive

2장

깨달음 충동

　깨달음에 대한 일반적인 관점은 우리가 깨달을 때까지 수행하며, 깨닫고 난 다음에는 수행이 끝난다는 것이다. 하지만 통상적인 사례들을 보면 그렇지 않다. 수행에는 끝이 없다. 깨달음에서 보는 관점은 수행이란 무엇인지를 재조명해보는 것이다. 그것은 수행을 깨달음의 관점에서 이해하는 것이다. 만일 우리가 깨달은 상태나 비이원적 상태를 현상으로 나타나는 다른 모든 것과 따로 분리된 것으로 여긴다면 비이원적이라는 것이 뭘 뜻하는지 제대로 이해하지 못한 것이다. 비이원적인 것은 그 어떤 것도 배제하지 않기 때문이다. 내가 제시하고 있는 이 관점에서 우리는 일반적으로 일어나고 있거나 일어난 것들을 드러낼 것이고, 또 그런 것들을 더 폭넓은 관점에서 이해해보려고 노력할 것이다. 그런 관점에는 '깨달음이 곧 수행이며 자신의 깨달음을 구현하는 일은 지속적인 수행의 문제다'라는 알아차림이 포함된다. 깨달음의 관점으로 보는 수행은 그 진정한 의미를, 참된 비밀을 보여주기 시작한다. 하지만 한동안 우리는 그런 의미나 비밀을 제대로 이해하지 못한다.

깨달음과 우리가 펼치는 다양한 활동 간에는, 깨달음과 우리가 갖는 다양한 마음가짐 및 우리가 하는 수행들 간에는, 하나의 신비로운 관계가 존재한다. 우리는 수행과 깨달음의 관계를 알고 싶어 하고 이해하고 싶어 하며, 좀 더 근본적으로는, 수행과 전체성으로서의 실재 및 참본성과의 관계를 알고 싶어 하고 이해하고 싶어 한다. 우리는 전체로서의 실재, 완전함으로서의 실재와 수행의 관계를 알고 싶어 한다. 수행과 깨달음의 관계를 제대로 이해하려면, 전체적인 실재의 관점에서 그 관계를 이해해야 한다.

수행과 깨달음의 관계에 대한 이해가 열리기 시작하는 방식들 중 하나로 수행이 지속적인 것이 될 필요가 있다는 인식과 알아차림을 들 수 있다. 이것은 내게 다이아몬드 어프로치가 어떻게 나왔는가를 떠올려준다. 시초부터 조사와 탐구, 관여와 참가가 끊임없이 이어졌다. 나는 늘 탐사했고, 다이아몬드 어프로치의 공동 창시자인 캐런 존슨 Karen Johnson과 늘 의견을 주고받았다. 우리는 매일 여러 시간을 함께 보냈고, 각자 집으로 돌아간 뒤에도 다시 전화로 새로운 통찰과 견해를 주고받았다. 나는 매일 아침마다 새로운 경험과 함께 잠에서 깨어나 그것에 관해 조사해봤고, 일기장에 그 내용을 기록했으며, 캐런에게 전화를 걸어 이야기를 나눴다. 이런 과정은 매일, 그리고 몇 년간 지속되었다. 이제 우리는 많은 이야기를 나누지 않는다. 하지만 우리의 탐구는 계속되고 있다. 내 수행은 분명한 탐구의 형태로, 혹은 그저 탐구의 자세 정도로라도 계속되고 있다. 그것은 실재를, 진리의 가치를,

진리를 향한 마음가짐을 기억하는 자연스러운 흐름이다. 수행이 중단 없이 지속된 것이야말로 이 가르침의 발전에서 더없이 중요한 부분이었다.

수행의 지속은 우리가 자각을 이뤘는가 아닌가, 깨달았는가 아닌가, 초심자인가 경험자인가 등과는 무관하다. 수행은 항시 깨달음의 표현이다. 깨달음의 성숙도가 더 높아지면서 수행의 형태가 변할 수도 있지만, 그럼에도 지속은 여전히 핵심적인 요소로 남아 있다. 깨달음이 깊어질수록 우리는 더욱더 삶을 수행으로, 모든 활동을 수행으로, 모든 상황을 수행할 기회로 인식할 것이다.

아주 완벽하고 전체적으로 수행을 하려면 영혼이 특별히 성숙되어야 한다. 수행에 대한 동기부여와 관심이 자기 자신의 것이 되기 전까지는 자신의 수행을 지속적인 수행이 되게끔 할 수 없다. 영혼은 우리가 내적 탐구에 대한 자주적이고 독자적이고 참된 동기를 발전시킬 때 이렇게 특별한 방식으로 성숙한다. 그것은 당신이 생각, 주위들은 이야기, 자신이 겪은 경험들에 의해서 휘둘리지 않는다는 것을 뜻한다. 당신은 그런 것들보다 훨씬 더 근본적인 것, 당신의 개별적 자아를 넘어서는 것에 의해서 움직인다.

우리는 생애 초기부터 강력한 내적 힘들의 영향을 받는다. 이런 내적인 힘들, 이런 충동들은 우리의 생존, 학습, 성숙을 돕는다. 이런 충동들은 우리 안에서 생명을 표현한다. 그것들은 생명력이 여러 가지 기술과 기능처럼 생명의 다양한 영역들로 분화될 때의 표현이다. 이런 힘들 중에서 가장 뚜렷하게 드러나고 잘 알려진 것은 아마 생존 충동일 것이다. 계속해서 생존하려는 충동인 이것은 강력한 에너지들과 폭넓은 지능을 구사한다. 우리는 무력하게 태어나고, 생존할 가망성이 별로 없다. 우리의 의식적인 경험 너머에서 우리를 자극하는 이런 막강한 충동이 없다면, 우리에게는 생존하고 번성하고 싶은 욕구나 관심이 없을 것이다. 우리의 성적 에너지, 사회적 에너지를 표현하는 다른 무의식적인 충동들이 있다. 생존 충동과 성적 충동과 사회적 충동처럼 강력한 충동들은 우리의 느낌, 태도, 행위에 깊이 배어 있다. 본질과 기원의 면에서 대체로 생물학적인 것으로 간주되는 이런 충동들을 흔히 본능적 충동이라고도 한다.

참된 수행을 촉진해주는 영혼의 특별한 성숙은 제4의 충동인 깨달음 충동의 각성을 포함하고 있다. 깨달음 충동은 비록 본능적 충동들과 비슷해서 그것들과 유사한 에너지와 지능을 갖고 있기는 하지만 철저히 생물학적인 충동은 아니다. 그것이 지향하는 목표는 물리적인 것이 아니며, 그보다는 차라리 내적인 경험의 질과 관련된 것이라고 할 수 있다. 우리는 깨달음 충동을 종교적 충동, 신 혹은 성스러운 합일에 대한 열망, 깨달음이나 진리에 대한 갈망, 존재의 비밀을 발견하고 삶의 본질을 밝혀내는 일에 대한 사랑 같은 것으로 여기기도 한다.

우리는 이 충동의 진실을 파악하면서 본능적 충동들에 영향을 미치고 그것들을 깨달음 충동과 조화시키는 법을 알게 된다. 우리의 본래 존재인 참본성은 자체의 역동적인 힘을 갖고 있다. 영혼이 성숙하면서 이 역동적인 힘은 참본성의 더 큰 실현을 지향하고, 그 본성을 완전한 의식과 완전한 자각 상태 속에서 환하게 드러나게 하려는 우리 안의 충동으로서 나타난다. 참본성은 우리의 경험 속에서 스스로를 드러내려고 하는 충동을 그 안에 본래부터 갖고 있다. 우리는 이 역동적인 힘을 깨달음 충동이라고 부른다. 그것은 깨달음, 자유, 해방, 각성, 실재, 진리, 참존재의 본질인 순수함과 진정성을 지향하는 충동이다.

이것은 우리 모두가 갖고 있고, 어느 시점에서 깨어날 수 있는 타고난 충동이다. 세상에는 이 충동이 깨어나지 않은 사람들이 많다. 대체로 이 충동은 우리가 행복해지기를 바라고 자신의 삶을 개선시키기를 바라는 한 무의식적으로 기능한다. 자유와 해방을 향한 이 충동이 의식적으로 기능할 때, 그것은 우리 삶을 좌우하는 더없이 중요한 것이 자신의 내적 경험의 질, 자신이 본래 타고난 존재성에 대한 깨달음, 자신의 영적 본성에 대한 각성임을 알아차리는 것으로 나타난다. 우리가 이런 진실을 알아차릴 때 깨달음 충동은 깨어난 것이다. 이 충동의 직접적인 드러남은 수행에 대한 참다운 동기부여가 되어준다.

대부분 사람들의 경우, 깨달음 충동은 우선 헤드센터head center를 통해서 깨어나며, 나는 그것을 일러 "깨달음에 대한 생각"이라고 부른다. 일반적인 입문은 흔히 다음과 같은 식으로 이루어진다. 깨달음이라고 하는 것과 아울러 영적인 삶과 경험의 가능성이 존재한다는 생각이 들고, 그와 동시에 어떤 종류의 수행을 하거나 어떤 종류의 가르침을 추구하는 데 관심이 생기고 동기부여가 이루어지는 식으로. 우리는 깨달음에 대한 생각과 관심에 힘입어 자유 혹은 해방을 향해, 더 높은 가치들을 지닌 삶의 질에 대한 경험을 향해 나아간다. 대다수 사람들에게 깨달음 충동은 이런 식으로 깨어나고, 깨달음을 향한 여정은 이런 식으로 시작된다.

그러나 진리를 지향하는 그런 충동에 가슴이 포함되지 않으면, 깨달음 충동은 충분한 연료를 얻지 못할 것이다. 그 충동이 하트센터heart center에서 깨어날 때는 사랑과 연민, 내적인 삶의 진실에 대한 엄청난 열정으로서 나타난다. 우리는 그 충동을 진리에 대한 사랑, 신에 대한 사랑, 실재에 대한 사랑으로서 경험한다. 우리는 그것을 자기 자신과 타인의 고통에 대한 연민과 아울러 그 고통을 덜어주기 위해 무슨 일인가를 하고 싶은 욕구로서 경험한다. 우리는 그 충동을, 깨어나고 진실해지고 큰 변화를 가져올 필요성을 인식하는 것으로 경험한다. 이 모든 것은 섬김service의 다른 표현들이다. 타인을 섬기고, 신을 섬기고, 참본성을 섬기는 것을 아우르는 섬김은 많은 의미를, 많은 등급의 깨달음을 내포하고 있는 말이다. 우리는 앞으로 이 책에서 섬김에 관해 더 자세히 파고들어 갈 것이다.

수행하려는 동기가 깨달음 충동에서 나올 때, 그런 충동은 수행에 대한 우리 자신의 동기부여가 된다. 우리는 수행을 하면 좋을 것이라고 생각해서 수행을 하지는 않는다. 우리는 다른 누군가가 훌륭한 삶을 살고 있는 것 같고 자신도 그런 삶을 살고 싶다고 해서 수행을 하지는 않는다. 내 아내가 수행을 하고 있는데 나도 동참하고 싶어서 수행을 하지는 않는다. 처음에는 그런 식으로 시작될 수도 있을 것이다. 하지만 어느 시점에 이르면 우리 자신이 수행에 대한 동기부여가 된다. 스스로 깨달음 충동이 깨어나거나, 우리가 그런 충동에 눈을 뜨거나 해서 말이다. 그럴 때는 우리가 수행에 대한, 그리고 수행에 전념하는 것에 대한 우리 자신의 진정한 동기부여를 갖고 있다는 것을 알게 된다. 그리고 앞에서 살펴본 바와 같이 수행의 범주에는 탐구와 기도와 명상 같은 공식적인 수행뿐만 아니라, 모든 상황에서 계속해서 현존하고 실재하려는 전반적인 지향성과 마음가짐까지도 포함된다. 수행은

❀

깨달음 충동은 비록 본능적 충동들과 비슷해서

그것들과 유사한 에너지와 지능을 갖고 있기는 하지만

철저히 생물학적인 충동은 아니다.

그것이 지향하는 목표는 물리적인 것이 아니며,

그보다는 차라리 내적인 경험의 질과 관련된 것이라고 할 수 있다.

우리는 깨달음 충동을 종교적 충동, 신 혹은

성스러운 합일에 대한 열망, 깨달음이나 진리에 대한 갈망,

존재의 비밀을 발견하고 삶의 본질을 밝혀내는 일에

대한 사랑 같은 것으로 여기기도 한다.

지속적인 방식으로 이루어지는 관심과 동기부여와 의도와 헌신과 몰입이다.

수행이 지속적인 것이 되려면 깨달음 충동이 복부센터belly center에서 깨어나야만 한다. 이때의 복부는 적용과 실질적인 작용과 관련된 것이다. 우리는 실제로 수행을 하지 않으면서 수행에 대한 견해나 생각, 수행을 좋아하는 마음을 갖고 있을 수 있다. 우리는 진리를 사랑할 수 있지만, 그렇다고 해서 그것이 우리가 앞으로 진리를 실천하리라는 것을 뜻하지는 않는다. 우리는 깨달음에 관심을 두고서 장차 깨닫고 자유로워지고 다른 사람들을 해방시켜주는 것을 아주 근사한 일로 여길 수도 있을 것이다. 하지만 그러는 것이 꼭 우리가 수행을 할 것임을 뜻하는 것은 아니다. 우리가 수행에 관심이 있거나 좋아한다고 해서 그것이 자동적으로 우리가 지속적인 방식으로 수행을 한다는 것을 뜻하는 것은 아니다.

그런 일이 일어나려면 깨달음 충동이 하라Hara center[16](단전)나 카스센터Kath center라고 부르는 복부에서 스스로를 표현하기 시작할 수 있게끔 영혼이 성숙해져야 할 것이다. 이것은 실생활에서의 접지接地(그라운딩)센터요 행위 센터로, 생각과 느낌부터 행위와 직접적이고 현실적인 부딪침까지를 아우르는 광범위한 영역들에서 기능한다. 우리는 이런 센터를 통해서 살고, 우리의 생각과 느낌을 행동으로 옮긴다. 그렇다고 해서 우리가 반드시 배 속에서 특별한 무엇인가를 느낀다는 얘기를 하는 것은 아니다. 가끔 그런 일이 일어날 수도 있긴 하지만 말이

---

16 도교에서 비롯된 '단전丹田'을 뜻하는 용어들로, 복식호흡을 통한 '좌선'을 흔히 Kath meditation이라고 부른다.

다. 우리가 배 속에서 그런 것을 감지하든 못 하든 간에, 아무튼 우리 행위들이 이런 충동을 자연스럽게 표현한다고 하는 것이 더 적절한 얘기가 될 것이다.

깨달음을 지향하는 충동이 배를 통해서 스스로를 표현할 때 수행하려는 욕구와 충동은 지속적이고 확고부동하고 완벽한 것이 될 가능성을 얻는다. 우리는 의무적으로 무슨 일인가를 해야 한다는 의미에서가 아니라 자신의 책임이 무엇인지를 기꺼이 인정한다는 의미에서 자신의 진정한 책임을 저절로 이해하기 시작한다. 우리는 "아, 그래. 이것은 내가 해야 할 일이면서 동시에 내가 하고 싶은 일이기도 해"라고 알아차린다. 배는 "수행하는 것은 중요해" 그리고 "나는 수행한다"와 아울러 "나는 수행하는 걸 좋아해"라는 느낌을 강화하고 증폭시켜준다.

따라서 배 속에서의 깨달음 충동의 직접적인 표현이 바로 지속적인 수행이며, 이때의 수행은 우리가 알고 있는 수행을, 우리가 갖고 있는 지식을, 우리가 도달한 깨달음을 지속적으로 실천에 옮기는 것을 뜻한다. 수행에 대한 욕구와 수행의 실천은 동시에 존재한다. 달리 말해 하나의 충동이 존재한다. 우리는 깨달음을 지향하는 이런 욕구를 "충동"이라고 부르는데, 그것은 그런 욕구가 타고난 것이요, 아주 강력한 것이기 때문이다. 그런 활력은 하나의 흐름으로, 움직임으로, 사물들을 움직이는 강력한 힘으로 나타난다.

배 속에서 깨달음 충동이 깨어날 때 우리는 자연스럽게, 자진해서 수행을 향해 나아간다. 사회적 충동과 성적 충동과 생존 충동 같은 본능적 충동들도 역시 배 속에서 일어난다. 이것들은 우리가 의식적으로 뭘 해야겠다는 생각을 하지 않고도, 무슨 일인가를 해야겠다는 의도가 없어도 저절로 우리를 움직이게 하는 강력한 힘들이다. 우리 배 속에서 그런 충동이 직접 일어나기 때문에 우리는 그저 그런 충동이 시키는 일을 할 뿐이다. 깨달음 충동의 경우에도 사정은 마찬가지다. 배 속에서 진리에 대한 충동이 일어나면 우리는 그저 그 충동이 시키는 대로 할 뿐이다. 해방을 지향하는 그런 충동은 직접적이고 자연스럽고 즉각적인 것이 된다. 참존재의 활력이 자기 동기부여의 직접적인 원천일 때, 그런 활력은 수행하려는 강력한 욕구로, 수행의 직접적인 실천으로 스스로를 표현한다.

영적 수행이나 탐구의 길에 이제 막 들어섰을 경우에는 수행이 공식적인 수행 시간들을 뜻하는 것임을 발견한다. 당신은 지크르dhikr[17]를 암송하거나 성가를 부르거나 명상을 하거나 기도를 하거나 탐구를 한다. 하지만 수행이 성숙해지면 수행이 삶의 한 방식, 자신의 삶을 사는 방식이라는 것을 알아차리기 시작한다. 수행은 자신의 삶을 사는 것이며, 그 삶의 역학을 실행하는 것이다. 수행은 참존재 그 자체가 자신의 활력을 통해서 그 가능성들을 펼치고 드러내는 일이다. 수행에 대한 이런 식의 이해는 우리 마음을, 우리 마음의 영향권을 넘어선 것이다.

실재의 관점에서 볼 때 수행은 이제 더 이상 외적인 동기에 의해서 체험되는 것이 아니다. 그렇다고 해서 내적인 동기에 의해서만 이루어지는 것도 아니다. 참된 수행은 내적인 동기 그 아래에 존재한다. 참된 수행은 우리를 의식적으로나 무의식적으로 몰아대는 본능처럼 기능한다. 우리 배 속에서 깨달음 충동이 작동할 때 우리는 수행을 하지 않을

---

17 이슬람교 신비주의자들인 수피들이 신을 찬송하고 정신적 성숙에 도달하기 위해, 신과 일체감을 얻으려고 애쓸 때 암송하는 기도문.

수 없는 처지가 된다. 우리는 수행에 관심을 갖게 되고, 수행하는 것을 좋아하게 되고, 수행에 집중하게 된다. 진리에 대한 그런 충동은 생존하려는 충동과도 같다. 우리가 생존하는 일을 잊고 지낸 적이 있을까? 그런 일은 불가능하다. 유기체는 끊임없이, 자동적으로, 생존하기 위해 일한다. 우리는 그런 사실에 관해서 생각해볼 필요도 없고 새삼 동의할 필요도 없다. 생존은 자연스러운 것이며, 제2의 천성이다. 깨달음의 관점에서 볼 때 영혼도 그와 같은 방식으로, 제2의 천성으로서 영적인 작업을 수행한다. 우리가 수행의 관점을 통해서 자신의 삶을 사는 것은 우리에게는 수행이 제2의 천성임을 뜻한다.

깨달음 충동은 스스로를 충동으로 표현하는 깨달음이다. 그 충동은 깨달음을 드러나게 하기 위해 스스로를 충동으로 표현하는 자유로운 참본성이다. 그 충동은 우리 안에서 우리 영혼의 특수한 성숙으로 나타나는 자유로운 참본성이다. 여러분도 잘 알다시피, 나는 수행에 대한 포괄적인 관점을 제시하고 있다. 참된 수행은 당신이 실재를 드러내는 방식으로 모든 체험을 하고 있다는 것을 뜻한다. 참된 수행은 당신이 관심과 초점과 지향성을 갖고 있다는 것을 뜻한다. 참된 수행은 당신이 내면의 맑고 깨끗함과 깊이와 최적화를 더해줄 조화로운 정렬 상태를 유지하고 있다는 것을 뜻한다.

어떤 사람들은 "일들things[18]이 아무 이유 없이 그냥 일어나기 때문에, 나는 수행에 별 관심이 없어"라고 말한다. 일이 자연적으로 일어나는 것도 사실이지만, 부분적으로는 일어나는 일에 당신이 관련되어 있

---

18 상황이나 상태, 현상 등을 아우르는 말.

기 때문에 일어나기도 한다. 반면에 일은 당신이 그것에 신경 쓰지 않아도 일어날 수 있다. 한데 여러 가지 일이 일어나 당신에게 영향을 미치고 있고, 당신이 그런 영향에 관심을 두고 있고 그 영향을 통해서 배운다는 사실이 곧 수행이다. 당신의 마음과 의식과 가슴과 삶, 그리고 일어나고 있는 일 사이에는 일종의 변증법 같은 것이 존재한다. 그런 식으로 작용하는 변증법이 곧 수행이다. 예컨대 당신이 자리에 앉아 집중 명상을 할 때 그것은 공식적인 수행이며, 그 수행이 제대로 이루어지려면 깨달음 충동에 의해 동기부여가 되어야 한다. 그렇지 않을 경우, 당신은 산만한 상태가 되어 더 재미있는 다른 일들을 찾아 나설 것이다. 그것도 역시 괜찮은 일이긴 하다. 하지만 만일 당신의 배 속에서 깨달음 충동이 깨어난다면, 당신은 참으로 집중해서 수행하고 싶어 할 것이다. 주의가 산만해질 때면 당신은 그것을 알아차리고 아주 적극적으로 주의 집중 상태를 회복하려 들 것이다. 그것은 당신이 그래야 한다는 의무감을 느껴서가 아니라 자신의 가슴이 원하는 것보다 더 깊이 그런 상태에 들고 싶어 하기 때문이다. 즉, 당신의 배 속에서 집중하고 싶은 충동이 일어나고 있기 때문이다.

깨달음 충동의 주요 표현은 역동적인 힘의 느낌이나 그 충동 자체의 느낌으로 드러나는 데서만 그치지 않는다. 그 충동은 실제로 영적인 길에 들어서고 그 과정에서 진리와 실재의 관점에서 비롯된 경험을 하는 것뿐만 아니라 지속적인 공부와 끊임없는 수행으로도 드러난다. 이 지속적인 수행이야말로 깨달음 충동의 현실적인 표현이다. 우리는 깨달음 충동의 활력을 느낄 때 대체로 수행의 길을 걷게 된다. 하지만 깨달음 충동이 곧 수행은 아니다. 깨달음 충동이 참존재의 가능성들을 실현하기 위해 개별 영혼을 통해서 기능할 때 수행 그 자체, 공부 그 자체는 깨달음 충동의 작용에 해당된다.

수행이 지속될 때 우리는 삶의 모든 상황이 다 수행할 기회라는 것을, 삶의 모든 활동이 수행의 일부라는 것을 알게 된다. 이렇게 말한다고 해서 당신이 매 순간 배에 주의를 집중하고 있어야만 한다는 뜻은 아니다. 다만, 당신이 샤워를 하고 있을 때라도 깨달음 충동의 관점에서 한다는 것을 뜻할 뿐이다. 샤워가 늘 배움의 기회요, 경험을 성장시켜줄 기회라는 의미에서의 행위라는 것을. 당신은 그저 몸을 깨끗이 씻기만 하고 있는 것이 아니다. 몸을 씻는 것조차도 깨달음 충동의 표현이다. 당신은 실재의 아름다움을 음미하고 있다는 표현으로서, 참존재의 가능성들에 열려 있다는 표현으로서 몸을 씻는다. 우리는 깨달음 충동이 우리 안에서 수행에 대한 관심과 사랑과 진정한 의지로서, 우리 자신과 타인을 해방시켜주고자 하는 데 대한 관심과 사랑과 진정한 의지로서 나타나는 참존재의 강력한 힘이라는 것을 알게 된다. 세 센터[19]가 적절히 정렬되고 조화되어 깨달음 충동을 제대로 표현하고 있을 때 우리는 수행이 곧 삶이요, 삶이 곧 수행임을 알아차린다.

---

19 머리, 가슴, 배.

Motiveless Practice

3장

수행은 동기 없이

우리는 자신의 수행이 발전하고 성숙해짐에 따라서 수행이 삶의 길이요, 존재의 길임을 알게 된다. 이런 종류의 지향성과 전념은 외적인 것들과는 무관한 동기를 필요로 한다. 그리고 깨달음 충동에서 생겨나는 동기, 스스로를 드러내기 위해 우리를 통해서 역동적인 힘으로 나타나는 참본성의 작용에서 비롯된 동기를 필요로 한다. 따라서 우리는 어느 시점에 가서는 우리의 동기부여가 개별 영혼, 개별 자아를 넘어서는 이런 자리를 기반으로 하고, 또 이런 자리에서 비롯되어야 한다는 것을 알아차린다. 우리의 동기부여는 그런 알아차림 덕에 참된 것이 된다. 참된 동기부여는 관심과 사랑과 연민과 섬김과 헌신과 존경심으로, 우리가 실재의 진리에 대해 느끼는 감사한 마음으로 스스로를 표현한다.

우리는 깨달음 충동이 세 센터 모두를 통해서 드러날 수 있다는 것을 살펴봤다. 지속적인 수행의 경우에는 그 충동이 특히 복부를 통해

서 표현되는 형태로 이루어진다는 것도 알았다. 깨달음 충동의 드러남
은 그저 그것을 경험하는 문제에만 국한된 것이 아니다. 그보다는 오
히려 그 충동이 제 일을 하고 있느냐와 관련된 문제다. 우리 안에서 그
충동의 작용은 수행의 길을 참답게 걸어가는 것으로, 경험의 펼쳐짐으
로, 우리가 하는 수행이 어떤 형태를 취하든 간에 올바른 마음가짐으
로 이루어지는 수행으로서 나타난다.

깨달음 충동이나 참존재의 활력을 경험했다고 해서 자동적으로 그
것이 우리가 수행을 하고 있다거나 효과적으로 수행하고 있음을 뜻하
는 것은 아니다. 수행은 우리의 능력 발휘를 필요로 한다. 우리의 통찰
력, 분별력, 이해, 사랑, 지능의 발휘를 필요로 한다. 이런 능력들은 하
루아침에 하늘에서 뚝 떨어지는 것이 아니다. 만일 그런 능력들이 개
발되지 않는다면 깨달음 충동은 제 할 일을 할 수 있게 해줄 탈것을
갖지 못하게 될 것이다. 그러므로 우리는 성숙해져야 한다. 우리는 깨
달음 충동이 깨어날 수 있게끔 하기 위해서뿐만 아니라 수행이 이런
능력들을 활용하기 때문에라도 이것들을 성숙시켜야 한다.

어떤 상태를 체험하는 데서도 사정은 마찬가지다. 우리 가운데 많
은 이들이 내적 가이던스guidance[20]의 식별하는 알아차림[21]을 머리head
center에서의 객관성과 명석함으로 경험할 수 있다. 하지만 그렇다고
해서 그것이 우리가 실제로 분별 지혜(식별하는 지성)를 갖고서 기능한다
거나, 수행이라는 방식을 통해서 자신의 지혜를 구사하는 법을 배우고
있다는 것을 뜻하지는 않는다. 그런 경험 자체, 그런 상태는 수행이 아

---

20 알마스는 다이아몬드 가이던스를 불교에서의 '반야지혜'와 같은 것으로 보고 있다.
21 '분별지分別智' 혹은 '차별지'라고도 한다.

니다. 그런 상태가 스스로를 구사하고 표현하는 방식이 수행이다. 그리고 그렇게 수행하려면 우리의 다양한 능력들을 발달시켜야 하며, 우리가 많은 종류의 명상을 하는 이유 중 하나가 바로 이것이다. 즉, 집중하고 알아차리고 분별하는 능력들을 발달시키기 위해서.

깨달음 충동을 해방시키기 위해 우리는 특히 수행의 동기부여가 되어주는 것이 무엇인가 하는 의문을 갖고서 탐구해야 한다. 우리는 깨달음 충동을 수행하고 배우고 성장하기 위한 동기부여의 원천으로 볼 수 있다. 우리는 그것을 우리 사랑의 원천이요, 해방에 대한 갈망의 원천으로도 볼 수 있다. 우리는 그것을 수행의 실천이나 수행에 대한 마음가짐의 원천으로 여길 수도 있다. 특히 우리는 실재와의 합일과 자유에 대한 갈망, 수행하려는 마음을 갖게 된 것이 바로 깨달음 충동의 영향 덕이라고도 볼 수 있다. 그러나 깨달음의 관점에서 볼 때 수행에 대한 동기부여를 이런 식으로 보는 방식은 부정확하고 제한적이다. 이런 관점은 깨달음 충동이 자신의 활력을 제대로 발휘하지 못하게 제한함으로써 우리의 수행을 방해한다.

예를 들어보기로 하자. 많은 사람들이 고통에서 벗어나려고, 번뇌에서 해방되려고, 자기네의 경험이나 삶의 질을 향상시키려고 탐구하고 수행한다. 하지만 수행을 이런 식으로 볼 때 우리는 이미 거기서 에고 자아ego self의 냄새를 맡을 수 있다. 고통에서 벗어나려고 하는 그런 식의 동기부여에는 자기중심성이 내재되어 있다. 고통이 끝나기를 열망하는 것은 자연스러운 일이기는 하나, 그런 식의 동기부여는 깨달음 충동을 개별 자아의 필터를 통해서 해석한다. 그런 관점은 진리에 대해 개방적인 마음을 닫아버리고 우리의 수행을 제한하는 경향이 있다. 우리의 수행은 깨달음으로서의 수행이 되지 못하고, 그 대신에 개별 자아의 만족이라는 목표를 지닌 수행이 될 것이다. 만일 개별 자아가 현존하는 진리요 그것을 만족시켜주는 일이 뜻깊은 일이라고 한다면, 그런 자아를 만족시켜주는 일에 본질적으로 잘못된 점은 없을 것이다. 하지만 개별 자아의 만족이라고 하는 것은 진리에 대한 그 표현의 면에서 제한되고 한정되어 있다.

수행에 대한 동기부여가 자기중심적인 성격을 갖고 있는 한 그것은 결코 순탄하게 흘러가지 못할 것이다. 많은 가르침들이 사심 없는 selfless 동기부여를 동반한 수행을 강조하는 경향이 있는 것은 바로 그 때문이다. 예컨대, 대승불교는 '보살의 이상'이라고 하는 개념을 발전시켰는데, 보살의 이상이란 자기 자신뿐만이 아니라 다른 모든 중생도 아울러 해방시키기 위해 노력하는 것을 뜻한다. 그런 가르침은 타인에 대한 연민을 가르치며, 타인의 해방을 돕고 타인의 고통을 덜어주기 위해 노력하라고 가르친다. 타인을 해방시켜주는 것을 지향하는 동기부여는 자기중심적이지 않기 때문에 그런 마음가짐은 실재의 진리를 더 많이 반영하며, 또 우리 자신의 해방뿐만 아니라 우리의 수행에도 역시 효과적이다. 많은 전통이 수행의 자기중심적 가능성을 우회하기 위해 신이나 실재를 섬기는 동기를 지지하거나 신봉한다.

다이아몬드 어프로치에서 우리는 진리 그 자체가 좋아 진리를 사랑한다는 주요 지향성을 통해서 수행의 자기중심성을 이야기한다. 그리고 우리에게 "진리 그 자체를 위해서"는 매우 중요했다. 왜냐하면 그것은 우리가 수행하는 동안에 흔히 일어나는 자기중심적 성향을 우회하는 한 방식이기 때문이다. 수행은 우리를 위한 것이 아니라 진리를 위한 것이다. 다른 많은 종류의 동기부여들도 자기가 없는 것들이요, 우리를 실재가 참으로 존재하는 방식에 더 가까이 인도해주는 경향이 있다. 그러나 이 모든 사심 없는 동기부여들은 여전히 근사치에 불과하다. 우리가 그런 동기부여들을 신봉하는 한, 우리의 수행은 제한적인 것이 될 것이고 깨달음 충동은 완전히 해방되지 못해 그 힘을 제대로 쓰지 못할 것이다.

내가 말하려는 것은 사심 없는 사랑이나 연민처럼 사심 없는 동기부여조차도 여전히 미세한 자기중심성을 내포하고 있다는 점이다. 이제 그 자기중심성은 "나는 나를 위해서 해방을 원해"라는 식의 분명한 느낌 같은 것은 더 이상 아니다. 우리는 자기 대신에 타인에게 초점을 맞춤으로써 조잡한 수준의 자기중심성에서는 벗어났다. 우리는 '깨달음은 나를 위한 게 아니야, 그것은 타인들, 신, 진리를 위한 거야'라고 생각한다. 하지만 자기중심성은 "나는 사심 없는 동기를 갖고 있다는" 입장을 고수하고 있다. "그것은 내 사심 없는 동기부여다. 나는 사심 없는 동기부여를 해왔다. 나는 모든 중생을 해방시키고 싶다. 나는 진리 그 자체를 위해서 진리를 사랑한다. 진리는 나를 위한 것이 아니라 진리 그 자체를 위한 것이다. 나는 진실로, 진실로 진리를 사심 없이 사랑하며, 내가 가진 모든 것을 진리에 바치고 싶다." 그런데 이렇게 얘기하는 주체는 누구인가?

따라서 우리는 자신이 어떤 동기를 갖고 있든 간에 거기에는 미세한 자기중심성이 은밀하게 내재되어 있다는 것을 알아차리기 시작한다. 수행을 동기를 필요로 하는 상황으로 보고 있는 한 우리는 깨달음 충동이 뭔지 제대로 알지 못하고 있는 것이다. 자기중심성을 이해하기 시작할 때 우리는 사심 없는 동기부여를 할 수도 있다. 한데 그것은 자기중심성보다 더 낫긴 하나 그럼에도 불구하고 근사치에 불과하다. 사심 없는 동기부여는 진리와 아주 가깝기 때문에 자신의 수행을 강화시켜줄지도 모르지만, 깨달음 충동이 지닌 완전한 힘을 해방시켜주지는 못할 것이다.

그렇다면 해방된 깨달음 충동은 어떻게 나타날까? 우리는 동기부여를 어떤 식으로 경험하게 될까? 우리는 수행을 어떤 식으로 경험하게 될까? 우리가 수행하도록 만드는 것은 무엇일까? 우리는 이런 의문들을 깨달음의 관점에서 풀어보기 시작할 수 있다. 깨달음은 수행뿐만 아니라 수행에 대한 동기부여까지도 특징짓는다. 우리는 우리가 동기부여에 관해서 말할 수 있는 것들이란 게 그저 실재가 무엇이고 그것이 어떻게 작동하는지에 관한 근사치의 설명 정도에 불과하다는 것을 알아차릴 수 있다. 사실, 당신은 무엇인가를 사랑해서나 누군가에게 연민을 갖고 있기 때문에 수행을 하는 것이 아니다. 수행은 그 모든 것과 무관하다. 당신은 그냥 수행을 한다. 그저 하지 않을 수 없어서 할 뿐이다. 당신은 실재를 향해 나아가는데, 그것은 실재야말로 존재의 실상이기 때문이다. 이런 깨달음에 이르기 전이라면 당신은 자신의 사랑과 연민, 섬기고 싶은 욕구 때문에 수행을 할 텐데, 이 모든 것은 깨달음 충동을 횡령appropriation[22]한 것에 지나지 않는다. 우리는 깨달음 충

---

22 제 것이 아닌 것을 제 것으로 돌리는 짓을 이르는 말로 흔히 '전유', '횡령', '착복'으로 번역하는데, 이 책에서는 상황에 따라 '사유화'라는 표현으로도 표기한다. 이 말은 참본성이나 실재의 작용을 개별 자아가 하는 것으로 착각하는 데서 나오는 우리의 행태를 지적할 때 빈번히 사용하므로 중요한 의미를 지닌 표현이다.

동을 소유하려고 애쓴다. 우리는 그것을 자신의 깨달음 충동으로 만든다. 깨달음 충동의 해방은 수행이 동기 없는 수행, 동기부여 없는 수행이 될 때 일어난다.

우리는 개별 자아가 아니라 깨달음 충동이야말로 수행에 대한 자신의 동기부여의 원천이라고 생각할 수 있다. 하지만 개별 자아가 깨달음 충동의 작용을 사심 없는 동기부여로 경험할 때도 우리는 아직 상황을 제대로 알아차리지 못한 것이다. 그것은 진실에 더 가까워지긴 했지만 아직도 완전하지 않다. 우리가 깨달음의 관점에서 현상을 볼 때 수행하고 싶은 충동은 동기부여로 보이지 않는다. 그것은 자신의 동기부여가 아닐 뿐만 아니라 동기부여 자체와도 전혀 무관한 것이다. 깨달음 충동 자체는 동기가 되어주는 것이 아니다. 그것은 우리의 동기부여의 원천이며, 그와 동시에 동기부여를 넘어선 것이다. 한데 깨달음 충동의 작용이 우리의 개별 의식인 개별 영혼을 통해 여과될 때 우리는 그것을 수행에 대한 동기부여로 해석하곤 한다.

깨달음 충동은 깨달음 자체, 참본성 자체를 완전하고 명료하고 자유롭고 허허롭게 구현하고 표현한다. 자유자재한 참본성은 본질적으로 역동적인 힘을 갖고 있으며, 영혼 속에서 그 힘은 수행하고 싶은 욕구를 느끼게 만들어주는 활력으로서 나타난다. 좀 더 깊이 있게 얘기하자면, 그 역동적인 힘은 영혼 속에서 어떠한 동기부여의 틀도 없이 수행하도록 만들어주는 활력으로서 나타난다. 그리고 좀 더 정확히 얘기하자면, 참본성의 활력은 그저 그 자체를 우리의 수행으로서 표현할 뿐이다. 그러므로 깨달음의 상태에서 보자면, 명상을 하고 있을 때 당신은 자신이 특별한 어떤 이유로 수행을 하고 있다고 여기지 않는다.

수행을 동기를 필요로 하는

상황으로 보고 있는 한 우리는

깨달음 충동이 뭔지 제대로

알지 못하고 있는 것이다.

자기중심성을 이해하기 시작할 때

우리는 사심 없는 동기부여를 할 수도 있다.

한데 그것은 자기중심성보다 더 낫긴 하나

그럼에도 불구하고 근사치에 불과하다.

사심 없는 동기부여는 진리와 아주 가깝기 때문에

자신의 수행을 강화시켜줄지도 모르지만,

깨달음 충동이 지닌 완전한 힘을

해방시켜주지는 못할 것이다.

당신은 자신의 이익을 위해서나 다른 누군가의 이익을 위해서 수행을 하는 것이 아니다. 당신은 특별한 어떤 이유가 있어서 그렇게 하고 있는 것이 아니다. 그냥 수행을 하고 있을 뿐이다. 당신은 자연스럽게, 자연발생적으로 실재를 사랑한다. 진리에 대한 사랑과 그것을 향해 나아가려는 움직임이 존재한다. 실재 자체는 본래 더 큰 진리를 향해 나아간다. 그것은 자연히 본성의 더 많은 비밀을 드러내기 위해 움직여나간다.

영혼의 성숙은 어느 시점에서 깨달음 충동의 꿈틀거림으로 나타난다. 그리고 우리는 깨달음 충동의 이런 움직임을 우리가 영적인 길을 밟게끔 동기부여를 해주는 관심과 사랑과 욕구로 해석한다. 하지만 그것은 사실 영혼의 의식 내에서 스스로를 드러내기 위해 꿈틀거리는 참본성이다. 그럴 때 참본성은 마치 이렇게 말하는 듯하다. "이봐, 그건 나야. 넌 어디를 보고 있는 거야? 엉뚱한 데를 보고 있잖아! 여기를 봐!" 하지만 우리는 아직 이런 식의 계시를 알아차리지 못하기 때문에 이런 관심과 흥분과 사랑과 갈망과 열망을 자기 것으로 여긴다. 우리는 온갖 종류의 불만, 실존적 고뇌, 고통을 느낀다. 우리는 신을 원하고 깨달음을 원하며, 진리를 갈망한다. 원래 우리는 망상으로 가득 차 있다. 그러면서도 우리는 시종일관 자신이 깨어 있다고 믿는다. 우리는 어느 의미에서는 깨어 있다. 하지만 우리는 깨어 있으면서도 다른 한편으로는 더 이상의 거짓말들을 영속시키고 있다. 본질적으로 우리는 상황을 잘못 해석하고 있다.

수행을 하고 진리를 추구하게끔 동기부여가 되어 있다는 이런 망상은 우리 안에서 꿈틀대는 실재 그 자체가 부추기고 있다. 그것은 인습적인 자아의 망상보다 더 낫고 수행을 방해하는 면도 덜하기는 하지만, 그럼에도 불구하고 여전히 망상이다. 그것은 그저 진실이 아니다. 만일 우리가 참본성이 현실에서 구현된 일부 면모들, 곧 그것의 거대함 혹은 광범위함 혹은 광대함 혹은 눈부신 광휘 혹은 사랑 등과 어느 정도 접하고 있거나 가까이 있다면, 우리가 자신의 깨달음을 구현할 때 그것은 자연스럽게 스스로를 수행으로, 실재의 관점을 통한 삶과의 어우러짐으로 표현한다. 깨달음은 삶 속에서 스스로를 표현한다. 나는 사랑과 연민이 존재하지 않는다거나 사랑과 연민과 섬김이 진실이 아니라고 이야기하는 것이 아니다. 그것들은 진실이지만 당신의 것은 아니다. 사랑과 연민과 섬김은 당신이 키워낸 것들이 아니다. 당신은 그것들의 원천이 아니다.

수행과 자연발생적인 깨달음의 역설을 이해하는 첫걸음이 바로 이것이다. 우리는 깨달음에 대한 관심조차 이미 수행하는 깨달음 그 자체며, 깨달음은 수행하는 깨달음에 의해서 깨달음을 그냥 실현하는 것일 뿐이라는 점을 알아차린다. 우리는 참본성이 우리를 분발하게 하고 동기부여를 해주고 있다고 말할 수 있으며, 어느 의미에서 그것은 진실이다. 그러나 그것은 개별 영혼의 제한된 관점에서만 진실이다. 더 큰 관점에서 볼 때 참본성은 단지 개별 영혼을 통해서 그 가능성을 자연스럽게 드러내고 있을 뿐이다.

따라서 동기부여가 훨씬 더 심오하고 자연스러운 어떤 것에 대한 우리 자신의 개인적인 해석이라는 사실을 알아차리고 이해할 때, 그것은 깨달음 충동을 해방시켜 연민과 사랑과 섬김이라는 속성들로 덮여 가려지는 일 없이 무구하고 순수하게 기능하고 작용하게 해준다. 우리가 깨달음 충동의 활력을 우리 자신의 동기부여로 사유화하는 방식을 이해할 때 깨달음 충동은 해방된다. 깨달음 충동은 스스로를 의식하고 드러내고 실현하려고 하는, 환하게 밝은 자각의 충동이다. 달리 말해, 우리가 개별 자아로서 사심 없이 진리를 사랑하는 것이 깨달음 충동은 아니다. 깨달음 충동은 자체의 진실을 사랑하고 그것을 드러내기 좋아하는 살아 있는 실재다.

대체로 깨달음 충동의 움직임을 이해하는 세 가지 단계가 있다. 각 단계들은 수행의 동기부여에 관해서 이제까지 이야기한 내용 이상의 어떤 점들을 알려준다. 처음에 우리는 동기부여가 되었다고 여기고는 수행의 길로 나서서 열심히 탐구하고 싶어 하고, 자신의 경험을 자기중심적인 방식으로 최대한 이용하고 싶어 한다. 그러다 어느 시점에 이르면 사랑과 연민과 너그러움 같은, 참본성의 속성들이 영혼에 깃들기 시작하며, 곧이어 그런 속성들은 수행을 위한 사심 없는 동기부여로 나타난다. 마지막 움직임은 깨달음 그 자체의 움직임이다. 이 단계에서 우리는 참본성이 자연발생적으로, 어떤 이유나 사전 계획도 없이, 더 눈부신 광휘에 스스로를 개방하는 방식으로 그 빛과 사랑과 자연스러운 지혜를 드러내는 것이 바로 수행임을 알게 된다.

우리들 가운데 망상에 빠져 방향감각을 잃고 헤매는 상태에서 단번에 완전히 깨달은 상태로 도약할 수 있는 이는 별로 없다. 누구에게나 그런 것은 거의 있을 수 없는 얘기로 여겨질 것이다. 따라서 우리는 앞서와 같은 발전 단계들을 거치곤 한다. 달리 말해, 개별 영혼은 더 깊은 깨달음을 유지할 수 있도록 하기 위해 발전하고 성숙해야 한다. 사심 없는 동기부여를 체험하는 일은 인간 영혼의 소중하고 꼭 필요한 발전이다. 사심 없음이 발전의 그 단계를 위한 동기부여로 믿을 만한 것이 긴 하지만, 깨달음의 관점에서 볼 때 우리는 그런 사심 없음이 여전히 근사치에 불과하다는 것을 알고 있다.

깨달음의 관점에서 동기부여를 이해할 때는 수행이 지속적인 수행이 되기가 훨씬 더 쉬워진다. 수행은 이제 우리 자신의 사적인 입장이나 태도, 관심사에 더 이상 좌우되지 않는다. 자신이 깨달음 충동을 횡령하고 있다는 것을 꿰뚫어보는 것은 그 충동을 해방시키는 결과를 빚어내 그것을 지속적인 수행으로서, 깨달음을 표현함과 동시에 그 이상의 깨달음을 실현시켜주는 수행으로서, 완전히 기능하게 해준다.

자아의 속박으로부터 자유로워지기는 쉽지 않다. 그런 속박은 아주 많은 방향에서, 삶의 아주 많은 영역에서 우리에게 다가온다. 그런 측면들의 일부는 우리가 사심 없는 동기부여에서 살펴봤다시피 미세하고 교묘해서 포착하기가 아주 힘들다. 사심 없음은 좋은 것이고, 우리가 실재를 향해 나아가고 있다는 것을 의미한다. 하지만 어떤 식의 동기부여든 간에 아무튼 동기부여라는 생각이나 개념은 이미 그 안에 사유화를 내포하고 있으며, 그것은 자아가 거기 있고 교묘한 방식으로 자기주장을 하고 있다는 것을 뜻한다. 우리가 사심 없음selflessness 속에서 자아self를 발견하는 일은 쉽지 않은 일일 수도 있다. 우리는 마치 자아가 예상치 못한 곳에서 뜻밖의 방식으로 다가오기라도 한 것처럼 느낄 수도 있다. 우리는 놀랄 수도 있다. "자아가 거기 있을 줄은 전혀 몰랐어. 나는 다른 사람들을 위해서 일했기에 내가 늘 사심이 없다고 생각했어. 나는 섬기는 것을 사심 없는 행위라고 확신해."

우리 마음에 들지 않는 얘기일 수도 있긴 하지만 아무튼 섬김의 개념 속에는 자아 개념이 깊이 배어들어 있다. 섬김이라는 개념은 좋고 매우 유용한 것이지만, 그것은 실재가 작용하는 방식에 근접한 것에 불과하다. 깨달음은 스스로를 심화시키고 더 깊은 깨달음에 이르기 위해서 그저 비슷한 정도에 불과한 것을 뛰어넘어야 한다. 우리가 현재 하고 있는 일인, 자신의 깨달음을 구현하는 일은 생활 속에서 깨달음을 확립한다는 것을 뜻한다. 한데 여러분도 알다시피, 내가 지금 하고 있는 이런 식의 말조차도 완벽하게 정확한 것이 못 되기에 나는 말하는 것을 자제한다. 거기서는 자아의 냄새가 나니까. 내가 "깨달음을 확립한다"라고 말할 때 도대체 누가 무엇을, 누구를 위해서 확립하려고 한다는 것일까? 우리는 유용한 무슨 뜻인가를 전하기 위해 그런 말을 사용하기 때문에 조심해야 한다. 그런데 만일 우리가 그런 표현들을 구상화한다reify[23]면 우리는 다시 곤경에 처하게 될 것이다. 깨달음 충동의 완전한 표현에 또 다른 장애를 만들어낼 것이다.

내가 앞에서 말했듯이, 참된 동기부여는 어떤 동기부여도 하지 않는 것이라는 점을 알기란 그리 쉬운 일이 아니다. 자신의 진정 어린 동기부여가 수행을 일어나게 해주고, 수행을 표현하고, 수행의 길을 밟아나가고, 가르침을 실천에 옮기고, 다양한 온갖 수행 방편을 활용하는 참된 힘이 되어주는 것이 아니라는 사실과 직면하기는 여간 어려운 일이 아니다. 우리의 진정 어린 동기부여들이 제아무리 깊은 마음에서 우러나왔다 할지라도 진리를 드러나게 해주는 것은 그런 것들이 아니다. 당신이 "나는 이 모든 사람을 돕기 위한 이 깊고 심오하고 사심 없는

---

23 경험하거나 생각한 생생한 것들을 마음속에서 하나의 이미지나 대상으로 고착시키거나 틀에 가둬놓는 것을 이르는 표현.

연민과 동기를 갖고 있어"라고 여길 때, 당신은 망상으로 가득 차 있다. 물론 당신은 연민의 마음으로 가득하기는 하지만 그 마음에는 불순물이 섞여 있다. 거기에는 망상이 섞여 있다.

우리가 진리 그 자체를 위해서 진리를 사랑한다는 것은 진리가 스스로를 사랑하는 것이다. 그것은 우리의 의식 속에서 드러나는 진리요, 실재가 나타나기 위해서 그 사랑을 드러내는 진리다. 우리는 그것을 개별 자아의 렌즈를 통해서, "나는 진리 그 자체를 위해서 진리를 사랑한다"는 식으로 경험한다. 이런 식의 지향은 분명 진리를 사랑하지 않거나 자기 자신을 위해 진리를 사랑하는 것보다는 크게 진전된 것이지만, 여전히 불완전하다. 진리를 사랑하는 주체는 우리가 아니다. 혹은 우리가 대리로 하는 것에 불과하다. 그러므로 여기서 우리가 다루고 있는 문제는 사유화다. 우리가 우리에게 속하지 않은 이런 것들을 횡령하는 것을 통해서 어떤 식으로 말하거나 행동하고, 처신하고, 버티어내고 있는가에 관한 것. 우리는 진리에 대한 사랑이 우리 것이 아니라는 사실을 꿈에도 생각하지 못했다. 우리는 자신이 제 것이 아닌 것들을 횡령하고 있다는 사실을 전혀 알지 못했다. 우리는 자신이 실재를 알고 있고 그것에 관해 묘사하거나 설명하고 있다고 생각했다.

우리 가운데 많은 이들이 근심에 싸이거나 뭔가 박탈당하는 것 같은 기분에 사로잡힐지도 모른다. "당신은 내가 진리에 대한 사랑을 포기하기 원하는가? 연민과 섬김을 포기하기 원하는가? 그것을 모두 포기해버린다면 나는 어떤 일도 하지 않게 될 것이다. 사랑이 내 것이 아니라니, 그게 대체 무슨 뜻인가?" 당신은 이제껏 내내 자신이 사랑을 하는 주체라고, 자신이 사랑을 하게끔 동기부여를 해왔다고, 그런 동기부여 때문에 사랑을 해왔다고 믿어왔다. 그리고 이제 우리가 동기부여라는 그런 망상에 이의를 제기하기 시작하자 당신은 두려워져서 이렇게 말할지도 모른다. "좋아, 그럼 난 아무것도 하지 않을 거야. 아무튼 사랑은 내 것이 아니야." 하지만 당신은 또 두려움 때문에 자신이 행동을 하고 하지 않고를 결정하는 모든 행동의 중심이라고 가정하면서 앞서와 비슷한 사유화의 망상을 표현한다. 사랑이 당신의 것이 아니라고 하는 말은 진실이다. 하지만 당신은 사랑이 제 것이 아니라고도 말할 수 없는 처지다.

당신은 서글픈 기분에 빠져 이렇게 생각할지도 모른다. '하지만 만일 내가 사랑과 연민의 관점을 통해서 살지 않는다면 무정하고 냉혹한 인간이 되어버릴 거야. 전혀 인간 같지 않은 인간이 될 거야.' 하지만 다시 생각해보는 것이 좋을 것이다! 우리가 진리를 위해서 진리를 사랑할 때, 사실 그것은 참본성이 당신을 통해서 그 사랑을 경험하는 것이다. 실재가 당신의 특수한 개별 영혼을 통해서 연민을 표현하는 것이다. 당신, 즉 당신이 자신이라고 여기는 것, 곧 개별 의식은 참본성이 제 일을 할 때 사용하는 탈것이다. 한데 당신은 참본성이 제 일을 하는 것을 자신이 제 일을 하고 있다고 잘못 해석해왔다. 따라서 우리는 그저 사태를 바로잡고 싶을 뿐이다! 당신은 자신이 지닌 어떤 것도 잃지 않을 것이다.

우리는 깨달음 충동을 횡령함으로써 신성의 작용, 참본성의 작용을 부정하고 있다. 우리는 진리의 원천이 어딘지 알지 못하고 그것이 자신에게서 나온다고 믿는 불경을 저지르고 있다. 사유화는 일신론의 언어를 사용함에도 불구하고 하나 이상의 신이 존재한다고 믿고 있다.

사유화는 신이 하는 일을 하는 또 다른 누군가가 있다고 믿고 있다. 그것은 신성이나 참본성의 작용을 알아차리지 못하는 데서 나온 표현일 수가 있다. 그런 표현이 비록 개별 영혼을 통해서 나온다 할지라도, 우리를 흔들어 깨워주는 것은 참본성이다. 그런 점을 알아차리지 못하면 우리는 은총의 작용과 역할을 부정할 것이다. 우리는 참본성과 개별 영혼 간의 관계, 은총의 역할과 우리의 역할 간의 관계, 깨달음과 수행 간의 관계의 균형과 조화를 보고 싶어 한다. 우리는 그것들 중 어느 한쪽을 부정하고 싶어 하지 않는다. 우리는 있는 그대로의 실재를 보고 싶어 한다. 개인의 역할은 무엇이고, 참본성 혹은 신, 혹은 신성의 역할은 무엇일까? 그것들은 어떻게 조화되고 상호작용할까? 수행은 어떻게 해서 일어날까? 수행을 하게 만드는 것은 무엇일까?

우리가 진리를, 자유에 대한 열망의 중요성을, 진리를 사랑하는 일의 중요성을, 돕고 싶어 하는 마음의 중요성을 저버리거나 부정하는 것이 아님을 알아차리는 것이 중요하다. 우리는 그저 이런 충동들을 좀 더 객관적으로, 깨달음 그 자체의 관점을 통해서 이해하고 싶어 할 뿐이다. 이제까지 우리는 그런 충동들을 부분적으로만 이해해왔다. 우리는 그것들을 더 완벽하게, 가급적 철저하게 이해하고 싶어 한다.

앞으로의 진행 과정에서 우리는 수행과 깨달음의 역설이 복잡하고 까다로운 것임을 알게 될 텐데, 그것은 참본성이 그 사랑과 연민을 당신을 통해서 표현하기 때문이다. 참본성은 바위를 통해서 그 사랑과 연민을 표현하지 않는다. 참본성은 어떤 그릇vessel도 거치지 않고 그 사랑과 연민을 표현하지 않는다. 참본성은 당신의 가슴을 통해서 표현한다. 당신이 해방을 향한 충동을 자기 것으로 삼기 쉬운 것은 바로 그 때문이다. 당신이 그렇게 한다고 해서 스스로를 나무랄 일은 아니다. 그것은 누구나 쉽게 빠지는 과오다. 아니 사실, 그것은 전혀 과오가 아니다. 그것은 단지 실재가 스스로를 표현하는 한 방식일 뿐이다. 그저 가장 맑고 투명한 방식만 아닐 뿐이다.

이런 가르침은 미묘하고 난해하다. 이 가르침이 미묘함과 깊이를 지닌 것이라는 점에는 수긍이 갈지도 모르지만 그것은 뭔가 마음을 불편하게 할 만한 것이 될 수도 있다. 우리는 자아가 의지하는 주요 발판들을 깊고 내밀한 방식으로 비추어 드러내고 그것들에 맞설 것이며, 그것은 성가시고 곤혹스러운 일이 될 수 있다. 우리는 미처 예상하지 못한 온갖 종류의 반작용과 맞닥뜨릴 수도 있다. 하지만 그건 좋은 일이다. 우리는 더 의식적이고, 더 깨어난 상태가 될 것이다. 우리는 깨달음을 지향하는 충동이 자연스럽고도 자연발생적으로 자신의 본질을, 그 정확한 진실을 드러내는 쪽으로 나아가는 참본성이라는 것을 이해하기 시작할 것이다. 우리가 그저 해방을 열망하거나 합일을 갈망하거나 깨달음을 생각하기만 해도 은총은 이미 일어나고 있다.

Practice to No End

4장

수행에는 끝이 없다

사람들은 실재가 기능하는 방식과 조화를 이루지 못하는 한 결코 만족하지 못하고, 자주 마뜩잖은 기분 상태로 지내는 듯하다. 우리는 개별적인 수행과 자연발생적인 깨달음 간의 지렛대 받침을 탐구하는 것을 통해서 영적인 길에서 일어나는 자아와 실재 간의 이런 연결 관계를 조사해왔다. 양극들로 나타나는 것들의 이런 역학은 지속적인 수행이라는 개념으로 시작되었다. 이때의 지속적인 수행이란 개념은 깨달음realization(종종 awakening 혹은 enlightenment로 언급되는)이 수행의 끝이 아니라는 생각, 수행은 실재를 향한 끊임없는 지향이라는 생각을 뜻한다. 깨달음은 수행에 관해 많은 것을 알게 해준다. 수행이 어떻게 해서 지속되고 전체적인 것이 되며, 동기 없는 것이 되는가 등에 관한 것들을. 깨달음은 수행이란 무엇인가, 영적 탐구란 무엇인가, 영적인 길을 따라 나아간다는 것이 뭘 뜻하는가를 밝혀준다. 영적 여행에 관심을 두고, 그 여행에 참여하고, 참된 영적 삶을 산다는 것은 무엇을 뜻하는가? 우리 모두가 잘 알고 있다시피, 그 뜻은 우리가 변함에 따라서, 우리가 실재에 관해 더 많은 걸 알게 됨에 따라서, 변한다.

우리는 수행 동기를 살펴보면서, 우리 자신과 실재에 관한 진실을 자각하는 내면 탐구에 참여하게 해주는 동기를 조사하면서, 얼마간의 시간을 보냈다. 일반적인 경우, 사람들은 수행을 할 만한 동기부여가 되어 있지 않다. 우리는 경험의 질이나 의식의 질과 관련해서 뭔가를 하려고 들 만한 동기부여가 되어 있지 않은데, 그것은 자신의 경험이나 의식의 질에 무슨 문제가 있다거나, 그것들과 관련해서 뭔가 할 수 있는 게 있다는 걸 믿지 못하거나 알고 있지 못하기 때문이다. 대체로 우리는 외적인 데, 타인에게 영향을 미치는 일에, 외적인 상황들과 맞닥뜨리는 일에 초점이 맞춰져 있다. 우리는 그런 것들을 우리가 자신의 삶에서 원하는 것을 얻는 방식이라고 생각한다.

어느 시점에 이르러 만일 우리가 내면의 변화를 겪고 영적 탐구를 하는 데 관심을 두게 된다면 수행에 대한 동기부여가 되기 시작할 것이다. 처음에 그 동기부여에는 많은 자기중심성이 내포되어 있다. 우리는 여전히 자기 정체성에 대한 자기중심적 관념에 젖어 있기 때문에 이것은 피할 수 없는 일이다. 이런 것은 누구에게나 다 자연스럽고 정상적인 일이다. 그러다 수행이 성장하고 성숙해질 때, 실재가 무엇인가를 더 깊이 이해하게 될 때, 우리는 사심 없는 동기부여를 경험하기 시작한다. 우리의 수행은 연민, 친절, 사랑, 감사, 섬김, 너그러움, 나눔 등을 표현할 수 있다. 우리의 수행은 참된 연민과 사랑을 표현하는데, 그것은 수행이 더할 나위 없이 잘 되어서가 아니라 우리 마음이 실제로 흘러가는 방식이 그렇기 때문에, 사심 없이 작용하는 경향이 있기 때문에 그렇다.

수행이 더 성숙해지면 수행에 대한 동기부여를 완전히 초월하게 된다. 당신은 수행하기 위한 동기부여를 필요로 하지 않는다. 그렇다고 해서 사랑과 연민과 섬김이 불필요하다는 뜻은 아니다. 수행이 자기중심적인 것이냐 사심 없는 것이냐의 여부와는 상관없이 그저 동기에 의지하시 않고, 동기에 좌우되지도 않는다는 뜻이다. 이 같은 발전은 깨달음이 더 높은 단계에 이르렀다는 것을 뜻한다. 물론, 이때 당신이 수행에 대한 동기부여가 되어 있지 않다고 느끼고, 그 때문에 뭔가가 잘못되었다고 느끼는 경우도 있을 수 있다. 내가 그런 점을 언급하는 것은 다음과 같은 이유 때문이다. 당신은 이렇게 생각할 수도 있다. '나는 수행하는 일에, 영적 탐구에, 진리를 추구하는 일에 흥미가 없거나 별로 끌리질 않아. 뭐가 잘못된 거지? 내 마음에 무슨 일이 일어난 걸까? 내 동기부여에 무슨 일이 일어난 거지?' 그러나 그 상황을 깊이 파고 들어 가다 보면 사실은 당신이 수행을 중단한 것이 아님을 깨닫게 될 것이다. 어쩌면 자신이 전보다 더 열심히 수행하고 있다는 것을 깨달을 수도 있다. 하지만 이때 당신은 동기부여가 되어주는 것이 고통이든 사랑이든, 회피하려는 마음에서든 끌리는 마음에서든 간에 아무튼 자신이 수행을 밀어주고 촉진해줄 만한 어떤 것도 필요로 하지 않으면서 그렇게 하고 있다는 것을 깨달을 수도 있다.

사랑, 연민, 친절, 너그러움은 수행의 동기부여가 되어주는 것들에서 깨달음의 표현이 되는 것들로 그 기능을 바꾼다. 그것들은 사라지지 않으며 그 가치를 잃지도 않는다. 그것들은 그저 깨달음이 스스로를 표현하는 방식이 될 뿐이다. 우리가 깨달아서 참된 본성 상태 속에 있을 때, 우리는 저절로 친절하고 따듯하고 사심 없는 마음이 될 수밖에 없다. 그건 자연스러운 일이다. 우리가 그렇게 되고 싶어서나 그렇게 하는 것이 좋겠다는 생각이 들어서가 아니라 그냥 그런 마음이 일어난다. 이제는 사랑과 연민이 우리를 자극하는 역할을 하지 않는다. 그것은 사랑과 연민이 존재하지 않아서가 아니라 이제는 동기부여라는 게 존재하지 않고 또 그런 것이 필요하지도 않기 때문이다. 작용과 기능은 동기부여의 어떤 원칙에도 의지하지 않는다. 실재가 지닌 활력의 흐름이 자연스럽게 일어나고, 우리의 본성으로서 드러난다.

깨달음의 관점에서 수행을 계속 살펴볼 때, 어떻게 해서 수행이 곧 깨달음인지를 알게 될 때, 우리는 우리가 수행과 관련해서 또 다른 입장, 또 다른 마음가짐을 갖는 경향이 있다는 사실을 알아차릴 수 있다. 우리가 한 가지 가정에 이의를 제기하거나 의심을 품을 때면 또 다른 가정들과 맞닥뜨리게 된다. 우리는 수행이 효과적인 것이 되기 위해서는 어째서 지속적인 것이 되어야 하는가를 살펴봤다. 그런데 대체 어떤 목적에 효과적이라는 것일까? 어느 시점인가에 이르면 우리는 수행을 한다는 게 우리가 무슨 이유가 있어서 수행을 하고 있다는 걸 뜻하는 게 아니라는 것을 알게 된다. 대부분의 경우, 깨달음이 성숙하기 전에는 뭔가가 수행을 밀어주거나 끌어주는 듯하다. 즉 동기부여가 밀어주고 목적이 끌어준다는 뜻이다. 그리하여 우리는 대체로 마음속에 어떤 목적을 품고 있기 때문에 동기부여가 되어 있다. 동기부여와 목표 지향성은 같은 망상의 두 결과요, 실재에 대한 같은 오해이다. 혹은 우리는 그것들이 같은 근사치의 두 얼굴이지만 결국은 제한된 실재의 관점이라고도 말할 수 있다. 우리 대부분은 한 가지 이유에서 수행을 한다. 우리는 무슨 일인가가 일어나게끔 하려고 수행을 한다. 당신이 수행을 하는 것도 그 때문이 아닌가? 그렇지 않다면 무엇하러 수행을 하려 들겠는가? 만일 당신이 아무 이유 없이 수행을 하고 있다면 제정신이 아닌 사람일 것이다. 그리고 그건 사실이다. 당신은 정신이 나갈 것이다. 적어도 평범한 정신은.

그러므로 개별 영혼의 관점에서 볼 때 수행의 금과옥조들 중 하나는 우리가 깨닫고 자각하고 해탈하고 자유로워지기 위해서 수행한다는 것이다. 우리가 수행이 곧 깨달음이라고 말할 때 그 말의 정확한 뜻은, 수행은 깨달음을 위한 것이 아니라 수행이 곧 깨달음이라는 뜻이다. 이 말은 우리가 깨닫기 위해서 수행을 한다는 인습적인 믿음에 이의를 제기한다. 만일 우리가 깨달음에 도달할 의도를 갖고서 수행을 한다면 마음속에 목표가 있는 것이다. 우리에게는 지향하는 목표가 있다. 동기부여는 우리더러 계속 가라고 채근하며, 특별한 결과의 약속은 우리더러 앞으로 나아가라고 유혹하고 그 방향으로 계속 가라고 요구한다. 수행인 깨달음은 우리 수행의 끝으로서의 목표를 갖는 일이 어리석은 짓임을 보여준다. 수행이 성숙하고 깨달음이 깊어질 때 우리는 참된 수행의 관점을 더욱더 잘 이해할 수 있다.

다이아몬드 어프로치에서 핵심적인 탐구 수행은 특정한 어떤 목적을 갖고서 수행하는 것이 내포하고 있는 위험성들을 분명히 보여준다. 어떤 목표를 지향하면서 수행하는 것은 다음에 어떤 일이 일어날지 우리가 이미 알고 있다는 뜻을 함축하고 있다. 그럴 때 우리는 자신이 앞으로 모습을 드러내게 될 것임을 미리 예언해주는 실재나 다름없는 존재가 된다. 자신의 수행을 위한 목표를 갖는다는 것은 또 현재 일어나는 일들이 충분하지 않고 만족스럽지 않다는 뜻도 역시 내포하고 있다. 우리가 이런저런 목표에 도달하려고 애쓸 때 우리는 현재 일어나고 있는 일들을 무시하거나 거부하는 셈이 된다. 특정한 어떤 목표를 겨냥하는 것은 지금 이 순간 생생하게 경험하는 것을 방해하거나 얇은 베일처럼 가리는 작용을 한다. 탐구의 기본 원칙들 가운데 하나는 우리가 현재 어디에 있든 간에 그저 그곳에 머물러 있고 그 순간의 진실을 알아차릴 뿐, 다른 어디로도 가려고 하지 않는 것이다. 우리가 서 있는 자리가 곧 우리가 아무 판단도 내리지 않고 아무 목표도 없이 수행해야만 하는 곳이다.

지금 이 순간의 진실을 아는 것은 어느 길이든 간에 우리의 욕망과 믿음과는 무관하게 이 순간이 가야 할 길을 드러내고 펼쳐준다. 탐구 수행에서 우리는 현재 일어나고 있는 현상을 일정한 어떤 방향으로 흘러가게 하거나 이런저런 방식으로 지시하려고 애쓰지 않는 것이 더없이 중요하다. 우리는 자신의 현 상태를 바꾸기 위해서 탐구하거나 수행하지 않는다. 우리는 그저 지금 이 순간의 진실을 알기 위해 탐구할 뿐이며, 우리가 탐구할 때 그 진실은 변할 수도 있고 변하지 않을 수도 있다. 우리는 현상이 어느 방향으로 흘러갈지 미리 알 수가 없다. 현재 일어나고 있는 일은 우리가 좋아하는 식으로 변할 수도 있고 좋아하지 않는 식으로 변할 수도 있다. 우리 모두는 각자 선호하는 것이 있고 좋고 나쁜 것에 대한 자기 나름의 생각이 있기 때문에 목적을 놔버리기가 어렵다. 우리는 또 평생토록 독서를 통해서나 남들한테서 들은 이야기를 통해서, 그리고 수행하는 법을 배우는 과정에서 얻어들인 온갖 종류의 영적인 이상이 있다.

다이아몬드 어프로치를 포함해서 많은 전통이 온갖 종류의 상태와 차원에 관해 이야기하고 있다. 그리고 우리가 새로운 상태를 가르칠 때마다 당신들은 이렇게 생각한다. '그래, 이거야말로 장차 내가 도달해야 할 상태야. 이거야말로 모든 것에 대한 답이야. 그런데 어떻게 해야 거기에 도달하지?' 따라서 어느 면에서는 우리가 당신들을 계속해서 헷살리게 만들고 있다. 한 번은 우리가 어디로도 가지 않을 것이라고 했다가, 또 한 번은 우리가 어디로 가고 있는지를 얘기하는 식으로 말이다. 그것은 상반되는 것들의 결합의 일부요, 깨달음의 지렛대 받침의 일부이기도 하다. 그리고 이런 일을 겪는 이들이 당신들뿐만이 아니다. 나 역시도 여전히 같은 과정을 겪고 있다. 그동안 나는 많이 속아왔고, 아직도 다시 속을 가능성이 있다! 하지만 속는 것도 수행의 일부이다. 속임을 당하고, 자신이 어떻게 속았는지를 알아차리는 것도 수행의 일부다. 만일 그런 일이 일어나지 않는다면, 사실은 길도, 진보도, 발견도 없다.

영적 수행을 하는 과정에서 목표 없이, 동기부여 없이 수행하기는 여간 어렵지 않다. 그러나 수행이 더 미묘하고 깊어질 때 우리는 의도가, 목표가, 동기가 꼭 필요한 것들이 아니라는 것을 알게 된다. 그것들은 필요치 않을 뿐만 아니라, 그대로 남아 있을 경우에는 실재가 나타나는 것을 가로막을 것이다. 목적이 수행을 제한한다는 사실을 알아차리는 것은 수행의 한층 더 미묘한 점들을 드러내준다. 이 가르침에서, 특히 함이 없음(무위)의 수행에서, 우리는 자신의 경험에 어떤 관여도 하고 싶어 하지 않는다. 우리는 아무 목표도 지향하지 않을 뿐만 아니라 그런 지향성에 따라 행동하지도 않는다. 자신의 경험에 관여한다는 것은 우리가 다른 어떤 일이 일어났으면 하는 생각이나 희망이나 욕망을 갖고 있다는 것을 뜻한다. 우리의 참본성이 현존이요 참존재이기 때문에 우리는 자신의 경험에 어떤 관여도 하고 싶어 하지 않는다. 참존재는 스스로에게 어떤 관여도 하지 않으며, 그냥 존재할 뿐이다. 따라서 우리가 자신의 본성이 그냥 존재하며 스스로를 나눠 한 부분이 다른 한 부분에게 무엇인가를 하듯이 하지는 않는다는 것을 알아차릴 때, 우리는 어딘가에 이르기 위해 자신에게 무엇인가를 하는 입장을 취하는 것이 자신의 참본성에 반하는 일이라는 것을 안다. 그런 모순을 깨달을 때 우리는 자신의 통상적인normal 행위 감각의 어리석음과 잘못된 정렬 상태를 알아차린다.

함이 없음과 목표 없음no-goal은 깨달음의 상태를 반영하기 때문에 많은 가르침이 그런 지향성들을 인정하고 있다. 깨달은 상태는 어떤 목표도 갖고 있지 않고 그 자체에 어떤 것도 가하지 않는다. 현재 일어나고 있는 것을 변화시키기 위해 무엇인가를 하는 것은 깨달은 상태에 간섭하는 일이 될 것이다. 함이 없음이 많은 수행의 핵심이라는 것은 역설적인 얘기가 아닐 수 없다. 대체로 사람들은 수행이라는 것을 누군가가 하는 무슨 일인가로 보고 있으니까. 어떤 가르침들에서는 좌선으로 함이 없음을 실천한다. 또 다른 전통들은 매 순간을 함이 없는 수행으로 여긴다. 예컨대 카슈미르 샤이비즘Kashmiri Shaivism에서 아누파야 요가Anupaya yoga라고 하는 최고 단계의 요가는 함이 없는 수행이며, 그 수행에서는 이렇게 가르친다. 즉 걸을 때는 걸어라, 앉을 때는 앉아라, 먹을 때는 먹어라, 명상할 때는 명상하라. 어떤 것도 변화시키려고 하지 말고, 어떤 곳에도 이르려고 하지 말라.

우리의 가르침에서, 목표를 향해 나아가지 않는 것과 관련해 중요한 점은 수행이 당신을 특별한 어떤 상태로 인도해주는 것을 지향하지 않는다는 것이다. 이것은 미묘한 대목이다. 설혹 우리가 함이 없음을 배워 익힐 때조차도, 탐구란 그저 진리와 더불어 머물러 있는 일일 뿐이라고 말할 때조차도, 우리는 만일 우리가 이런 수행을 열심히 한다면 그것이 우리를 올바른 상태로 인도해줄 거라고 생각하기 때문이다. 그리고 우리는 올바른 상태인 특별한 상태가 있다고 생각한다. 우리가 이런 상태를 뭐라고 생각하든, 우리가 읽는 책들이나 우리가 따르는 가르침들이 이런 상태를 뭐라고 부르든 간에, 아무튼 사람들은 이런 상태를 흔히 깨달은 상태라고 한다. 우리는 그 올바른 상태를 절대적인 앎, 사랑의 무한한 차원, 혹은 영적인 다른 어떤 상태라고 생각한다. 그리고 만일 우리가 제대로 수행할 수만 있다면, 동기부여나 목적 없이 수행할 수만 있다면, 근원적 상태에 이를 것이며 그 상태가 곧 깨달은 상태다, 라고 생각한다. 그러나 이런 생각은 그 근원적 상태가 최종적인 상태이고, 수행이 당신을 그리로 인도해주리라는 점을 가정하고 있다. 나는 지금, 수행이 당신을 그리로 인도해주지 않을 것이라는 얘기를 하고 있는 게 아니다. 만일 당신이 수행 경험이 풍부하고 성숙한 사람이라면 수행이 당신을 그리로 인도해줄 테지만, 꼭 그리로 인도해주는 것으로만 그치지는 않으리라는 얘기를 하고 있는 것이다.

그러므로 우리 공부에서 수행과 깨달음에 대한 이해가 더 깊어질 경우에는 최종적인 상태를 가정하지 않는다. 우리가 끝에 이르게 될 상태라는 것은 없다. 이것은 어떤 목표도 갖고 있지 않다는 것에 대한 또 다른 이해다. 어느 의미에서, 목표가 없다는 것은 당신이 다음에 어디로 갈지 모른다는 것을 뜻한다. 참존재 자체는 목표를 갖고 있지 않으며, 목표 따위를 지향하지도 않기 때문이다. 그러나 다른 의미에서는, 목표를 갖고 있지 않은 수행은 참존재 자체도 목표로 여기지 않는다는 것을 뜻하기도 한다. 우리는 현존이나 참본성을 수행의 목표로 삼지 않는다. 이것은 미묘한 대목이다. 이와 관련하여 많은 이들이 다음과 같이 생각하고 있다. '그래, 당연히 그렇지. 이제 우리는 참본성을 우리의 목표로 삼지 않는, 수행의 미묘한 길로 들어섰어. 참본성을 목표로 삼지 않는 것이야말로 그것에 이르는 가장 좋은 방법이니까.' 이런 생각에는 일말의 진실이 내포되어 있기는 하지만 완전한 진실은 아니다. 당신이 참본성에 관해 어떤 것을 경험했든, 참본성을 어떤 식으로 이해하든 간에, 참본성은 그런 것들과는 무관하게 당신이 결코 알지 못하는 방식으로, 결코 상상할 수 없는 방식으로 스스로를 드러낼 것이다. 그러므로 당신이 어떤 목표든 간에 일단 목표를 갖는 순간, 당신이 목표를 개념화해서 자신의 목표가 뭔지 아는 순간, 참본성은 그 모든 것을 넘어서버릴 것이다.

우리가 수행의 끝을 가정하지 않는 한 가지 이유는 바로 그 때문이다. 우리는 많은 상태와 특질을 서술하기는 하지만 특정한 어디에선가 수행을 끝낼 것이라는 얘기는 하지 않는다. 우리는 다양한 차원과 질을 확립하고 실현하려고 노력한다. 하지만 그것은 우리가 그런 자리에 이르러야 한다거나 그 자리에서 끝을 맺어야 한다는 것을 뜻하지는 않는다. 우리 모두는 이런 유혹을 느끼며, 우리의 기나긴 고통들을 치료해줄 이런 만병통치약을 소망한다. 우리는 고통이 끝나고 추구가 끝나 자신이 안주해서 조용히 쉴 기적의 상태에 끌린다. 하지만 그런 식으로 생각한다는 것은 그때에 이르러서는 더 이상 수행하지 않는다는 것을 뜻한다. 지속적인 수행이란 뭘 뜻하는 것일까? 그것은 추구와 고통이 끝날 때조차도 수행이 계속된다는 것을 뜻한다. 수행은 그런 상태에서의 삶을 떠받쳐주기 위해서뿐만 아니라 그 이상의 진리들, 곧 우리가 겪은 오랜 고통의 경험과 꼭 끝장을 보고 싶어 하는 우리의 욕망에 의해서 결정되는 것이 아닌 진리들을 드러내기 위해서도 역시 지속된다.

그저 끝장을 내고 싶다는 대단한 유혹이 오래도록 존재한다. 끝나는 자리에 이르러 고요함, 평온함, 광휘, 아름다움 속에 머무를 때 우리는 이제 고통이 더 이상 우리에게 동기부여를 해주지 못하며, 구원이 우리의 목표가 아니라는 사실을 깨닫는다. 우리가 이런 깨달음을 통해 성숙할 때 수행은 지속된다. 그것은 어떤 깨달음도 진리를 발견하는 일을 끝낼 수 없기 때문이다. 그럴 때 수행은 깨달음을 그 이상으로, 더 깊이 구현해주는 깨달음이 된다. 그리고 깨달음을 실현해주고 있는 깨달음은 끝없는 과정이다. 거기에는 끝이 없다.

많은 가르침들이 깨달음의 끝이 어떤 것이고, 어떻게 하면 그 자리에 도달할 수 있는지를 가정한다. 어떤 의미에서는 우리가 일종의 끝이라고 부를 수 있을 만한 깨달음의 단계들이 존재한다. 내가 이 책에서 제시하고 있는 관점은 다이아몬드 어프로치에서는 끝을 필요로 하지 않는 관점에 해당한다. '참된 수행에는 끝이 없다has no end' 라는 말은 '참된 수행은 끝없는endless 것이다' 라는 말과 같지 않다. 그것은 그저 그 어떤 목표에도 도달하려고 애쓰지 않는다는 것을 뜻하는 말이다. 따라서 끝이 없음은 어떤 목표를 향해 나아가려고 분투하는 것을 초월한다는 뜻이다. 우리는 안주하고 휴식하고 끝마치기 위한 것들을 필요로 한다는 동기에 의해서 수행하는 것이 아니기에 끝을 가정하지 않는다. 그렇다고 해서 우리가 충분히 쉬었기 때문에 이제는 다른 일들을 하고 싶어 한다는 얘기는 아니다. 그것은 실재 자체가 수행으로, 더 큰 계시인 수행으로 나타난다는 것에 더 가까운 얘기이다.

깨달음으로서의 수행은 두 종류의 계시를 드러내준다. 그중 하나는 발전의 계시다. 능력들의 발전, 존재 방식들의 발견, 행위와 전달과 표현 방식들의 발견과 관련된 계시다. 그런 발전에는 끝이 없다. 당신은 무슨 수를 써도 그것을 바닥나게 할 수 없다. 깨달음이 일어나는 통로에 해당하는 특정한 탈것인 영혼 자체의 발전은 결코 끝나는 법이 없다. 또 하나의 계시는 우리가 자연스러운 상태라고 부르는 것의 발견, 우리의 참본성 혹은 깨달은 상태의 발견이다. 어느 시점에 이르면 이 상태에서 중요한 것은 영혼의 본성 혹은 실재가 무엇이냐가 아니라 영혼 혹은 실재가 자신이 드러내고 싶어 하는 것을 자유롭게 드러낼 수 있느냐 하는 것이다.

우리는 자신이, 온갖 것을 다양한 방식으로 끊임없이 드러내는 절대적 공空이나 순수 의식과 같은 어떤 상태로 존재하게 될 것이라고 생각할 수도 있다. 한데 나는 그런 것과는 다른 얘기를 하고 있다. 내 얘기인즉슨, 참본성은 절대the absolute나 순수 의식으로 전혀 자신을 드러내지 않을 수도 있다는 것이다. 참본성은 절대나 순수 의식과는 전혀 무관한 방식으로 스스로를 드러낼지도 모른다. 당신은 순수 의식과 절대가 경유하는 역驛에 불과하고, 모든 상태가 다 '경유역'이라는 사실을 발견할 것이다. 그러므로 깨달음에는 끝이 없다. 거기에는 최종 목적지가 없다.

내가 수행이 더 깊어지는 깨달음을 실현하는 깨달음이라고 말할 때, 그것은 우리가 궁극적인 깨달음에 이를 때까지 그 이상의 깨달음을 계속해서 구현해가는 것이 바로 수행이라는 뜻이 아니다. 우리 가운데 많은 이들은 그런 식으로 생각한다. 그리고 많은 가르침이 이런 관점을 주상하기 때문에 우리는 이런 식의 사고방식에 익숙해 있다. 내가 여기서 제시하는 관점에서는 궁극적인 깨달음이라는 상태를 붙잡고 있을 필요가 없다. 목표를 지향하는 입장에서 자유로울 때, 그런 것을 그냥 놔버릴 때, 우리는 경험의 새로운 가능성들, 삶과 존재의 새로운 방식들을 발견하고 무척이나 놀랄 것이다. 그때 일어날 수 있는 자유는 상상조차 하기 어렵다. 당신은 자신이 처한 여러 가지 조건과 속박에서뿐만 아니라 자신의 경험이 진실이라고 말해주는 것들로부터도 자유로워질 것이다. 그 어떤 것들에도 집착할 필요가 전혀 없다.

물론 목표 없는 수행에 대한 이런 식의 이해는 분명 논란의 여지가 있다. 많은 가르침들이 목표를 갖지 않는 것에 관한 이야기를 하고 있지만, 그것들은 목표 없는 상태를 목적으로 삼고 있다는 의미에서 여전히 목표를 갖고 있다. 많은 가르침들이 목표를 갖지 않는 것을 특별한 상태나 차원으로 생각하고 있다. 나는 그런 가르침들과는 다른 이야기를 하고 있다. 목표를 갖지 않는 것은 특별한 상태나 차원이 아니라는 얘기를 하고 있다. 여기서 내가 말하는 수행은 참으로, 그리고 문자 그대로 목표 없는 수행이다. 이런 것은 상당히 섬뜩한 얘기로 들릴 수도 있다. "아, 그럼 나는 어디에 서 있어야 하지? 어느 쪽을 지향해야 하지? 앞으로 어떤 사태들이 벌어질까?" 하지만 그것은 전례 없는 종류의 해방과 자유를 예고해주는 전언이기도 하다.

우리는 진리 그 자체를 위해서 진리를 사랑하기 때문에 탐구를 하고 있다고 말한다. 하지만 어느 시점에 이르면 우리는 진리를 사랑해서가 아니라 탐구하는 것이 자연스러운 일이고 수행하는 것이 자연스러운 일이기 때문에 탐구를 한다. 탐구는 그저 참존재가 하는 일일 뿐이다. 참존재가 수행을 한다. 살아 있는 참존재Living Being는 동기부여나 목표 없이, 출발점이나 목적지 없이 자연스럽게 살고 나타난다. 참존재는 살고, 그 가능성들을 실현하고, 그 가능성들을 수행으로서, 목표 없는 끊임없는 수행으로서 의식적으로 실현한다. 수행은 그저 깨달음을 표현하고 계속해서 깨달음을 표현하는 일일 뿐이며, 거기서 깨달음은 참본성의 자기 드러냄이다. 깨달음으로서의 수행은 깨달음의 작용이 되고 우리가 사는 방식이 되며, 깨달음의 가능성들을 표현한다. 그리고 깨달음으로서의 수행은 특정한 어떤 상태에서 끝마쳐야 할 필요가 전혀 없다.

끝나는 자리에 이르러 고요함, 평온함, 광휘,

아름다움 속에 머무를 때

우리는 이제 고통이 더 이상 우리에게

동기부여를 해주지 못하며,

구원이 우리의 목표가 아니라는 사실을 깨닫는다.

우리가 이런 깨달음을 통해 성숙할 때 수행은 지속된다.

그것은 어떤 깨달음도 진리를 발견하는 일을

끝낼 수 없기 때문이다.

그럴 때 수행은 깨달음을 그 이상으로,

더 깊이 구현해주는 깨달음이 된다.

그리고 깨달음을 실현해주고 있는

깨달음은 끝없는 과정이다.

거기에는 끝이 없다.

Uncaused Realization

5장

원인 없는 깨달음

우리는 영적인 길을 따라 나아간다는 것과 열심히 수행한다는 것이 뭘 뜻하는지를 탐구함으로써 경험에 대한 우리의 접근법이 어떤 식으로 해서 깨달음을 표현하는지를 이해하기 시작했다. 이제까지 우리는 깨달음에 관해서 많은 점을 살펴봤지만 끝마치려면 아직도 멀었다. 우리는 깨달음이 뭔지 이해하고, 또 그것에 대한 깊은 경험을 해봤을 수도 있다. 하지만 우리는 여전히 인습적인 관점에서 수행과 깨달음을 바라보는 경우가 적지 않다. 깨달음이 제대로 자리 잡으려면 그런 관점이 바뀌어야 한다. 우리는 자신이 사물과 현상을 바라보고 일들이 일어나는 것을 바라보는 방식, 실재를 이해하는 방식을 잘 살펴봐야 한다. 우리가 우리의 관점을 바꾸는 방식은 기본적으로 내가 실재의 내적인 역학에 대한 안내여행, 무대 뒤에 존재하는 것들을 살펴보는 안내여행으로 여러분을 초대하는 방식을 통해서 이루어진다.

수행을 바라보는 하나의 흔한 그리고 합리적인 방식은 우리가 그 길을 걸을 때, 즉 우리가 명상하고, 탐구하고, 노력하고, 힘들이지 않는 법을 배우고, 포기하고, 놔버리고, 함이 없음을 실천할 때, 우리 내면이 열리면서 참본성이 스스로를 드러내고, 그 가능성들을 드러낸다고 하는 것이다. 여기까지는 좋다. 우리가 흔히 기대하는 것이 바로 이런 것이다. 한데 우리의 수행이 깊어지고 우리의 깨달음이 성숙하기 전까지는 이런 견해 속에 암암리에 하나의 가정, 곧 우리가 수행을 하기 때문에 진리가 드러난다고 하는 가정이 내포되어 있다는 사실을 미처 깨닫지 못한다. 우리는 자신이 하는 수행, 자신의 영적인 탐구는 원인이요, 깨달음은 그 결과라고 가정한다. 이런 가정은 합당한 것으로 여겨진다. 나는 그것이 합당한 가정이 아니라고 말하는 것이 아니다. 내가 말하는 것은 그런 가정이 사물을 바라보는 인습적인 방식 특유의 믿음, 즉 '우리가 행하는 것은 그에 따른 결과를 낳는다'라고 하는 믿음이라는 점이다.

영적인 수행에 이런 관점을 적용하는 것은 우리가 신의 팔을 비틀 수 있다고 믿는 것과 비슷한 짓이다. 그 속에는 그런 믿음이 함축되어 있다. 보통의 관점은 그 길이 원인과 결과들의 연쇄라는 것이다. 우리가 이런 일을 하면 이런 결과가 일어나고, 저런 일을 하면 저런 결과가 일어난다. 우리가 이런 문제를 탐구하면 이런 해답에 이르게 된다. 우리가 명상 수련을 하면 결국 사마디samādhi[24]에 들게 된다. 우리가 행하는 것이 일어나는 일과 많은 관련이 있다는 것은 자명한 이치로 보인다. 따라서 우리는 깨달음이 우리 수행의 결과라고 믿기 쉽다. 그럴

---

24 삼매三昧.

수밖에 없지 않겠는가? 우리가 이해하려고 하는 게 바로 이런 점이다. 그것이 수행과 깨달음 사이의 막후 관계라는 것 외에 달리 또 어떤 것이 될 수 있겠는가?

현상이나 사건이 일어나는 방식의 이해에 대한 인과[25]적 접근법은 그것을 뒷받침해주는 과학적이고 경험적인 증거를 많이 갖고 있는 듯하디. 수행을 하지 않는 사람들은 영적으로 발전하지 못하는 것 같아 보인다. 하지만 예외들이 있다. 그런 예외들 중 하나는 그런 사람들이 가끔 어떤 경험을 한다는 점이다. 참존재가 나타나거나 참본성이 드러나는 경험을. 그리고 그런 경험이 그들이 하고 있던 일과 관련이 있는지의 여부는 분명하지 않다. 그 때문에 우리는 다시 은총의 측면, 자연발생적인 나타남의 측면, 곧 참본성이 가끔 그냥 드러나거나 나타나 당신을 정면으로 응시하는 사례로 돌아가게 된다. 세상에는 수행이라고는 생전 해본 적이 없는 평범한 사람들이 어느 날 그냥 깨어난 일화들이 많이 있다. 깨달음이 수행과는 무관한 것이 될 수 있다는 사실을 알아차릴 때 우리는 그런 논리, 곧 인과적 견해에 의문을 제기할 수도 있다.

더 나아가, 수행이 깊어질 때면 우리는 또 자신이 사실 자기 경험의 끝thread[26]에 대해 스스로 갖고 있다고 생각하는 것만큼의 통제력을 갖고 있지 못한 경우가 적지 않다는 것을 알아차리기도 한다. 대체로 우리는 우리가 일어나고 있는 일들의 흐름을 파악하고 있다고, 그리고 우리가 적극적으로 무슨 일인가를 하고 있기 때문에 그런 흐름이 펼쳐

---

25 원인과 결과.
26 맥락, 흐름, 줄기 등을 뜻한다.

깨달음이 제대로 자리 잡으려면
그런 관점이 바뀌어야 한다.
우리는 자신이 사물과 현상을 바라보고
일들이 일어나는 것을 바라보는 방식,
실재를 이해하는 방식을 잘 살펴봐야 한다.
우리가 우리의 관점을 바꾸는 방식은
기본적으로 내가 실재의 내적인 역학에 대한
안내여행, 무대 뒤에 존재하는 것들을 살펴보는
안내여행으로 여러분을 초대하는
방식을 통해서 이루어진다.

지고 있다고 믿고 있다. 우리는 우리가 탐구하고 있기 때문에 여러 가지 것들이 발전하고 있다고 믿고 있다. 그리고 결국은 자신이 상황을 통제하고 있고 일어나는 일들을 조종하고 있다고 믿게 된다. 그러나 더 깊이 살펴보면 우리는 그것이 완전한 이야기가 아니라는 것을, 실제로 일어나는 일 그대로가 아니라는 것을 깨닫기도 한다. 자기 내면의 깊은 흐름을 살펴볼 때, 그리고 참본성이 자신의 여러 모습과 차원들로서 나타나는 방식을 볼 때, 우리는 가끔 경험의 맥락이 자신의 통제를 받고 있지 않으며, 무엇인가가 자신의 의식적인 의도나 능력 너머에서 일어나고 있다는 것을 알 수 있다.

나는 내게 이런 걸 환히 알게 해준 특별한 일련의 사건들을 똑똑히 기억하고 있다. 그것은 내가 근본적인 깨달음에 대한 경험을 알기 전, 에고의 정체성이라는 빈껍데기를 처음으로 상대했을 때의 일이었다. 나는 나르시시즘, 상처, 거울에 비춰보고 싶은 욕구, 내 자아감이 공허하고, 내게는 아무것도 없으며, 나는 비현실적인unreal 존재라는 느낌 등에 빠져 있었다. 나는 정체성에 대한 내 전체적인 느낌이 일종의 구성물, 정신적인 것임을 인식했다. 물론 여러분 자신에게 이런 일이 일어날 때는 이런 것이 이론적인 경험으로 여겨지지는 않을 것이다. 나는 마치 내가 상상의 산물인 것 같은, 이 모든 세월 동안 나라고 믿어왔던 것이 실체가 아닌 것만 같은 느낌에 사로잡혔다. 나는 탐구의 원리들을 이해했고 공emptiness과 광대함spaciousness[27]을 들여다보고 느끼고 있었다. 당시에는 미처 몰랐지만 공허하고, 나 자신을 상실한 것

---

27 경계나 한계가 없이 무한히 넓다는 뜻을 함축하고 있다.

같고, 내가 누군지 알지 못한다는 느낌이 이런 밝음과 단일성simplicity
과 초시간성을 드러내줬다. 그 전에 내가 이해했던 방식보다 훨씬 더
깊이 있는 방식으로 그 단일성이 내 본래 정체성임을 알아차린 것이
야말로 내가 자기 깨달음 상태에 대한 경험이라고 부르는 것이다. 내
게 그것은 참본성이 내 정체성이라는 것을 알아차리는 단계의 시작이
었다. 나는 이 빛나는 한 점이요, 스스로를 알아차리는 현존이었다.

   그때까지는, 이 껍데기와 공空을 상대한 것이 결국 빛의 점에 대한
깨달음으로 이끌어준 것이 아닌가 싶었다. 하지만 그러고 나서 이 일
련의 탐구 이전에조차도, 그 껍데기와 나르시시즘과 상처를 상대하기
전에조차도, 내가 이미 이 빛나는 한 점을 경험했다는 사실이 떠올랐
다. 이따금 그 점이 나타났고 이따금 나는 그것이 되었지만, 내가 서술
한 경험에서처럼 완전하지는 않았다. 그것에 대해 좀 더 면밀히 살펴
보고 나서 나는 나르시시즘에 대한 일련의 탐구 과정 전체(거울에 비춰보
기, 지지에 대한 필요성, 상처받은 느낌과 나르시시즘적인 민감성, 껍데기와 비어 있음)
의 실질적인 원인이 되어준 것이 빛나는 한 점과 현존에 대한 초기의
경험이라는 것을 깨달았다. 빛나는 한 점, 곧 자기 깨달음 상태에 대한
경험이 계속해서 펼쳐지는 탐구 과정 전체를 인도해주고 있었다. 그것
은 이미 나타나고 있었고, 결국 나는 나 자신이 그 점임을 알아차린 덕
에 그런 일이 일어나고 있다는 것을 깨달았다.

   그리하여 나는 내 탐구의 끈인 나르시시즘에 대한 관심조차도 내 의
식 속에 나타나는 그 점의 결과라는 것을 알았다. 그 끈 전체(내가 품었던
의문들, 내가 읽고 있던 책들, 내가 갖고 있었던 느낌들, 내가 초점을 맞추고 있었던 대
상관계들)의 원인이 되어준 것은 '참나'로서 스스로를 드러내기 위해 의

식 속에 나타나는 그 점이었다. 내 안에서 모든 의문, 내가 서술한 모든 상태를 불러일으킨 주체는 바로 그것이었다. 빛나는 한 점이야말로 참나의 나타남이었기 때문에 나로 하여금 나르시시즘에, 나 자신을 아는 데 관심을 갖게 만든 것은 사실 빛의 점에 대한 경험이었다.

얼마간 조사하고 살펴본 뒤에 나는 자기 깨달음 상태를 더 명료하게 드러내주는 일련의 통찰과 인식을 얻었다. 이런 결과는 그 점의 드러남뿐만 아니라 본질적인 모든 경험의 펼쳐짐에도 역시 해당된다. 나는 내가 이런 문제들에 관해 탐구하고 있었고, 그런 탐구가 결국 다양한 본질적 해답들로 이어졌다고 생각했다. 하지만 이제 나는 그 모든 일련의 사건을 불러일으킨 실질적인 주체는 심층에서 나타나 의식에 접근하는 에센스의 특질이라는 것을 알아차리기 시작했다. 이런 특질들과 깨달음이 의식에 접근할 때, 그것들은 마음에 영향을 미치고, 그것들의 본성과 지혜를 드러내는 데 도움이 되는 방식으로 의식에 영향을 미친다.

따라서 내가 여러 가지 질문을 던지고 다양한 것을 연구하는 일에 관심을 두게 되었을 때, 나는 내가 관심을 갖고 있고 내가 탐구하고 있다고 믿었다. 한데 알고 보니 그 모든 것은 정반대였다. 그리하여 원인과 결과에 대한 내 익숙한 관념은 완전히 뒤집어졌다. 뭐가 원인이고 뭐가 결과란 말인가? 처음 탐구를 하기 시작했을 때, 나는 내 수행과 탐구의 결과가 깨달음이라고 여겼다. 그리고 어느 시점에 이르러서는 그것이 정반대라는 것을 알았다. 깨달음이 수행의 원인이 되어주고 있다는 것을. 깨달음이 의식에 접근할 때, 처음에는 장차 깨달음을 실현시켜줄 수행으로 나타난다. 깨달음이 스스로를 실현시키는 방법이 바로 수행이기 때문이다.

깨달음 덕에 이제 실재에 대한 내 견해가 더 정확해지기는 했지만, 더 깊은 탐구는 내가 깨달음 충동뿐만 아니라 수행까지도 횡령해왔으며, 더 나아가 내가 깨달음의 원인이고 내 노력 덕에 깨달음이 일어나는 것이라고 생각함으로써 깨달음을 횡령해왔다는 점을 밝혀줬다. 나는, 실상은 그와 정반대라는 것을, 곧 깨달음이 수행의 원인이 되어준다는 것을 알았다. 깨달음은 여러 가지 의문과 문제들, 심지어는 생활 상태까지도 낳았다. 그뿐만 아니라 내가 만나는 사람들, 내가 읽는 책들, 내 삶 속에서 나타나는 여러 영향까지도 그것에서 비롯되었다. 나는 나로 하여금 깨달음에 흥미를 느끼게 만든 것이 깨달음 충동이라는 것을 알았다. 깨달음에 대한 내 관심을 불러일으킨 것은 바로 내가 했던 특정한 수행으로서 스스로를 표현하는 깨달음 충동이었다. 그 수행이 명상이든 탐구든 간에 말이다. 깨달음은 일어나며, 그것이 일어날 때는 하나의 충동으로서 나타난다. 깨달음 충동은 깨달음을 구현해준다. 우리는 바로 깨달음이 다가오고 있기 때문에, 깨달음이 스스로를 드러내기 때문에 깨달음에 관심을 갖는다.

나는 이 문제를 좀 더 자세히 살펴보고는, 이 단계에서 내가 수행을 지배하거나 통제하고 있지 않다는 것을 아는 쪽으로 나아가고 있기는 하나, 아직도 내가 기본적으로는 원인과 결과의 관점에서 보고 있다는 것을 알았다. 나는 아직도 어느 한 가지 것이 또 다른 것을 불러일으키고 있다고 가정하고 있었다. 처음에 나는 수행이 깨달음의 원인이 된다고 믿었으며, 이제는 깨달음이 수행의 원인이 된다고 생각하고 있다. 따라서 내 마음은 아직도 원인과 결과의 항식으로 생각하고 있다.

그러나 우리가 무대 뒤를 더 잘 볼 수 있을수록 깨달음은 더 깊어지고 확장되어 배후의 역동을 드러내준다. 어느 시점에 이르러 나는 의식에 접근하고 있는 특질이나 차원이나 깨달음, 수행과 과정을 통한 깨달음에 대한 관심이 실은 한 움직임의 두 측면이라는 것을, 변증법적 상호 작용에서의 한 힘의 두 나타남이라는 것을 알기 시작했다.

수행과 깨달음은 각기 다른 방식으로 나타나는 하나의 역동이다. 하나는 영혼의 작용으로 나타나고, 다른 하나는 참본성의 드러남으로 나타난다. 하지만 그것은 나눌 수 없는 한 과정이다. 어느 하나가 다른 것의 원인이 되지도 않는다. 나는 그런 점을 알면 알수록 어떻게 해서 수행이 깨달음이고 깨달음이 수행인가를 더욱더 깊이 이해하게 되었다. 따라서 우리는 포스force가 존재하고 파워power가 존재하며, 현현되는 역동dynamism이 존재한다는 것을 알고 있다. 개별 영혼의 관점에서 볼 때 이 역동은 관심, 갈망, 열망, 지향성, 수행으로 나타난다. 실재의 관점에서 볼 때 이 역동은 은총만큼이나 자연발생적으로 펼쳐지는 참존재로 나타난다. 그것들은 한 과정의 두 부분이요 한 힘의 상보적인 두 표현이며, 날로 증강되어가는 그 되먹임 고리feedbak loop는 의식적 통찰이나 깨달음에서 절정에 이른다. 이 단일하고 통일적인 과정은 영혼의 자리에서는 개인적인 수행으로 나타나고, 영혼을 넘어선 자리에서는 참존재의 자연발생적인 작용으로 나타난다.

그러므로 어떤 일이 어떻게 일어나는가 하는 것과 관련된 의문은 '이제 무엇이 무엇의 원인이 되는가'라는 식의 의문이 되지 않는다. 어느 의미에서, 상황이 확대되면 관점도 더 넓어진다. 일어나고 있는 일들을 오로지 자아의 관점을 통해서만, 혹은 오로지 참본성의 관점을

수행과 깨달음은

각기 다른 방식으로 나타나는 하나의 역동이다.

하나는 영혼의 작용으로 나타나고,

다른 하나는 참본성의 드러남으로 나타난다.

하지만 그것은 나눌 수 없는 한 과정이다.

어느 하나가 다른 것의 원인이 되지도 않는다.

나는 그런 점을 알면 알수록

어떻게 해서 수행이 깨달음이고

깨달음이 수행인가를 더욱더 깊이 이해하게 되었다.

통해서만 볼 필요는 없다. 두 가지 관점, 혹은 그보다 더 많은 관점이 동시에 포함될 수 있다. 이렇게 하는 것은 깨달음이 궁극적으로 원인 없이 일어나는 것이라는 앎을 더 정밀하게 가다듬어준다.

나는 우리가 깨달음이 일어나는 방식에 관한 각기 다른 관점들을 알기 시작함에 따라 이런 앎이 어떤 식으로 발전할 수 있을지에 관한 단 하나의 이야기만을 여러분에게 하고 있는 중이다. 어떤 가르침들은 원인과 결과라는 개념에 동의한다. 비인과론적인 다른 가르침들은 실재가 원인과 결과라는 문제를 넘어서 있다는 것을 인정하고 있다. 앞으로 탐구를 계속해나감에 따라 우리는 인과관계(인과법칙)의 개념이 시간을 정확히, 혹은 완전하게 이해하지는 못한다는 사실을 알게 될 것이다. 게다가 인과법칙으로는 시공간이 우리 존재의 표현으로 나타나는 방식을 이해할 수 없다. 깨달음이 참존재의 자연발생적인 나타남(많은 이들이 이것을 은총이라고 말하고 있다)과 개별적인 행위 간의 변증법적인 상호작용이라는 것을 아는 것 외에도, 깨달음이 어떻게 해서 원인 없이 일어나는가에 관해서 이해해야 할 점들이 아주 많다. 깨달음이 원인 없이 일어난다는 사실을 이해하는 과정은 수행과 깨달음이 한 과정의 양 측면임을 알고 난 뒤에도 여전히 지속된다.

인과관계(인과법칙) 혹은 비인과관계(비인과법칙)와 관련된 이런 문제에 대한 이해는 크게 열린 자세를 가져다줄 수 있고, 우리의 수행이 안겨주는 부담을 크게 덜어줄 수 있다. 지속적인 수행에 관해 이야기할 때 우리는 자신이 장차 깨달으려면 계속해서 수행을 해야 한다고 생각하는 경향이 있다. 또한 우리는 우리가 오만 생이나 수행을 해야 한다고 말하는 책들을 읽는다. 그러면서 우리는 '맙소사, 오만 생 동안 계속해서 수행을 해야 한다니!'라고 생각한다. 그것은 실현 불가능하다고 할 만큼 무거운 부담으로 여겨진다. 따라서 자신의 깨달음이 자신의 수행에 따라 좌우되지 않는다는 것을 알아차릴 때, 실재가 작동하는 방식이 그런 게 아니라는 것을 알게 될 때, 당신은 크게 안도할 것이다. "휴, 다행이다. 깨닫는 일에 대한 책임은 내게 있지 않아. 나는 신이 나를 정면으로 쳐다보도록 하기 위해 신의 팔을 비틀어야 할 필요가 없어. 신은 당신의 마음이 내킬 때 내게 당신의 얼굴을 보여줄 거야."

우리는 계속해서 탐사를 할 것이고, 수행에 대한 우리의 인습적인 견해에 계속해서 도전할 것이다. 대체로 우리는 우리의 수행이 다른 어떤 일이 일어나게끔 해주는 결과를 가져다줄, 우리가 하는 어떤 일이라고 생각한다. 만일 우리가 깨달음이 일어나는 방식에 대한 비인과적인 견해를 제대로 이해한다면, 동기와 목표라는 문제들은 자연스럽게 사라져버리고 말 것이다. 동기와 목표는 둘 다 인과관계라는 개념을 지탱해주는 것들이다. 여기서 나는 인과관계가 나쁜 것이라고 말하는 것이 아니다. 원인과 결과의 항식으로 생각하는 것이 쓸모없다고 말하는 것도 아니다. 우리의 일상생활에서 현상을 그런 식으로 바라보는 것은 이치에 맞는 일임이 분명하다. 우리의 과학은 인과관계 개념을 기반으로 하고 있다. 그리고 자신의 경험을 세밀히 살펴보면, 자신의 행위가 현실에서 일어나는 일들과 많은 관련이 있다는 것을 알려주는 아주 많은 증거가 있다. 그러나 내가 앞에서 여러분에게 설명했던 자기 깨달음의 경험에서처럼, 얼핏 보면 내 수행이 깨달음의 원인이 된 것처럼 보였지만 더 깊이 살펴보니 그 정반대가 진실임이 드러났다. 그리고 다시 더 깊이 살펴보니, 그냥 정반대에만 그치는 것이 아니라 수행과 깨달음이 동시에 일어나고 있었다. 그리고 또 우리는 그것들이 사실은 하나라는 것을 알 수 있다. 수행이 곧 깨달음이요, 깨달음이 곧 수행이라는 것을.

Non-Self-Centered Practice

6장

자기중심에서 벗어나는 수행

    우리는 이제까지 몇 단계에 걸쳐서 우리 책임의 역할과 참존재의 역동의 역할을 살펴봄으로써 깨달음의 역학에 대한 이해에 접근해왔다. 나는 우리가 이제까지 알아왔던 식의 다이아몬드 어프로치의 가르침과는 아주 다르게 보일 수도 있는 하나의 관점, 하나의 견해를 제시해왔다. 우리가 살펴보고 있는 이 관점은 어떤 것도 부정하거나 반박하지 않는다. 그것은 더 넓은 관점에서 모든 것을 포함하고 있다. 이 더 넓은 관점은 어떤 견해에도 집착하는 일 없이 모든 견해를 아우른다.

    나는 여러분에게 내가 하는 말을 믿어달라고 요구하고 있는 것이 아니다. 여러분은 이 가르침을 여러분 자신의 경험 속에서 검토하고 시험해볼 제안이나 가설로 여길 수 있다. 이 가르침을 진지하게 살펴보는 것조차도 대단한 기본적 신뢰, 실재의 선함 속에 존재하는 깊은 내적 바탕을 필요로 하는 일이다. 이건 정말 진심으로 하는 말이다. 배움에 열려 있다는 것은 내가 얘기하는 어떤 것을 믿음의 한 항목으로 받아들이느냐 아니냐 하는 정도의 문제가 아니다. 나는 우리가 이제까지 갖고 있었던 모든 믿음에 근본적으로 도전하고 있는 것이다. 그러므로 우리에게 필요한 것은 어떤 한 원리를 그와는 다른 얘기를 하는 또 다른 원리로 바꾸는 것이 아니다. 우리는 자신의 직접적인 경험을 통해서 진리를 발견해야 한다. 우리 각자는 이해understanding, 그렇게 깊이 있는 이해에 이르는 데 필요한 자기 능력의 계발, 참되고 만족스러운 우리 가슴의 깨달음을 갖춰야만 한다. 자기 경험의 생생함과 직접 맞닥뜨림으로써 실재가 무엇인지를 아는 것은 우리의 영적 수행에 완전함을 안겨준다.

나는 지금 내가 제시하고 있는 이 가르침을 가끔 전체성의 관점이라고 표현하는데, 그것은 이것이 많은 견해와 관점을 수용하거나 포함하는 관점이라는 뜻이다. 우리가 에고가 구현되는 상태에 있을 때면, 그런 관점에서 실재를 볼 수밖에 없는 것처럼 우리가 깨달음 상태에 있을 때면 그 상태의 관점에서 실재를 볼 수밖에 없다. 따라서 우리가 참본성에 대한 이런저런 정도의 깨달음에 이를 때, 우리의 견해도 역시 우리 스스로가 구현하고 있는 특수한 깨달음의 관점을 갖게 된다.

그런데 전체성의 관점은 깨달음의 특정한 어떤 한 상태의 관점이 아니기 때문에 상당히 과격한 시도라 할 수 있다. 그것은 많은 깨달음 상태의 관점들을 동시에 수용하고 활용하는 관점이다. 그것은 또 지적이거나 이론적인 관점도 아니다. 전체성의 관점(총체관)은 깨달음의 일정한 어떤 성숙 상태와 관련이 있는 게 분명하긴 하지만, 깨달음의 특정한 어떤 한 상태나 차원이나 조건 속에 있는 것과는 무관하다. 그것은 실재의 어떤 차원을 깨닫고 통합해서 그 차원의 관점에서 현상을 새롭게 보는 것과는 다르다.

더 나아가, 전체성의 관점은 마음이 빚어내는 개념적인 관점도 아니다. 그보다는 차라리 직접적이고 생생한 깨달음과 그 이해의 표현이다. 그것은 또 특정한 어떤 깨달음을 표현하는 관점이 아니라 그 이상의 깨달음을 지속적으로 실현시키고, 예상 밖의 새로운 방식으로 실재를 끊임없이 비추는 깨달음의 표현이다. 엄밀히 말해서, 전체성의 관점은 실재를 경험하고 내밀하게 아는, 가능한 모든 실제적 방식들에 대한 무조건적인 개방성의 표현이다.

여기서 우리는 다이아몬드 어프로치에서 깨달음의 지렛대 받침이라고 하는 것을 탐구하고 있는데, 그 일을 이해하는 데 중요한 것은 한편으로 자아와 세상의 인습적 관점, 다른 한편으로 실재의 단일성unity을 하나의 존재성으로 인정하는 관점인 비이원적 관점 간의 관계다. 그리고 우리가 하고 있는 일은 하나의 관점을 또 다른 관점으로 대체하고 이원적 관점을 비이원적 관점으로 바꾸는 것이 아니다. 우리는 상세하고 세밀한 방식으로 그 둘의 관계를 보고 싶어 한다. 전체성의 관점은, 이원적이거나 비이원적 관점들이 참존재가 스스로를 나타내는 각기 다른 방식들이라는 것을 알고 있다. 이 두 관점이 어떤 식으로 상호작용하는지를 알게 될 때는 이원적이지도 않고 비이원적이지도 않은 방식으로 실재를 경험할 수 있는 가능성이 열린다.

인습적 관점으로부터 우리가 과거의 가르침들에서 탐구했던 차원들인 순수 의식 혹은 절대적 실재에 대한 깨달음의 관점으로 그냥 옮겨가기만 해도 우리는 인습적 관점을 깨달음의 관점에서 어느 정도 이해할 수 있게 된다. 물론 그렇게 옮겨간다고 해서 그 두 상태가 서로 어떻게 관련되어 있는지를 철저히 이해할 수 있게 해주는 것은 아니다. 전체성의 관점은 그 양자의 외부에 존재함으로써 두 관점을 동시에 지닐 수 있기 때문에 그 두 관점이 어떤 식으로 상호 관계하는지에 대한 더 완전한 이해와 인식을 우리에게 제공해줄 수 있다. 이 전체성의 관점은 두 관점 사이를 왔다 갔다 하거나 한 관점에서 다른 관점으로 나아가는 대신에 서로 다른 두 관점이 어떻게 상호작용하고 엮여있는지를 파악함으로써 어떻게 수행이 곧 깨달음인지를 이해할 수 있는 이점이 있다. 우리는 막후에서 일이 어떻게 돌아가는지 알고 있기 때문에 수행할 때 자신이 무엇을 하고 있는지 이해할 수 있게 된다. 또한 전체성의 관점은 이원적 이해에서 비이원적 이해로 옮겨가는 것만으로 곧장 포착될 수는 없는 깨달음의 다른 상태들을 알려주는 더 큰 개방성의 이점도 역시 갖고 있다.

내가 전체성의 관점과 관련해서 좋아하는 것은 그것이 모든 사람을 아우르고 있다는 점이다. 이것은 그 관점이 모든 사람에게 각자가 처해 있는 위치 특유의 방식으로 이야기하고 있다는 것을 뜻한다. 그 관점은 동시에 모든 관점을 포함하고 있다. 그것은 어떤 한 특정한 위치에서 말하지 않는다. 그것은 생각을 하거나 판단 평가를 내리거나 올바른 길을 찾아내야만 한다는 마음이 없이 그저 자연발생적으로, 자연스럽게 모든 가능성을 이야기한다.

이 가르침을 제시하는 과정에서 나는 "참존재Being"나 "살아 있는 참존재Living Being"라는 표현을 자주 사용할 것이다. 어느 의미에서 나는 이런 표현들을 그리 엄밀하지 않은 방식으로 사용해왔다. 이것은 곧 개별 의식으로서의 우리의 참본성이나 존재성은 우리의 일반적인 정체성 개념을 초월해 있고, 우리의 개별적인 마음이 구성해낸 것이 아니라는 뜻이다. 이 존재는 모든 것과 모든 사람의 존재며, 모든 것의 참본성이기 때문에 참본성과 연결되어 있다. 이 존재는 참본성일 뿐만 아니라 생생함과 활력도 역시 갖고 있다. 우리가 자기 자신과 실재를 이해하게 되면, 어느 시점에 이르러서는 개별 자아나 개별 생명에 대한 우리의 관념보다 더 넓고 크고, 더 근본적인 것이 존재한다는 것을 깨닫는다. 모든 것의 저변에 있으면서, 궁극적으로는 그 모든 것인 어떤 것이 모든 것의 바탕에 있다. 이런 진실에 대한 깨달음은 사람마다 수준이 다 다를 수 있지만, 아무튼 그런 깨달음은 실재가 나눌 수 없는 하나의 단일성이라는 비이원적인 관점을 갖게 한다.

그러나 살아 있는 참존재는 우리의 경험 속에서 나누어질 수 없는 단 하나만이 아니라 다른 더 많은 방식으로도 현현된다. 살아 있는 참존재는 그런 방식을 비이원적인 깨달음으로 드러내지만, 또 세상 속에서의 자아로서 나타나기도 한다. 우리가 이 신비로운 실재를 더 깊이 알고 이에 대해 좀 더 포괄적으로 이해하게 될 때, 우리는 우주 진화, 생명 진화, 의식 진화의 배후에 살아 있는 참존재가 도사리고 있다는 것을 깨닫는다. 이런 진화는 어느 시점에 이르러 우리의 개별 영혼 속에서 깨달음 충동으로 나타난다. 살아 있는 참존재는 그것이 우리 경험을 진화시킴에 따라 점차로 그 진실을 더 많이 드러낸다. 그 진화 과정 속에서 우리는 우리의 이해가 완전하지 않으며 우리의 지각이 실제 현실의 근사치에 불과하다는 사실을 알게 된다. 그리고 살아 있는 참존재가 우리 경험을 진화시킬 때, 그것은 내맡김surrender, 함이 없음,

깨달음의 지혜를 더 밝게 해준다.

살아 있는 참존재는 존재의 단일성으로 나타날 수도 있고, 비개념적 자유인 법신의 자연발생적인 드러남으로 나타날 수도 있다. 참존재의 이런 자연스러움은 우리의 개인적인 책임[28]과 참존재의 작용의 관계에 해당하는 깨달음의 지렛대 받침(받침점, 중심점)으로 우리를 인도해준다. 그러나 깨달음이 성숙해지면 우리는 깨달음을 신성 혹은 참존재의 단일성의 자연발생적인 나타남으로 보는 것조차 우리가 아직도 깨달음을 개별 자아의 관점에서 보고 있음을 뜻한다는 것을 자각한다. 유일하게 나타나는 것은 항상 살아 있는 참존재뿐이다. 그것은 자발성이라거나 비자발성이라는 평가 같은 것들과는 무관하게 끊임없이 나타난다. 달리 말해, 그것은 우리가 자연발생적이라고 여기는 순간들에만 나타나는 것이 아니다. 그렇게 간주하는 것은 실재를 보고 '아, 무엇인가가 자연발생적으로 나타났어'라고 생각하는 개별 자아의 관점이다. 우리가 참존재의 자발성을 지각할 때 그것은 실로 대단한 일로 비친다. "와! 나는 열심히 수행하고 명상하고 염송하고 수피춤을 추고[29] 탐구하고 관조했다. 나는 진실하게 살았다. 그랬더니 신이 예고 없이 당신의 얼굴을 보여주셨다! 아니, 법신이 자연발생적으로 나타났다! 아니, 내 가슴속에서 신성이 나타났다!"

이런 지각perception들에는 진실이 내재되어 있다. 그것들은 우리가 참존재의 나타남을 경험할 수 있는 한 가지 방식이다. 그런 경험들에는 어느 정도 참된 이해가 존재한다. 그러나 살아 있는 참존재의 관점

---

28 깨달음이 일어난 이유에서 개인의 역할과 은총을 대비시킬 때 전자에 해당하는 것.
29 수피들의 회전춤 수행을 의미함.

살아 있는 참존재는 우리의 경험 속에서

나누어질 수 없는 단 하나만이 아니라

다른 더 많은 방식으로도 현현된다.

살아 있는 참존재는 그런 방식을

비이원적인 깨달음으로 드러내지만,

또 세상 속에서의 자아로서 나타나기도 한다.

우리가 이 신비로운 실재를 더 깊이 알고

이에 대해 좀 더 포괄적으로 이해하게 될 때,

우리는 우주 진화, 생명 진화, 의식 진화의 배후에

살아 있는 참존재가 도사리고 있다는 것을 깨닫는다.

에서 볼 때 우리는 이런 이해가 여전히 실제로 일어나는 일들의 근사치에 불과하다는 것을 알 수 있다. 달리 말해, 우리는 어떻게 해서 참존재가 수행에 대한 더 완전하고 철저한 이해를 제공해주는 방식으로 나타나는가, 어째서 수행이 깨달음인가를 이해할 수 있다. 이제까지 깨달음의 역동을 조사해오는 과정에서 우리는 우리의 수행과 참본성의 나타남을 일종의 순환적 변증법으로, 한 과정 혹은 한 역동의 두 측면으로 봐왔다.

그러나 우리는 수행하는 동안에 일어나는 일들에 대한 이해를 향해 좀 더 나아갈 수 있다. 이제까지 우리의 이해는 깨달음과 통찰과 이해와 드러남을 횡령하는, 개별 영혼, 개별 자아의 관점에 부합하는 정도에 여전히 머무르고 있다. 우리는 어떻게 해서 우리의 수행이 참존재의 작용을 횡령하는 인과율의 가정을 포함하고 있는가를 목격해왔다. 우리는 노력하고 있고, 책임지고 있고, 몰두하고 있고, 열심히 수행하고 있다. 우리는 그 모든 노력과 진지한 자세가 결국은 깨달음을 낳는다고 여긴다.

이런 마음가짐 속에는 인과율이라는 가설 외에 완강한 자기중심성도 역시 내재되어 있다. 우리는 여전히 사물들을 자아의 관점에서 보고 있다. 지금 나는 자아의 관점에서 사물을 보는 것이 나쁜 일이라고 말하는 것이 아니다. 심지어 나는 그렇게 하는 것이 잘못이라고 말하는 것은 아니다. 나는 그저 그렇게 하는 것은 사물을 보는 한 가지 방식이며, 다르게 볼 가능성들도 있다고 말하는 것일 뿐이다. 그리고 우리는 얼마간 시간이 흐른 뒤에는 자아의 관점에서 사물을 보는 것이 그리 좋은 느낌을 안겨주지 않는다는 사실을 알아차릴 수 있다. 사람들은 그렇게 하는 것에 불만스러워한다. 참존재가 드러날 수 있는 다른 가능성들이 있다는 것을 아는 것은 즐거운 일이다. 그런 가능성들 속에서 사람들은 기쁨과 행복감과 자유로움을 느낀다.

참으로 진리에 관심을 가질 때, 우리는 다양한 다른 가능성들을 알고 싶어 할 수밖에 없다. 우리의 수행이 성숙해짐에 따라 우리는 우리가 수행을 이해하게 되고, 그 과정에 개입하지 않고 방해하지 않을 만큼 현명해질 때 참존재가 완전히 자유로운 상태에서 더 뚜렷하게 나타난다는 것을 알게 된다.

내가 여기서 얘기하고 있는 자기중심성은 수행의 사유화를 뜻한다. 이것은 미묘하면서도 아주 중요한 점이다. 우리는 깨달음 충동을 수행에 대한 우리 자신의 동기부여라면서 횡령할 뿐만 아니라 수행 자체도 횡령한다. 인과율 개념은 행위와 작용을 사유화하며, 일어나는 일들을 개별 자아의 활동으로 여기게 만든다. "내가 자리에 앉아서 수행을 하고 진지하게 노력하는 것이 여러 가지 일을 일어나게 만든다." 통상적인 자아의 자기중심성은 근원으로서의 참존재를 강탈해서 개별 자아 속에 놓여 있게 한다. "나는 자리에 앉아서 수행을 하고 있고, 나는 여러 가지 일을 일어나게 하고 있다." 여기서 우리는 행위가 결과를 낳는다는 인과율 개념이 어떻게 해서 자신이 홀로 동떨어진 자주적 자아요, 그런 인과적 행위의 주체적 자아라는 믿음과 뒤섞이고 혼합되는가를 목격한다. 따라서 우리는 행위 및 수행의 실천뿐만 아니라 수행 그 자체까지도 횡령하고 있다.

수행의 이런 사유화는 우리가 자신의 경험이 자기 것임을 인정해야 하는, 우리 공부의 중요한 한 단계와는 다르다. 우리는 자신의 에센스의 자율성essential autonomy을 알아차리는 과정에서 자신의 자아를 인정하고, 자신의 경험과 이해와 지식이 자기 것임을 인정해야 한다. 우리는 자신의 깨달음이 다른 사람의 것이 아니라 자기 고유의 것이라는 의미에서 자기 것임을 인정한다. 영혼의 성숙 과정에는 자신의 깨달음과 이해를 자기 것으로 온전히 받아들이는 인식 과정이 포함되는데, 그것은 자칫 소유권 주장으로 오해될 수도 있다. 그러나 그런 소유권 개념은 에고 자아의 사유화와는 다르다. 에고 자아의 사유화는 개방적인 자세를 옥죄고, 우리를 깨달음으로부터 분리시키는 경향이 있다. 하지만 자신의 깨달음에 대한 참된 소유권은 자기 고유의 성숙과 발전을 인정하고 알아차리는 것에 더 가깝다.

사유화를 넘어서려면 개별 영혼이 실재를 드러나게 해주는 실재의 탈것임을 알아야 한다. 어떻게 해서 수행이 깨달음인지를 제대로 이해하려면 수행이 자아의 수행이 아니라는 것을 알아야 한다. 어떻게 해서 수행이 깨달음인지를 이해하는 데 핵심이 되는 것은 참된 수행이 살아 있는 참존재의 수행임을 알아차리는 것이다. 혹은 더 정확한 다른 표현을 쓰자면, 당신이 한 개인으로 수행하는 것은 사실 살아 있는 참존재가 수행하는 것이다. 그리고 살아 있는 참존재가 완벽하게 수행할 때, 그 참존재는 그 광휘와 진리로 개별 영혼을 가득 채우며, 이때 수행의 완성은 함이 없음과 깨달음으로 나타난다.

내가 살아 있는 참존재가 수행한다고 말할 때 나는 기본적으로 살아 있는 참존재가 제 삶을 살고 그 가능성들을 드러내고 있다는 것을 뜻하며, 그것은 진실한 생활로, 참됨realness과 진리truth에 대한 관심으로 지각된다. 그리고 우리는 어째서 참됨과 진리에 대한 관심이 이미 깨달음에 의해서 일어나는 것이요, 참본성의 나타남에 의해서 일어나는 것인지를 살펴봐왔다. 더 나아가서 우리는 인과율의 개념을 넘어섬으로써 실재에 대한 관심은 참본성의 나타남이 일으킨 것이 아니라 살아 있는 참존재 자체가 관심과 수행을 현현하는 것임을 알 수 있다. 달리 말해, 깨달음에 이르는 자one[30]는 살아 있는 참존재다. 자아는 깨달음에 이르지 못한다. 자아는 깨달음을 성취하는 자가 아니다. 살아 있는 참존재는 그 존재가 자신의 수행을 완성할 때 우리가 깨달음이라고 부르는 상태를 드러낸다.

우리가 깨달음 충동을 따르지 않을 때는 우리가 자기중심적인 온갖 외적인 이유들로 수행을 하고 있으며, 그것은 아직 참된 수행이 아니라는 것을 뜻한다. 우리가 참으로 수행할 때마다, 수행이 깨달음 충동을 표현하고 있을 때마다 살아 있는 참존재가 수행하는 것이다. 그것이 참된 수행이다. 그리고 그럴 때 가서야 비로소, 우리가 좌정해서 수행하거나 동적인 수행을 하는 것은 사실 참존재가 스스로를 수행으로 드러내는 것이라는 점을 깨닫는 것이 가능하다. 참존재의 이런 신비는 개별 자아 너머에서 참존재의 능력들을 가다듬고 있고, 그 성숙도를 높여가고 있고, 그 비밀을 발견과 계시와 깨달음으로서 드러내고 있다.

사람들은 내게 자주 묻는다. "선생님은 어떻게 이런 접근법(다이아몬드 어프로치)을 개발하셨어요?" 혹은 감사한 마음을 이렇게 표현하기도 한다. "선생님께서 이런저런 일을 해주신 것에 정말 감사드려요." 나는 그들의 말뜻을 이해하고 감사해하기는 하지만 그들이 누구 얘기를

---

30 '주체'라고 번역할 수도 있지만, 이렇게 하면 '객체'라는 상대 개념까지 불가피하게 연상시킬 수 있으므로 어쩔 수 없이 '자'라는 표현으로 옮겼다.

꽃

사유화를 넘어서려면 개별 영혼이 실재를

드러나게 해주는 실재의 탈것임을 알아야 한다.

어떻게 해서 수행이 깨달음인지를 제대로 이해하려면

수행이 자아의 수행이 아니라는 것을 알아야 한다.

어떻게 해서 수행이 깨달음인지를 이해하는 데 핵심이 되는 것은

참된 수행이 살아 있는 참존재의 수행임을 알아차리는 것이다.

혹은 더 정확한 다른 표현을 쓰자면, 당신이 한 개인으로 수행하는 것은

사실 살아 있는 참존재가 수행하는 것이다.

그리고 살아 있는 참존재가 완벽하게 수행할 때,

그 참존재는 그 광휘와 진리로 개별 영혼을 가득 채우며,

이때 수행의 완성은 함이 없음과 깨달음으로 나타난다.

하는지 의아해한다. 나는 나 자신을 그런 일들을 하는 개별 자아로 인식하고 있지 않기 때문이다. 다이아몬드 어프로치를 전하는 자는 개별 자아가 아니다. 나로서는 개별 자아가 그렇게 한다는 느낌이 전혀 들지 않는다. 개별 자아로서의 나는 그런 일을 할 능력이 없다. 개별 자아 자체는 너무나 아둔하고 편협해서 이 모든 발견과 통찰과 통합을 해낼 수 없다. 나는 그 과정에 개별 자아가 포함되어 있지 않다는 얘기를 하고 있는 것은 아니다. 개별 자아는 그 가르침이 스스로를 표현할 수 있게 해주는 통로 혹은 그릇이라는 의미에서 그 과정 속에 포함되어 있다. 하지만 그 가르침은 살아 있는 참존재 자체에서 나온다. 그 가르침은 살아 있는 참존재의 수행을 통해서, 살아 있는 참존재가 드러내는 지속적인 수행과 계시와 발견들을 통해서 온 것이다.

그 가르침을 그런 식으로 생각하는 것은 그것에 대한 공을 내가 차지해야 하는가 아닌가의 여부에 관한 의문을 넘어서버린다. 사람들은 종종 내게 이렇게 말한다. "그 가르침의 공은 선생님에게 있죠." 한데 그것은 명예나 공적의 문제가 아니다. 여기에는 그 가르침에 대한 공을 차지할 자가 없다. 물론 그 가르침이 이 입에서 나오고 있다는 걸 아는 것은 중요하다. 그것은 정확한 지각이니까. 이 가르침은 다른 어떤 입에서 나오지 않았다. 하지만 우리는 그 입을 통해서 누가 이야기하는지 알아야 한다. 나는 하나의 예로서 이걸 언급하고 있다. 나는 이것이 이 개별 자아에게만 해당된다고 말하고 있는 것이 아니다. 나는 여러분 모두를 위해서 이 얘기를 하고 있다. 여러분이 참으로 수행을 할 때 실제로 수행하는 것은 살아 있는 참존재다. 통찰이 일어난다면 그것은 살아 있는 참존재가 자신의 투명함clarity을 드러내고 있는 것이다. 깨달음이 일어난다면 그것은 살아 있는 참존재가 그 본성을 드러내고 있는 것이다.

그런 점을 우리가 알지 못할 때는 수행의 원천과 작용과 실현의 사유화로 나타나는 자기중심성이 존재한다. 만일 우리가 그런 자기중심성을 알아차리지 못한다면, 그것은 개별 자아가 지속되도록 뒷받침해 주는 일이 될 것이고, 그럴 때 우리는 갈등과 투쟁을 불러일으키는 경향이 있는 협소하고 얼어붙은 관점에 갇혀버릴 것이다. 자아중심적인 관점에 갇혀버릴 때 살아 있는 참존재는 자유롭지 못해 그것이 지닌 온갖 가능성을 드러내지 못한다. 그것은 단지 단 한 가지 종류의 가능성만 드러낼 것이다. 모든 걸 항상 개별 자아의 관점에서만 볼 가능성만을. 전체성의 관점을 통해서 볼 때 깨달음에 대한 우리의 이해는 그것이 하나의 깨달음에서 다른 깨달음으로 끊임없이 이동하는, 머무르지 않는 깨달음으로만 그치지 않는다. 그런 이해는 개별 자아의 관점을 넘어선 데서, 그리고 살아 있는 참존재의 관점에서 실재를 볼 수 있는 능력이 존재한다는 사실도 역시 아우르고 있다. 그리고 살아 있는 참존재의 관점은 또 일반적인 비이원적 관점도 역시 넘어서 있다.

살아 있는 참존재는 하나의 존재, 분리된 하나의 실체가 아니다. 그것은 모든 것을 포괄하고 어디에나 퍼져 있는, 언제나 모든 것의 존재요 본질이요 생명력이다. 만일 당신이 살아 있는 참존재의 관점에서 수행을 이해할 수 있다면, 자신이 참으로 어떤 존재인지 알 것이기 때문에 수행이 깨달음임을 알게 될 것이다. 그러나 수행이 깨달음임을 알게 되기 전에조차도 당신의 수행이 참된 수행일 때는 이미 깨달음 충동을 표현할 것이다. 일단 당신이 수행을 할 때 실제로 수행하는 것은 살아 있는 참존재임을 깨닫고 나면 수행은 스스로를 깨달음으로 드러낸다. 그럴 때 당신의 수행이 깨달음이라는 점은 분명해진다. 수행을 하는 자가 살아 있는 참존재일 때, 당신의 수행은 더 깊어가는 깨달음을 실현하는 깨달음이다.

part

2

ENDLESS ENLIGHTENMENT

끝없는 깨달음

Opening Time and Space

7장

시간과 공간 열기

나는 여러분 가운데 많은 분이 내가 말해온 내용에 관해서 여러 가지 의문을 품고 있으리라 생각한다. 여러분은 동기부여가, 목표가, 원인과 결과가 존재하지 않는다면 영적 수행이 대체 뭘 뜻하는 것이냐고 생각할 수도 있다. 도달할 곳이 없다면 가르침이라는 게 왜 있는 거지? 참본성의 이 모든 측면과 특질과 차원과 탈것들은 왜 제시해준 거지? 경험과 해방과 깨달음이 우리 자신의 것이 아니라면, 여기서 논의하고 있는 그것들은 대체 누구의 것이란 말인가? 우리가 경험하는 상태들은 최종적인 어떤 목표로 이어질 다양한 작은 목표들이 아닐까? 우리가 여행이 끝나는 종착점에 이를 때까지 이 가르침은 자꾸 더 미묘해지고 깊어지지 않을까?

상황이 이런 식으로 흘러가기에 이런 질문들은 좋은 질문이다. 그리고 우리가 영적 탐구와 조사를 하는 근본적인 방식도 그와 같다. 하지만 이제부터 우리는 깨달음이란 문제에 그와는 다르게 접근할 것이다.

우리가 다이아몬드 어프로치를 가르치는 방식은, 처음부터 가장 완전한 관점을 제공해주고, 학생들이 그 가장 완전한 관점의 상태를 구현하기 위해 수행을 하도록 하는 일부 다른 가르침들과는 다르다. 우리는 모든 것을 다 아우르는 관점을 제시할 때조차도 그런 식으로 가르치지 않는다. 대체로 우리는 영적 수행이 진행되고 학생들의 수행이 성숙해짐에 따라서 확장되고 발전되는 시각의 관점을 통해서 가르친다. 그러므로 우리가 영적 행로를 따라 나아갈 때 우리의 시야는 계속해서 열린다. 과거의 많은 책들이 드러내 보여줬듯이, 우리가 이 가르침을 어떤 식으로 이끌어왔는가를 보는 한 가지 방식이 바로 그런 것이다.

이 책에서 나는 우리가 우리 가르침의 맥락들 속에서 여러 해 동안 발전시켜온 관점을 확장할 뿐만 아니라 현상을 보는 점진적인 방식에서, 그리고 참본성의 여러 측면과 탈것과 차원들에 대한 시각에서 벗어나는 관점을 제시하고 있다. 전체성의 관점은 기본적으로 상승과 하강의 여정에 대한 관점으로부터의 이탈이다. 이제까지 그 가르침에서 우리는 대체로 실재의 본성 속에 더 깊이깊이 들어가는 상승의 여정의 관점에서, 그리고 그런 깨달음들을 우리 삶 속에 통합시키는 하강의 여정의 관점에서 작업해왔다.

이것은 내가 이제 깨달음에 이르는 점진적인 길 대신에 돌연한 길[31]을 제시할 것임을 뜻하지 않는다. 사실, 돈오와 점수의 문제는 내가 제

---

31 불가佛家에서 말하는 점오 (漸悟: 점점 깊이 깨달음) 및 돈오 (頓悟: 갑자기 깨달음) 개념과 유사하다. 수행과 관련해서는 점수 (漸修: 점차 닦아 나감)와 돈수(頓修: 단박에 닦음, 또는 더 닦을 필요가 없음)의 견해가 있다.

시하는 관점과는 무관하다. 우리가 이제까지 알아왔던 가르침의 확장이자 그것으로부터의 이탈이기도 한 전체성의 관점은 우리 가운데 많은 이에게 우리가 배웠던 것들 혹은 우리가 실재라고 여겼던 것들을 놓아버리거나 상실하는 것으로 느껴질 것이다. 그 가르침[32]이 여러 특성과 측면과 차원을 제시하는 형태를 취할 때면 몇 가지 일이 일어날 것이다(이 새로운 가르침이 여러 측면과 특질, 차원을 제시하는 형태를 띨 때 몇 가지 일이 벌어질 것이다). 그런 일들 중 하나는 우리가 이런 가능성들이 존재한다는 것을 배울 것이라는 점이다. 우리는 우리가 이런 방식들로 실재를 경험할 수 있으리라는 것을 미처 알지 못했다. 따라서 이 가르침은 우리 경험 속에서 참존재가 나타날 수 있는 가능성을 가리키고 있고, 이것은 우리 의식이 그런 가능성을 향해 열리도록 도와준다. 얼마 동안 그 길은 이런 가능성에 관해 배우는 것을 포함한다. 즉 그 가능성을 알아차리고, 경험하고, 우리 의식이 그런 존재 방식들에 개방되도록 하는 것 등을. 이것은 실재가 우리가 알고 있는 것보다 훨씬 더 풍요롭고 훨씬 더 개방되어 있고 훨씬 더 유동적인 것임을 드러내준다. 그리고 우리가 성장하면서 자신이 어떤 존재고 실재가 무엇이고 어떤 일이 일어날 수 있는지 등에 관해 믿었던 것보다 실재가 훨씬 더 많은 것을 갖고 있다는 점을 드러내준다. 관점이 이런 식으로 확장될 때 그 길은 한 깨달음에서 또 다른 깨달음으로 옮겨간다.

내가 여기서 제시하고 있는 관점은 이 여행에 끝이 없다는 것이다. 우리가 이 여행에 끝이 없다는 것을 아는 순간 모든 것은 변한다. 진행

---

32 다이몬드 어프로치가 아니라 이 새로운 관점에 관한 가르침을 뜻한다.

에 대한, 상승과 하강의 여행에 대한 전체적인 개념이 다르게 나타난다. 그런 식의 진행 개념은 우리가 실재를 이해할 수 있는 한 가지 방식이다. 하지만 실재를 꼭 그런 식으로만 이해할 필요는 없다. 지금까지의 가르침이 점진적이고 점차적인 방식으로 진행되어 왔기 때문에 우리는 이제 실재를 뜻밖의 새로운 방식으로 볼 수 있는 것이다. 우리가 참본성의 현현과 함께 작업하며 뭔가에 대해서 배울 때마다 우리는 그것을 넘어서고 있음을 나는 늘 나의 경험 속에서 알아차려왔다. 달리 말해, 실재에 관한 배움, 즉 실재를 특별한 자각의 방식으로 깨닫고 이해하는 것은 항상 그 실재를 넘어선다는 것을 뜻한다. 우리는 존재의 여러 상태와 차원들에 관해서 배우는데, 그것은 그렇게 하는 것이 하나의 가능성이기 때문이다. 하지만 그 한 가지 가능성에 계속 머물러 있을 필요는 없다. 실재는 훨씬 더 많은 비밀들을 감추고 있다!

우리가 다이아몬드 어프로치에서 배우는 방식이 그렇다. 그것은 우리가 특정한 어떤 차원이나 상태들에 든든하게 자리 잡았는데 실재가 자연스럽게 우리를 다른 어떤 곳으로 이동시킨다는 의미에서 어렵고 고된 방식(어렵고 험한 길)이다. 예컨대, 우리가 실재의 무한한 차원들을 가르치고 있을 때 우리는 한동안 실재의 무한함과 비이원성 속에 확고히 자리 잡으며, 그 특수한 상태를 완전하게 하고 안정시키는 방법에 크게 집중한다. 하지만 그런 일이 일어날 때면 항상 긴장 이완이 일어나며, 우리가 예상도 하지 못한 상태에서 그 깨달음이 다른 차원, 경험의 다른 측면으로 이동한다. 이런 식으로 해서 우리는 온갖 종류의 깨달음에 관해서 배운다.

이 길에서 우리가 체득하는 깨달음의 상당수는 다른 가르침들의 깨달음들과 비슷해 보인다. 이럴 때 우리는 다음과 같이 비교할 수도 있다. "이 가르침이 더 깊어. 저 가르침은 이 차원을 다르게 이해해. 이 가르침은 저 상태에 대한 더 완벽한 표현이야." 이런 식의 분별은 진실일 수도 있고 쓸모 있는 지식을 포함하고 있을 수도 있다. 하지만 어느 시점에 이르면 우리는 어디에서 멈추고 어디에서 머무를지, 깨달음이 무엇을 나타낼지 등에 대한 선택지가 개인에게 달려 있지 않다는 것을 알게 된다. 실재가 개인보다 더 크다. 실재는 거대함이요, 신비요, 자체의 가능성을 끊임없이 나타내고 드러내는 살아 있는 참존재다.

우리가 전체성의 관점에서 다른 깨달음들을 중간 역(경유역)들로 보는 것은 바로 이 때문이다. 그러면서도 그것들을 중간 역이라고 말하는 것은 아주 정확한 표현은 못 된다. 그런 표현은 쓸모 있는 규정이긴 하지만, 얼마 후에는 그것이 유한한 결말을 향해 간다는 뜻을 함축하고 있기 때문에 별로 타당하지 않은 규정이 되어버린다. 우리는 다른 깨달음들을 최종적인 어떤 목적지로 가는 길에 있는 역들로 여길 수도 있다. 그러나 그 목적지 자체가 결국은 중간 역임이 드러난다. 사실, 모든 깨달음이 다 중간 역이다.

이런 사실은 우리가 평소처럼 여러 측면과 차원을 탐구하는 이유에 대해 다른 관점을 제공해준다. 우리는 실재가 여러 측면과 차원으로 나타날 수 있다는 것을 배우기 위해 그런 방식들을 탐구한다. 우리는 또 그런 방식들을 깨닫고 그런 식으로 존재할 수 있도록 하기 위해서, 그리고 우리를 통해서나 우리로서 스스로를 그런 모든 방식으로 드러내는 참존재에게 우리가 완전히 개방적인 자세가 되기 위해서, 그런 방식들을 탐구한다. 실재의 특수한 속성들을 가르쳐주는 것은 여러모로 유익한 일이다. 그것은 그런 속성들이 우리가 자신의 정체성을 경험하는 습관적인 방식들에서 벗어나는 것을 도와주기 때문이다. 스스로가 실재의 다양한 측면과 차원임을 깨닫는 것은 우리의 자유와 우리 삶의 조화를 위해 중요하다. 하지만 이런 관점 속에는 우리가 어떤 한 상태에 머물러 있어야 한다는 뜻 같은 것, 혹은 그런 상태들 중 어느 하나가 영속적인 것이 되거나 목적 내지는 목표가 되어야 한다는 뜻 같은 것이 내재되어 있지 않다. 어떤 상태가 나타날 때마다 우리는 그것을 배우고 실현한다. 그러나 그런 상태가 나타난 순간, 그것은 다른 어떤 상태도 역시 나타날 수 있다는 것을 뜻한다. 우리가 배우고 실현하는 상태는 더 미묘하고 깊이 있는 것이 될 수도 있고, 그냥 다른 상태로 변하기만 할 수도 있다.

우리는 실재를, 그 자체와 그 본성과 그것의 현현들을 드러낼 수 있는 무한한 가능성을 갖고 있는 생생하고 역동적인 존재로 생각할 수 있다. 실재는 시간과 공간 속에서 그런 현현들을 드러낸다. 시간과 공간은 실재가 경험의 모든 가능성을 드러내기 위해 사용하는 영사막이다. 대체로 우리는 시간과 공간에 대한 우리의 경험을 일상적인 삶으로 여긴다.

그러나 우리의 평범한 경험과 인류라는 종의 역사에서, 우리는 실재가 스스로를 나타내는 특정한 한 방식, 참존재가 그 가능성을 제시할 수 있는 특정한 한 양식mode에 익숙해졌다. 그리고 그런 양식은 개별적인 한 자아, 곧 세상에 존재하고 다른 것들을 지각하는 한 자아의 양식이다. 우리는 이런 양식을 이원적 관점, 이원적 견해라고 부른다. 여기서 시간과 공간은, 유동적이고 무제한한 방식으로 시공간과 어우러지는 생생하고 역동적인 실재 대신에 자신과 대상, 경험과 사건들을 구성하는 조각들과 구획들로 동결되어버린다. 인류에게 익숙한 현실은 바로 그런 것이다. 거기에서는 다른 이들 가운데 한 자아가, 한 인간이 존재하고, 많은 것들의 세계가 존재하며, 삶이란 대상들을 지각하고 경험하는 일이 되어버린다.

우리가 생생한 실재, 살아 있는 참존재의 관점으로 삶을 바라보면, 보통의 관점은 실재의 한 가지 가능한 현현을 취해서 실재가 그런 특정한 방식으로 스스로를 계속해서 드러내도록 하기 위해 그것을 동결시키고 고착시킨다는 사실을 알게 된다.

그러나 그런 특정한 양식은 역사의 재활용이 되고 개별 자아의 전형적인 특징이 된다. 그와 동시에 우리는 그런 식의 동결과 고착이 결코 절대적으로 완전할 수는 없다는 것을 알 수 있다. 항상 빛이 통과한다. 생명이 생겨나고 새로운 일들이 일어난다. 물론 그것은 실재가 우리가 생각하는 방식과는 다르게 존재할 수 있다는 것을 알아차리도록 도와준다. 그럴 때 우리는 이렇게 생각하기도 한다. '맞아! 그것은 에고의 관점, 고정된 관점, 미혹된 관점이야. 우리는 그런 것들의 구속으로부터 자유로워짐으로써 올바른 관점을 체득하게 될 거야.' 한동안은 실제로 그렇게 된다. 그것은 고정되고 고착된 것을 풀고, 조각나고 구분된 것들을 온전하게 만들어주기 때문에 사물과 현상을 보는 좋은 방식이다. 이원론적 관점의 한계를 아는 것은 실재의 역동적인 활력을 해방시켜줌으로써 존재 그 자체의 다른 방식들을 드러나게 할 수 있다.

실재는 항상 스스로를 실현하고 구현하고 있으며, 항상 이런저런 방

❀

우리는 실재를, 그 자체와 그 본성과

그것의 현현들을 드러낼 수 있는

무한한 가능성을 갖고 있는 생생하고

역동적인 존재로 생각할 수 있다.

실재는 시간과 공간 속에서

그런 현현들을 드러낸다.

시간과 공간은 실재가

경험의 모든 가능성을 드러내기 위해

사용하는 영사막이다.

식으로 스스로를 드러낸다. 실재는 세계와의 이원적 경험 속에서 스스로를 당신you[33]으로서 드러낼 수 있다. 그리고 그것은 또 에고의 세계경험의 바탕이 되는 세계관을 스스로에게 드러낼 수 있다. 우리는 에고의 관점을 미혹된 것이라고 생각할 수 있으며, 그것은 실제로 미혹되어 있다. 그럼에도 불구하고 그것은 실재가 스스로를 보여주는 한 가지 방식이다. 실재는 가끔 어느 면에서의 착각을 통해서 스스로를 나타내기도 한다. 실재는 또 그런 미망들로부터 스스로를 해방시키거나 그런 미망들 없이 스스로를 보여줌으로써 다른 가능성들을 드러낼 수도 있다. 우리는 그런 다른 가능성들을 깨달음이라고 부를 수도 있다.

실재는 그런 미망들로부터 스스로를 해방시키는 것을 통해서 이 모든 드러남의 바탕을, 근원적인 본성을 드러내기 시작한다. 고착된 것들을 보고 그것들의 동결 상태를 풀어주고 녹이고 해빙시키는 일은 초월적인 것, 순수한 광휘이자 맑음이자 공空인 것으로서의 그것들의 본성과 바탕을 드러내기 시작할 수 있다. 한동안 우리가 리드완 스쿨에서 작업해온 방식이 바로 그랬다. 우리는 이런 해빙과 해동과 해방을 지켜봐왔고, 시공간의 이런 영역이 열리는 것을 경험해왔다. 그러나 우리는 잘 드러나지 않는 교묘한 방식으로 여전히 개별 자아의 관점에서, 우리가 처음 시작했던 관점에서 이런 과정을 계속해서 살펴보고 있다. 이런 관점에서 볼 때 그 과정은 발달 혹은 발전처럼 여겨지고, 한 상태로부터의 해방과 아울러 더 자유로운 상태의 출현처럼 보인다. 참으로 어려운 것은 실재를 개별 자아의 관점으로부터 완전히 자유로운, 그

---

33 개별 자아를 뜻한다.

자체의 관점으로 보거나 경험하는 일이다.

지금 나는 실재의 관점이 개별 자아로부터 자유롭다는 얘기를 하는 게 아니라 개별 자아의 관점으로부터 자유롭다는 얘기를 하고 있다. 개별 자아는 스스로를 건설하는 데 사용하는 너무나 많은 기반, 너무나 많은 자리를 갖고 있다. 그것들 중 상당수가 잘 포착되지 않기 때문에 그것들을 완전히 꿰뚫어보기는 어렵다. 따라서 우리는 미처 의식하지 못하는 상태에서 계속해서 그것들의 관점에서 실재를 보고 있다. 이 가르침에서 우리가 하고 있는 작업의 큰 부분은 개별 자아가 세워지는 기반들, 곧 동기부여, 목표, 인과관계, 분리, 여행 등을 탐구하는 것이다. 여행에는 시작과 끝이 있지만 실재에는 시작도 끝도 없다. 그리고 실재는 하나의 사물이 아니다. 우리가 살아 있는 참존재로서의 실재에 관해서 이야기할 때, 우리는 그것을 하나의 참존재로 생각할 수도 있다. 하지만 그것은 하나의 참존재가 아니다. 우리가 살아 있는 참존재라고 말할 때 그것은 그야말로 모든 것, 실재의 모든 것을 뜻한다. 실재의 모든 것은 살아 있고, 늘 끊임없는 변화 상태 속에 있다. 이런 변화 상태가 그것의 삶이다.

그러므로 실재의 관점에서 볼 때 우리가 무대 혹은 측면 혹은 차원으로 여기는 것은 실재가 그 순간에 스스로를 나타내는 방식이며, 그것은 다른 어떤 무대나 측면이나 차원만큼 실제적이다. 달리 말해, 각각의 현현은 자체의 고유한 가치를 갖고 있다. 각각의 현현은 스스로를 드러내고 있는 것이다. 우리는 그것을 다른 것들과 비교할 필요가 없다. 우리가 해야 할 일이라고는 그저 그것을 완전하게 경험하고 있는 그대로의 그것에게 감사하는 것뿐이다. 실재의 관점을 통해서 우리는 깨달음을 상승과 하강의 여행의 관점에서 생각하는 것과는 다르게 생각한다. 여기서의 깨달음은 개별 자아의 관점에서뿐만 아니라 참본성의 관점에서도 많은 것을 경험할 능력을 지닌 머무르지 않는 깨달음 runaway realization이다. 머무르지 않는 깨달음은 깨달음의 각각의 상태가 깨달음의 다른 상태로, 이어서 또 다른 상태로 이어지는 것을 뜻한다. 각각의 깨달음은 깨달음의 다른 상태들로 스스로를 변화, 변형시키면서 계속해서 더 심오한 방식으로 자유롭게 스스로를 실현한다. 깨달음은 그 이상의 깨달음을 낳는다. 더 나아가, 깨달음 상태들은 상승과 하강의 여행 방식과는 달리 한 차원에서 다른 차원으로 늘 이동하지는 않는다. 잠시 후 점진적인 깨달음의 그런 모델은 무너진다. 전체성의 관점은 차원들의 점진적인 깨달음의 형식에는 존재하지 않는 경험의 한 방식을 포함하고 있다.

영적 각성을 늘 더 미묘한 차원들의 연속적인 진행으로 보는 관점은 우리가 생각하는 실재의 본질과 존재 방식에 관한 우리의 고착된 관점들의 이완을 불러일으키는 데 쓸모가 있다. 그러나 우리가 개인과 타인에 대한 고착화, 동기부여와 목표와 인과관계에 관한 신념과 아울러 시간과 공간을 열어젖힐 때, 우리는 새로운 경험의 관점을 발견한다. 이 새로운 관점은 미묘함을 더한다거나 궁극적인 결과와 목적 같은 것들을 입증해주는 일과는 무관하다. 하지만 그런 새로운 관점을 발견할 때 우리는 즉각 그것을 동결시키고 싶어 한다. 마음은 어떤 깨달음이 일어나든 간에 그것을 동결시키고, 그것을 실재의 모든 것이라고 선언하는 경향이 있다. 만일 어떤 경험이 심오하거나 생생하거나 진짜라면, 우리는 그것이 그대로 남아 있어야 한다고 생각한다. 하지만 그것은 우리 마음mind의 관점이지 실재의 마음reality's mind의 관점은 아니다.

영적 발달의 과정은 보통 이원적 관점에서 비이원적 관점으로 나아간다. 하강 여행의 전형적인 인식은 실재는 비이원적인 것이며 깨달음과 생활은 분리되어 있지 않다는 것이다. 바로 이 시점에서 이원적인 것들보다 비이원적인 것들을 더 좋아하고, 비이원적 관점이 최종적인 관점이라는 믿음의 구상화와 고착화로 떨어지기가 아주 쉽다. 사실, 여러분 가운데 많은 분들은 이렇게 생각할 것이다. '이 사람은 왜 목표가 없다는 얘기를 자꾸만 하는 거지? 분명히 비이원적 관점이 목표고, 이제 우리는 마침내 우리의 목표에 이르러 실재의 하나임을 보는 데까지 이르렀구만!' 하지만 우리가 만일 비이원적 관점을 참으로 이해한다면, 어떤 목표도 있을 수 없다는 사실을 알아차릴 것이다. 만일 모든 것이 하나라면, 따로 떨어져 있는 어떤 목표에 이르기 위해 분투하는 별개의 사람이 어떻게 존재할 수 있겠는가? 어떤 시점에 이르면 우리는 이런 곤경에서 벗어나 실재는 이원성도 비이원성도 아닌 다른 가능성들을 제공해준다는 것을 알게 될 수도 있다. 실재는 아주 신비로우며, 그것의 생기발랄함은 그 어떤 것으로도 억누를 수 없다.

우리가 실재에 관한 모든 것을 안다는 것은 결코 있을 수 없는 일이다. 실재라는 개념은 어떤 것에 달라붙기 위해서, 어떤 것을 붙잡거나 의지하기 위해서가 아니라 우리의 관점을 열기 위한 것이다. 우리는 "이것은 실재야. 이것은 진리야. 나는 그것을 알아. 그리고 그것으로 끝이야"라고 말하지 않는다. 우리가 알지 못하는 무엇인가가 늘 있다. 내가 우리가 알지 못하는 어떤 것인가가 있다고 말할 때, 그것은 우리가 아직 깨닫지 못한 것이 있다는 뜻이다. 우리는 이것을 각각의 가르침들은 자체의 궁극적인 실재나 상태를 갖고 있다는 사실과 관련된 얘기로 볼 수도 있다. 세상에는 자체의 궁극적인 진리를 갖고 있는 많은 가르침들이 있으므로 우리는 실재가 많은 궁극적인 것들을 갖고 있다는 것을 알 수 있다. 그리고 당신은 자신이 좇는 길에 의지해서 어떤 궁극적 실재에 이르게 된다.

내가 여기서 제시하고 있는 관점은 어떤 궁극적인 것의 관점도 아니요, 많은 궁극적인 것들의 관점도 아니다. 당신은 많은 궁극적인 것들이 있다고 말할 수 있으며, 그것은 영적 수행의 잠재력을 경험하는 합당하고 쓸모 있는 방식이다. 하지만 그런 것들을 궁극적인 것들로 생각하지 않는 게 어떨까? 그것들을 실재가 스스로를 드러내는 각기 다른 방식들로 여기는 것은 어떨까? 당신이 "저것이 아니라 이것이 궁극적인 것이야"라고 말할 때, 거기에서는 미세한 가치판단이 생겨난다. 그것은 다른 상태들은 그것만큼 좋지 않다는 것을 뜻한다. 이런 종류의 판단은 수행을 궁극적인 것으로 여겨지는 것의 특정한 방향으로 밀어붙이기 위해 비교의 어떤 관점을 끌어들여 수행 속에 스며들게 할 수 있다. 내가 제시하고 있는 관점에서 당신은 궁극적인 어떤 것도 생각할 필요가 없다. 사실은 바로 지금 이 순간에 일어나고 있는 것이 궁극적인 것이다. 당신이 지금 당장 경험하고 있는 것이 궁극적인 것이 되지 못할 이유가 있는가? 설사 당신이 이원적인 상태를 경험하고 있다고 하더라도, 그것은 실재가 스스로를 드러내는 방식이다. 만일 당신이 그 경험을 완전하게 받아들이고 그것을 가만 내버려둘 수만 있다면, 그 상태의 실재는 자연스럽게 다른 어떤 것으로 변형될 것이다.

만일 우리가 비이원성의 관점으로 이원성을 이해한다면, 우리는 자신의 경험 속에서 생겨나는 것들이 비이원적인 것들이 되어야 한다고 생각하기 쉬울 것이다. 어느 의미에서는 그것이 실재의 지향성이다. 실재는 그런 식으로 작동한다. 우리가 이원적 관점을 더 분명하고도 완전하게 볼수록, 살아 있는 참존재의 광휘는 더욱더 빛남으로써 모든 것의 찬연함과 단일성을 더욱더 휘황하게 드러내줄 것이다. 그러나 이렇게 보는 것은 우리 마음속에 미묘한 고착을, 이원적 관점은 항상 비이원적 관점에게 굽히거나 양보하기를 기대하는 취향을 빚어낼 수 있다. 다른 한편으로, 해방된 마음은 실재가 어떤 식으로 작동하든 개의치 않는다. 우리는 설사 자신이 궁극적인 상태나 조건들에 관한 견해를 상실했을지라도 계속해서 수행할 것이다. 우리는 그냥 수행할 것이다. 실재는 그저 제 할 일을 할 뿐이고, 그 현현들을 할 수 있는 한 온전히 알면서 구현할 뿐이다.

실재의 신비들을 드러내기 위해 시간과 공간을 연다open는 것은 어떤 여행도, 어떤 궁극적인 상태도 존재하지 않는다는 것만을 뜻하지는 않는다. 시간과 공간을 여는 것은 훨씬 더 심오한 신비들을 드러낼 수 있다. 예컨대, 우리가 믿고 있는 것들 중 하나는 우리가 1분 동안에 한 시간 전체를 경험할 수는 없다는 것이다. 우리는 한 시간을 경험하려면 꼬박 한 시간이 걸린다고 생각한다. 그러나 가끔 우리는 한 시간 걸리는 일이 1분 안에 일어나는 것을 경험할 수도 있다. 그런 일은 일어난다. 그리고 공간도 역시 당신이 상상할 수 있는 것보다 훨씬 더 큰 공간으로 열릴 수 있으며, 잠시 후에는 당신이 생각으로 떠올릴 수조차도 없는, 그 자체에 관한 비밀을 드러낼 수 있다. 시간과 공간은 측량할 수 없는 신비며, 그런 신비들 가운데 일부는 우리가 앞으로 진행해 나가면서 탐구해볼 것이다.

나날의 삶에서 우리는 공간을 구분하고 시간을 재왔으며, 그 안에다 자아를 구성해놓았다. 시간과 공간에 관한 고정된 관념들 속에 자아를 그렇게 구성해놓는 것은 우리에게 안정감과 안전감을 제공해준다. 우리는 현실이 그렇다고 여긴다. "이제 나는 안정되어 있고, 세상도 안정되어 있어." 우리는 그런 안정성을 확보해야 한다. 한데, 우리가 고정시켜놓은 것들이 도전받을 때, 평정 상태가 날아가버리면서 우리는 방향을 잃고 혼란 상태에 빠진 듯한 느낌에 사로잡히기 시작할 수도 있다. 무엇인가가 우리의 평정상태를 무너뜨리는 한, 그것은 실재가 완전히 자유롭지 못하다는 것을 뜻한다. 우리 안의 무엇인가가 우리에게 안정을 제공해주기 위한 동결된 관점, 일종의 고착 같은 것을 필요로 한다. 우리는 안정이 존재하지 않을 경우 혼란이 찾아올까봐 두려워한다. 어느 의미에서 그것은 사실이다. 하지만 방향을 잃어버렸다는 느낌은 변화의 전형적인 특징이다. 고착들이 해체되고 녹아버림에 따라 붕괴와 혼란의 느낌이 일어날 수 있다. 그런 것이야말로 실재가 새로운 질서를 드러내기 위해 펼치는 방식이다.

처음에 시간과 공간을 여는 것은 보통의 에고적 관점으로부터의, 평소의 익숙한 동결상태로부터의 해방을 뜻한다. 그러고 나서 그런 관점이 확장됨에 따라 우리는 자신이 깨달은 관점을 통해서 사물과 현상들을 새로 동결시키기 시작할 수도 있다는 사실을 깨닫는다. 우리는 동결된 깨달음을 가질 수 있다. 이런 점은 우리가 아직도 자신에게 안정을 안겨주기 위해 고착을 필요로 한다는 사실을 드러내준다. 하지만 실재는 생생하게 살아 있는 것이기에, 그 무엇으로도 억누를 수 없을 만큼 역동적인 것이기에, 우리는 어떤 상태를 완전하게 실현한다는 것은 그것을 놔준다는 것을 뜻하고, 우리가 그것에 의지하고 매달릴 수 없다는 것을 뜻하는 것임을 알게 된다. 우리는 어떤 한 상태도 최종적인 것이거나 실재하는 것으로 볼 수 없는데, 그것은 그 상태의 온전한 깨달음이 더 깊은 깨달음을 향해 열린다는 것을 우리가 알고 있기 때문이다.

삶과 그것의 진화에 관해 생각해보자. 거기에 끝이 있을까? 삶이 앞으로 이르려고 하는 어떤 자리가 존재할까? 인류는 더 이상의 어떤 변화도 있을 수 없는 최종적인 목표를 갖고 있을까? 다른 형태, 다른 방식, 다른 능력의 진화가 더 이상 존재하지 않을 자리가 과연 있을까? 그 어떤 진화론도 마침표를 상정하고 있지 않다. 달리 말해, 실재는 목적론적인 것이 아니다. 실재는 그것이 지향해나갈 어떤 목표나 목적도 갖고 있지 않다. 실재는 자연발생적으로 생생하고 본래부터 지성적이며, 항상 뜻밖의 가능성들을 드러내고 있다. 실재의 깨달음이 어째서 그런 것과는 다른 어떤 형태의 것이 되고 싶어 하겠는가?

지금 이 순간에 이런 내용이 당신에게 어떤 의미로 다가올까? 당신은 이런 내용을 읽고 이런 가르침을 받아들이는 것도 수행의 한 형태라는 것을 알 수 있을 것이다. 수행은 당신이 명상하고 염송하고 영적 훈련을 하는 것만을 뜻하지 않는다. 수행은 항상 하는 것이 될 수 있다. 당신이 이 책이 전하는 내용을 보면서 그 영향력을 느끼고 그것을 탐구해볼 때, 당신은 수행을 하고 있는 것이다. 그런 것은 수행하는 것이 아니라고 생각하는가? 당신이 책을 읽을 때, 그것은 실재가 스스로를 실현하고 있는 것이다. 따라서 내가 당신에게 이런 내용을 표현하고 있을 때, 실재가 수행하고 있는 것이다. 당신이 내가 말하는 내용을 받아들일 때, 실재가 수행하고 있는 것이다. 우리는 상호작용하고 있고, 이런 상호작용은 실재가 수행하면서 그 가능성의 일부를 실현하고 있는 것이다. 그런 일을 하는 자가 당신인가 나인가? 당신은 '아, 이 책이 뭔가를 전하고 있고 나는 그냥 앉아서 그것을 받아들이고 있어'라고 생각할 수도 있다. 그것은 진실이다. 하지만 당신은 또 내가 가르치는 내용들 중에서 당신이 받아들이는 내용이 실재의 잠재력을 발전시키는 일이 되고 있다고 말할 수도 있다. 그것도 역시 진실이다. 하지만 이것을 달리 말할 수도 있다. 즉, 실재가 당신과 나, 이 책을 읽는 모든 사람을 통해서 그 가능성 가운데 일부를 드러내고 있다고. 그러니 당신은 영적 여행이 어떤 곳을 향해 가는 일이 아니라, 지금 당신이 있는 바로 그 자리의 가능성들을 향해 스스로를 활짝 여는 일이라는 것을 알 수 있을 것이다.

Total Being

8장

전체적인 참존재

영적 수행은 우리가 우리 참본성의 영원하고 무한한 특성을 깨닫기 시작할 때면 종종 시공간을 초월한다. 그러나 우리가 이런 상태들에 머무르면서 지속적인 수행의 표현으로서의 탐구를 계속할 때면 시간과 공간 자체가 신비로운 방식들로 열릴 수 있다. 그런 전체적인 수행, 깨달음의 그런 움직임은 실재와 그것의 참본성을 이해하는 뜻밖의 방식들을 드러낼 수 있다. 이런 것은 깨달음과 실재의 아무 제약 없는 자유로운 특성을 드러내줄 수 있으며, 이런 특성은 우리가 실재의 전체적인 관점, 곧 내가 전체성의 관점(총체관)으로 언급해온 관점을 이해하는 것을 도와준다. 시간과 공간을 여는 것은 전체성의 관점을 이해할 수 있게 해준다.

전체성의 관점을 조사해보면 그것이 실재의 가능한 모든 관점을 포함하는 관점이라는 것을 알게 된다. 한데 우리가 "전체성totality"이라고 했을 때의 의미는 정확히 무엇일까? 전체성의 관점은 우리가 바라보고 있는 전체성이 존재한다는 것을 뜻하는 것이 아니다. 나는 이것이 다른 관점들을 포함하는 제한 없는 자유로운 관점이라는 것을 지적하기 위해 이것을 "전체성의 관점"이라고 부른다. 그것은 사실 무無관점적인(비관점적인, 관점 없는) 이해다. 달리 말해, 그것은 하나의 특정한 관점이 아니다. 전체성의 관점은 동시에 다수의 관점들, 곧 에고의 관점, 근본적 관점, 무한한 관점, 한 깨달음이나 또 다른 깨달음의 관점, 기독교적 관점, 불교적 관점, 비이원적 관점, 이원적 관점, 개인적 관점, 개인적이지 않은 관점, 무한히 많은 다른 관점을 갖고 있고 허용해주는 이해력이다.

전체성의 관점은 이 모든 관점들을 갖고 있으며, 개인이나 다른 어느 누구도 아직 알지 못하는 관점들도 역시 허용해준다. 따라서 이 관점은 완전히 열려 있고 자유롭다. 전체성의 관점은 우리가 그 관점을 완전히 이해할 때면 특정한 어떤 한 관점에 고착하거나 집착할 필요가 없다는 점에서 중요하다. 우리는 서로 다른 많은 관점들을 포함하고 인정할 수 있으며, 그와 동시에 전체성의 관점은 특정한 어떤 시점에 어떤 한 관점을 우리의 이데올로기나 실재에 관한 결론으로 여기고 집착할 필요 없이 그냥 누릴 수 있는 자유를 우리에게 제공해준다.

우리는 전체성의 관점 덕에 내가 전체적인 참존재Total Being라고 부르는 것을 이해하기 시작할 수 있다. 이제까지 나는 참본성의 생동함(생동력, 살아 있음)과 역동성을 전해주는 살아 있는 참존재에 관해 이야기해왔다. 하지만 어떤 한 표현만으로는 실재의 어마어마한 크기를 온전히 담아낼 수 없다. 따라서 나는 이 책 전체에 걸쳐서 각기 다른 때마다 전체성의 관점에 관한 특수한 이해를 강조하는, 각기 다른 표현들을 사용할 것이다. 내가 전체적인 참존재에 관해 이야기할 때면, 여러분 가운데 많은 이들은 사람마다 각기 다른, 본인이 경험한 전체성을 떠올릴 것이다. 그런 것은 내가 전체적인 참존재라고 말할 때의 그것이 아니다.

영적인 길에서 우리는 전체성에 대한 다양한 경험을 할 수 있다. 우리는 전체성을 자기 정체성의 전체성과 자기 경험의 전체성으로서 스스로를 자각하는 영혼 혹은 개별 의식으로서 경험할 수도 있다. 자체의 기관organ들과 능력과 역사를 갖고 있는 개별 영혼은 우리의 모든 경험이 일어나는 곳이다. 그러므로 우리는 영혼을 일종의 전체성으로 경험할 수도 있다. 그게 아니면, 우리는 무한한 차원 속의 전체성을 개별 영혼이 아니라 우주의 전체성으로 경험할 수도 있다. 그런 경험은 대체로 무한한, 혹은 비이원적 경험이라고 부르는 것으로 나타난다. 우리가 그런 종류의 전체성을 경험하고 있을 때, 우리는 모든 것이다. 우리는 우리가 현재성nowness 혹은 모든 것을 포함하고 있는 의식이라는 의미에서의 전체성이다. 모든 생각, 느낌, 대상, 현상은 이런 전체성의 일부들이다. 가끔 우리가 그런 종류의 비이원성을 경험할 때 우리는 우리가 그 모든 것들이라는 의미에서의 전체성이다.

그러나 전체적인 참존재는 전체성을 경험하는 그런 두 차원 중 어느 한쪽하고만 관련된 것이 아니다. 전체적인 참존재는 어떤 경험하고도 전혀 관련이 없다. 그것은 실재를 경험하는 특정한 한 방식하고 관련된 것이 아니다. 그것은 경험의 여러 차원들의 조합과 관련된 것도 아니다. 그것은 경험의 모든 차원들을 종합해놓은 것과 관련된 것도 아니다. 전체적인 참존재는 실재의 순수한 불확정성, 곧 실재의 비배타성

nonexclusivity과 수용불가능성noncontainability[34]하고 관련된 것이다. 그러므로 전체적인 참존재는 당신이 그 어떤 전체성을 경험하든 간에 아무튼 그런 전체성에 대한 당신의 경험을 포함한 모든 것이다. 전체적인 참존재는 전체성에 대한 모든 경험뿐만 아니라 그 이상 가는 것들까지도 포함한다. 하지만 전체적인 참존재는 경험이 아니다. 우리는 모든 경험을 포함하는 알아차림, 이해, 각성을 통해서 전체적인 참존재를 자각한다.

더 나아가, 내가 나 자신을 전체적인 참존재로 인식할 때, 그것은 내가 지각하는 모든 것의 전체성을 경험하고 있다는 것만을 뜻하지는 않는다. 물론 그런 뜻도 있지만 다른 뜻도 있다. 즉, 나는 내가 어제 경험했던 것을, 내가 내일 경험할 것을, 당신이 지금 경험하고 있는 것을, 당신이 10년 전에 경험했던 것을, 당신이 지금으로부터 2년 뒤에 경험할 것 등을 경험하고 있다는 얘기를 하고 있다. 전체적인 참존재는 무진장하고 절대적으로 포괄적이며, 완전히 불확실하다. 그것은 특정한 어떤 경험에 의해서 규정되지 않는다. 하지만 모든 경험이 그것을 표현한다. 어떤 경험, 차원, 특성, 형태, 형태 없음도 필연코 전체적인 참존재의 표현이다. 전체적인 참존재란 어떤 것일까? 그것은 너무나 불확실하고 변화무쌍해서 특정한 어떤 한 경험이나 깨달음으로는 포괄할 수 없으며, 너무나 미묘하고 광대해서 경험의 어떤 조합으로도 포괄할 수가 없다. 그러나 우리는 완전한 자각과 앎을 통해서 우리가 전체적인 참존재임을 깨달을 수 있다. 그것은 개개의 경험 혹은 그런 종

---

34 물리치지도 않고 받아들이지도 않는 특성.

류의 지각과는 무관한, 깊은 이해의 본성 속에 더 많이 깃들어 있다.

우리가 자신이 전체적인 참존재임을 알아차릴 때 일반적으로 감지하는 것은 자유다. 우리는 어떤 무엇인가로 존재할 필요가 없기 때문에 자유롭다. 우리는 어떤 것도 다 될 수 있지만, 꼭 어떤 것이 될 필요는 없다. 우리는 특정한 어떤 것이 될 필요가 없으면서 어떤 것도 다 될 수가 있기 때문에 어떤 제한도, 판단도, 비교도 존재하지 않는다. 우리는 또 자유의 원천이 되어주는 그 어떤 것도 붙잡거나 매달릴 필요가 없다. 우리는 자유롭기를 바라고, 그 자유를 여러 가지 방식으로 경험하기를 바란다. 자유는 미묘하고 좀처럼 얻기 어려운 것이다. 그것은 극히 드문 행복보다도 훨씬 더 얻기 어렵다. 따라서 우리는 전체적인 수행 속에서만 존재 가능한 자유를 소중히 여기기 때문에 수행을 한다.

내가, 우리가 전체적인 참존재라고 말할 때, 우리 가운데 많은 이들은 그것이 무엇인지 밝혀내기 위해 우리의 경험이나 기억을 뒤지기 시작할 것이다. 당신들은 그것을 찾아내지 못할 테지만, 그것은 바로 거기에 있다. 우리가 전체적인 참존재임을 알아차리는 것은 사실 깨달음의 성숙이다. 곧, 살아 있는 깨달음으로서의 깨달음에 이르고 있거나 이미 이른 깨달음의 성숙. 살아 있는 깨달음은 특정한 어떤 깨달음을 향해 나아가는 일 없이 깨달음의 한 상태에서 다른 상태로 움직인다. 실재는 본래 역동적이고 변화무쌍하며 그 본성은 결국 불확실하기 때문에, 살아 있는 깨달음은 그것이 움직임을 멈출 종점에 이르지 않는다.

우리는 자신이 전체적인 참존재라는 것을 알 때 자신이 모든 것이면서 아무것도 아닌 것이기도 하다는 사실을 알아차린다. 우리는 모든 것이고 아무것도 아니며, 그것들을 따로따로 경험할 수 있기도 하고, 또 자신이 모든 것이면서 동시에 아무것도 아니라는 것을 경험할 수도 있다. 내가 우리가 모든 것이라고 말할 때, 나는 단지 비이원적인 경험만을 말하는 것이 아니다. 비이원적인 경험은 경험의 한 종류일 뿐이다. 우리가 모든 것이라고 말할 때, 나는 이원적인 것과 비이원적인 것, 그리고 이원적이지도 않고 비이원적이지도 않은 다른 모든 것을 아울러 뜻한다. 나는 여러분 가운데 많은 이들이 지금 머리를 마구 긁적일 것이라고 확신한다. 그리고 당신은 한동안 머리를 긁적일지도 모른다.

우리는 아주 자연스럽게, 자신이 누구고 어떤 존재인지 밝히고 싶은 마음에 쫓긴다. 그리고 우리는 그런 의문을 꼭 밝혀내야만 한다. 그러나 깨달음 충동의 한 표현인, 자신이 누구고 어떤 존재이며 실재가 무엇인지를 밝혀내려는 이런 충동은 어떤 것인가가 되려고 하는 강박관념과 뒤섞인다. 우리는 또 실재가 어떤 것, 특정한 어떤 것이기를 바란다. 설사 그 어떤 것이 형체 없는 것이거나 알 수 없는 것이라고 할지라도 말이다. 우리는 무엇인가로 존재하는 것에 사로잡혀 있다. 설사 그 무엇인가가 무한함 혹은 공空 혹은 비이원성 혹은 전체성이라고 할지라도 말이다. 그런 상태들 속에서조차도 우리는 여전히 존재하는 어떤 것이다. 사람들은 이렇게 말한다. "나는 절대적 실재로 존재하고 있으며, 특정한 어떤 것도 아니야." 하지만 절대적 실재로 존재한다는 것은 무엇인가로서 존재하는 것이다. 비이원적 자각으로 존재하는 것은 무엇인가로서 존재하는 것이다. 비이원적 혹은 순수 의식을 가리키는 일조차도 무엇인가를 지향하는 것이다.

전체적인 참존재는 자유가 무엇인가로 존재할 필요가 없다는 것을 의미하는 일종의 알아차림이다. 여기서 내가 "무엇something"이라고 말할 때에는 특정한 어떤 사물을 가리키는 것이 아니다. 나는 어떤 대상을 말하는 것이 아니다. 어떤 형태를 말하는 것이 아니다. 어떤 경험, 지각 혹은 깨달음을 말하는 것이다. 우리는 무엇인가로 존재함에 사로잡혀 있기 때문에 항상 참다운 자기인 정확한 어떤 것을 찾아내려고 애쓰고 있다. 그리고 그것이 바로 내면 여행의 본질, 깨달음의 본질이다. 즉, 자신이 어떤 존재고 실재가 무엇인지를 밝혀내는 일의 본질이다. 여러분도 잘 알다시피, 탐구하는 일을 계속해나가면서 우리는 많은 것을 발견한다. 우리는 몸과 자아와 개인임(개인존재)being an individual에서 현존과 자각과 비이원성과 전체성과 절대와 대우주임(대우주존재) being the macrocosm에 이르는 모든 것을 발견한다. 혹은 이런 상태들은 그것들에 대한 감각이나 의식 없이 일어날 수도 있다. 그리고 이 모든 경험은 일어나야만 한다. 그 상태들은 그것들 가운데 하나가 최종적인 해답이라서가 아니라 그것들의 일어남이 전체적인 참존재의 자유로움의 표현이기 때문에 일어나야만 한다. 모든 경험은 항상 전체적인 참존재의 표현이다.

당신이 존재할 때 혹은 절대적 실재의 깨달음이 존재할 때, 당신 혹은 그 깨달음은 전체적인 참존재의 표현이다. 당신이 무한한 현존이나 자각의 본질적인 표현일 때 당신은 전체적인 참존재의 표현이다. 당신이 무한한 사랑일 때 당신은 전체적인 참존재의 표현이다. 당신이 개별 영혼일 때 당신은 전체적인 참존재의 표현이다. 당신이 당신의 몸으로 존재할 때 당신은 전체적인 참존재의 표현이다. 당신이 성낼 때 당신은 전체적인 참존재의 표현이다. 전체적인 참존재는 지금에만 존재하는 것이 아니다. 그것은 모든 것을 아우르는 현재성으로만 그치는 것이 아니다. 시간과 공간이 열릴 때 우리는 전체적인 참존재가 모든 시간대의 모든 것이자 모든 시간 밖에 있는 모든 것임을 안다. 어떤 것도 제외되지 않는다. 어떤 경험이나 진리도 제외되지 않는다. 어떤 형태form도 제외되지 않는다. 어떤 형태 없음도 제외되지 않는다. 전체적인 참존재에 대한 깨달음은 본질적으로 우리 정체성의 비배타성에 대한 이해다. 우리는 자신의 수행이 전체적인 참존재의 자유로움을 실현하는 것임을 알기 시작할 수도 있다. 이때의 자유는 모든 순간에서의 온갖 자기 정체성이 전체적인 참존재이면서 동시에 자기 아닌 그 어떤 것도 다 전체적인 참존재라는 것을 의미한다. 전체적인 참존재에 대한 알아차림은 깨달음이라는 문제를 특수한 경험의 장에서 벗어나게 하고, 시간과 공간을 꼭 떠나지 않으면서도 시간과 공간의 장에서 벗어나게 한다.

우리 가운데 많은 이에게 전체적인 참존재에 대한 그런 식의 이해는 처음에는 상실처럼 다가올 수도 있고 혼란스럽게 느껴질 수도 있을 것이다. 우리는 아직도 존재할 필요성 혹은 무엇인가로 존재할 필요성을 느끼기 때문이다. 전체적인 참존재는 하나의 참존재a Being가 아니다. 언어는 사람을 속이기가 쉽다. 여기서 나는 존재성beingness을 말하는 것이 아니고, 그렇다고 비존재nonbeing를 말하는 것도 아니다. 그 둘 다 일어날 수 있는 경험들이다. 당신은 참존재를 경험할 수 있고 비존재를 경험할 수 있으며, 서로 분리될 수 없는 참존재와 비존재를 함께 경험할 수도 있다. 전체적인 참존재의 관점에서 볼 때 그런 경험들의 어떤 것도 특권을 갖고 있지 않다. 전체적인 참존재의 깨달음은 매

우리가 자신이 전체적인 참존재임을

알아차릴 때 일반적으로 감지하는 것은 자유다.

우리는 어떤 무엇인가로

존재할 필요가 없기 때문에 자유롭다.

우리는 어떤 것도 다 될 수 있지만,

꼭 어떤 것이 될 필요는 없다.

우리는 특정한 어떤 것이 될 필요가 없으면서

어떤 것도 다 될 수가 있기 때문에

어떤 제한도, 판단도, 비교도 존재하지 않는다.

순간 일어나는 모든 것, 당신이 경험하는 모든 것이 다 전체적인 참존재라는 것이다. 당신이 그것들을 자신으로 경험하든 혹은 자신이 아닌 것으로 경험하든 간에 상관없이 말이다.

설령 당신이 전체적인 참존재를 발견할 수 없다 할지라도, 당신이 특정한 어떤 경험이나 지각의 그 모든 가능성 속에서 그것을 경험할 수 없다 할지라도, 당신은 사실 그것을 매 순간 경험하고 있다. 당신이 경험하고 있는 것이 무엇이든 간에 그것은 전체적인 참존재다. 그것이 달리 무엇이 될 수 있겠는가? 내가 "경험"이라고 말할 때, 나는 한 개인의 경험이나 한 자아의 경험을 뜻하는 것이 아니다. 나는 일어나고 있는 무엇인가를 말하는 것이다. 어떤 사람들은 비이원적인 것 혹은 무한 혹은 공空을 비경험이라고 이야기한다. 나는 그런 경험들을 당신이 완전히 잠들지 않았다는 것을 의미한다고 여긴다. 의식이 존재하는 한 경험은 존재한다.

우리는 앞으로 나아가면서 전체적인 참존재에 대해서 좀 더 조사해 볼 참인데, 어느 의미에서 전체적인 참존재에 대한 인식은 우리의 이해를 단순화해주기도 하고 우리의 이해를 방해하기도 한다. 그리고 지금 이 순간 우리가 전체적인 참존재를 어떤 식으로 이해하든 간에 아무튼 그러한 이해를 방해하려는 것이 내 의도의 일부다. 따라서 나는 마음에 도전하고 있다. 마음은 그것이 자리 잡을 어떤 곳인가를 찾아다니다가 "바로 이거야!"라고 외치는 일에 너무도 익숙해져 있으니까. 그리고 전체적인 참존재의 자유는 그런 경우를 빈번히 허용해주며, 영적인 깨달음은 특정한 어떤 각성의 경험이나 상태에 이르는 것을 뜻한다. 그러나 그것은 그저 그 순간의 일일 뿐이다. 마음의 고정된 관점은 우리가 어떤 깨달음을 경험하든 간에 그것이 다음 순간으로 계속해서 이어지기를 기대하게 마련이다. 하지만 전체적인 참존재는 자유자재하기에 다음 순간에는 전혀 다른 어떤 것으로 스스로를 드러낼 수도 있다.

어떤 전통들은 우리가 경험의 어떤 차원(그것이 순수의식이든 혹은 자각이든 혹은 신비든 간에)에 도달할 때면 근원적이고 불변하는 바탕에 이르렀으며, 다음에는 그 깨달음이 그 상태를 계속해서 유지하느냐의 여부가 문제가 된다고 믿는다. 전체적인 참존재를 제대로 이해했을 때 우리는 이런 일이 정말로 일어난다 할지라도 그 때문에 실재의 신비가 바닥나는 일은 없으리라는 것을 안다. 전체적인 참존재는 여전히 변할 수도 있고, 바탕을 완전히 없애버리고 실재가 그보다 훨씬 더 불확실하다는 점을 드러낼 수도 있다.

그러므로 전체적인 참존재의 관점은 우리의 질서정연한 이해를 교란시킬 것이다. 이것은 혼란스러운 일이 될 수도 있지만, 그와 동시에 우리가 그것의 추진력을 얻을 때는 더없이 자유로워진다. 우리는 자유로워지기 위해 어떤 것으로 존재하거나 어딘가에 머무를 필요가 없다. 우리가 어떤 것으로 존재할 필요가 없다고 말할 때 내 말의 참뜻은 우리가 특정한 어떤 것일 필요가 없다는 것이다. 우리는 몸일 수도 있지만 꼭 몸이라고 느낄 필요는 없다. 우리는 순수 의식일 수도 있지만 꼭 그런 것일 필요는 없다. 우리는 비이원적 현존일 수도 있지만 꼭 그런 것일 필요는 없다. 우리는 순수한 경험일 수도 있지만 꼭 그런 것일 필요는 없다. 만일 우리가 깨닫기 위해 특정한 어떤 것이어야 한다면, 우리는 전체적인 참존재의 자유를 잃고 말 것이다. 깨달음도 역시 전체적인 참존재가 스스로를 표현하는 여러 방식 중 하나일 뿐이다. 전체적인 참존재는 더없이 침울한 상태로, 전체적인 참존재인 우울한 개인으로서 스스로를 표현하기도 한다.

우리가 완전히 우울한 상태거나 완전히 깨달은 상태일 때, 이 두 상태에 공통된 것은 우리가 자신이 그런 방식으로 존재해야 한다고 믿는다는 점이다. 우리는 그런 방식들로부터의 어떤 탈출구도 없다고 믿는다. 그것은 자유의 결여다. 자유는 우리가 언제 어떤 것으로도 자유로이 존재한다는 것을 뜻하며, 또 우리는 꼭 그런 것이어야 할 필요성으로부터도 자유롭다. 따라서 무엇인가에 의지하거나 매달리는 일 따위는 없다. 어떤 것이 생겨나거나 일어나든, 실재가 어떤 것으로 나타나든 완전히 포용한다. 실재가 어떤 식으로 나타나든 간에 그것들은 해방시키는 힘인 전체적인 참존재다. 우리가 전체적인 참존재를 이해하기 시작하는 방법은 어떤 형태나 형상, 어떤 종류의 경험이든 간에 그것을 충분히 경험하고 완전히 깨닫는 것이다. 우리가 참본성을 경험하든 에고의 드러남을 경험하든 간에, 만일 우리가 그것을 완전히 포용하고 완전히 빠져든다면, 만일 그것을 제대로 이해하고 제대로 조사해본다면, 우리는 전체적인 참존재의 관점을 알아차리게 될 것이다.

보통, 영적 여행은 계속 나아감의 문제요, 우리가 자기 자신과 실재가 이러저러한 것이라고 여기는 온갖 가정으로부터 스스로를 해방시키는 문제다. 내가, 우리가 어떤 것일 수 있다거나 혹은 아무것도 아닌 것일 수 있다고 말할 때, 그것은 우리가 어떤 것일 수 있는 자아라는 뜻이 아니다. 문자 그대로 우리가 어떤 것일 수 있다는 뜻이다. 일어나고 있는 것이 어떤 것이든 간에 그것은 모두가 다 '나'라는 정체성이며, 우리는 스스로를 나 아닌 것으로 경험할 수도 있다. 나는 이것을 우리가 경험하고 있는 것이 무엇이든 간에 아무튼 그것의 비어 있음 emptiness으로 표현하며, 그것이 비어 있다는 것은 확실하다. 그리고 전체적인 참존재는 지속적으로 변하며, 궁극적으로 불확실하다. 나는 여기서 "비어 있음"이라는 말을 모든 것의 비어 있음에 대한 깨달음을 뜻하는 그 말에 대한 고전적인 이해와는 다르게 사용하고 있다. 우리는 모든 것의 비어 있음일 수 있으며, 또한 꼭 모든 것의 비어 있음일 필요가 없기도 하다. 그것은 전체적인 참존재가 드러나는 한 가지 방식에 불과할 따름이다.

우리가 전체적인 참존재를 더 잘 이해하면 할수록 무한한 잠재력으로서의 실재를 더욱더 잘 알 수가 있다. 어떤 것일 수 있거나 혹은 어떤 것이 아닐 수 있는 무한한 잠재력이 존재한다. 자아일 수도 있고 자아가 아닐 수도 있으며, 이원적인 것일 수도 있고 비이원적인 것일 수도 있으며, 이원적이지도 않고 비이원적이지도 않은 다른 것들일 수도 있는 무한한 잠재력이 존재한다. 전체적인 참존재에 대한 이해는 자신을 특정한 어떤 방식으로 규정해야 할 필요성에서 우리를 해방시킨다. 그리고 그런 이해는 실재를 특정한 어떤 방식으로 규정해야 할 필요성에서도 우리를 해방시킨다. 하지만 그렇다고 해서 그것이 혼돈 상태로 이어지지는 않는다. 그러기는커녕 자유를 예고해준다. 전체적인 참존재는 실재가 특정한 어떤 한 존재 방식 혹은 경험 방식 혹은 지각 방식에 의해 포괄되지 않는다는 점을 알려준다. 전체적인 참존재는 이런 식으로 해서 동시에 많은 견해와 관점을 허용해주는 전체성의 관점을 반영하고 있다. 각각의 깨달음은 실재하고 각각의 자각도 실재하며, 모든 것은 자체의 관점을 갖고 있다. 이런 전체적인 참존재를 표현하는 전체성의 관점은 이런 모든 관점을 포괄하고 있다.

물론 전체적인 참존재의 관점으로 수행하는 것은 깨달음이란 무엇인가에 대한 당신의 생각들에 이의를 제기할 것이다. 이런 관점은 당신이 어느 순간에 자신을 무엇으로 여기든 간에 그런 생각에 이의를 제기할 것이다. 내가 "당신이 자신을 무엇으로 여기든 간에"라는 표현을 쓸 때, 그것은 꼭 특정한 어떤 자아를 뜻하는 말이 아니다. 그 말은 그 순간에 그 존재가 무엇이든 간에, 그 의식이 그 순간에 스스로를 무엇으로 알든 간에, 그것이 스스로를 개인으로 알든 개인이 아닌 존재로 알든 간에 등을 뜻한다. 전체적인 참존재로서의 당신은 개인이기도 하고 개인이 아니기도 하며, 인간이기도 하고 인간이 아니기도 하며, 형태이기도 하고 형태 없음이기도 하며, 이것들 가운데 그 어떤 것도 아니기 때문이다. 당신이 스스로가 전체적인 참존재라는 것을 이해할 때, 그것은 온갖 수준의 자유를 활짝 열어준다.

우리가 전체적인 참존재라는 깨달음 혹은 앎은 전체적인 관점과 긴밀하게 연관되어 있다. 전체적인 관점은 우리가 깨달음을 경험할 수 있는 많은 방식이 존재하고, 우리가 단순히 그냥 경험할 수 있는 많은 방식이 존재한다는 것을 의미하기 때문이다. 보통, 우리는 자기 마음이 자신의 경험을 조직해야 하고, 자기가 다음 순간에 제대로 방향이 잡혀 있고 안전하다고 느낄 수 있게끔 경험에 확고한 질서를 부여해줘야 한다고 믿고 있다. 우리는 실재가 자체의 자기 조직력을 갖고 있다고 생각하지 않는다. 하지만 실재는 그런 힘을 갖고 있다. 실재는 언제나 조직하고 또 조직해왔다. 우리는 자신이 실재를 줄곧 이해하고 있었다고 생각한다. 하지만 우리의 이해를 조직하고 또 조직하는 것은 실재 그 자체다.

　우리는 앞으로의 과정에서 전체적인 참존재가 실재의 신비롭고 미묘하고 해방시켜주는 관점임을 알게 될 것이다. 앞에서 이미 얘기했던 것처럼, 우리가 어떤 존재고 어떤 경험을 하고 있든 간에 그 모든 것이 다 전체적인 참존재의 표현이기에 우리는 어떤 것이기도 하고 또 어떤 것이 아니기도 한 상태에서 전체적인 참존재다. 하지만 사실 그것은 그냥 전체적인 참존재의 표현인 정도에서 그치는 것이 아니라 그것을 훨씬 더 넘어서는 것이다. 무엇이건 간에, 어떤 특정한 것이든 혹은 어떤 경험이든 간에, 그것들은 우리가 전체적인 참존재를 알아차리지 못한다 해도 그런 것과는 무관하게 온전히 다 전체적인 참존재다. 달리 말해, 우리는 자신이 어떤 것을 경험하든 간에 늘 전체적인 참존재를 완벽하게 경험한다. 만일 우리가 그냥 우리 몸을 경험하고 있고 전체적인 참존재의 깨달음을 갖고 있다면, 우리는 우리 몸이 전체적인 참존재며 어떤 것도 배제하지 않는다는 것을 깨달을 것이다. 우리는 우리 몸이 지금 존재하고 과거에 존재했으며 미래에 존재할, 그리고 존재 가능한 모든 것인 전체적인 참존재임을, 모든 시공간 속의 잠재적인 것들과 실상actuality을 모두 다 아우르는 전체적인 참존재임을 깨닫는다. 이것은 전체적인 참존재의 깨달음이 지닌 미묘하고 역설적인 신비들 가운데 하나다. 우리가 하는 모든 경험은 전체적인 참존재의 표현이지만, 전체적인 참존재는 늘 포착하기 어렵고 불확실한 채로 남아 있다. 전체적인 참존재는 어떤 사물이나 존재가 아니며, 그런 것들보다는 차라리 해방시켜주는 불확실성에 더 가깝다.

The Organ of Realization

9장

깨달음의 기관

우리는 전체성의 관점이 어떻게 해서 어떤 깨달음도 혹은 깨달음의 관점도 부정, 부인하지 않으면서 생겨나는가를 살펴봐왔다. 사실 전체성의 관점은 모든 다양한 깨달음을 포함하고 인정해주며, 그것들을 우리의 참된 존재성true beingness에 대한 경험의 현현들로 여긴다. 그러므로 전체성의 관점은 우리 가르침이 참본성과 그것의 여러 측면과 차원에 관해 제시해온 관점의 가치를 무시하지 않는다. 그 관점은 깨달음의 관점을 우리의 미묘한 판단, 편애, 고착, 이상화로부터 해방시켜주기 위해 깨달음의 관점을 더 활짝 연다. 우리가 이런 관점을 통해서 수행을 하고 스스로를 탐구하고 우리 삶을 확실하게 구현할 때, 우리는 특수한 어떤 상태에 있어야 할 필요성을 느끼지 않는다. 따라서 실재는 본연의 지성과 활력을 갖추고서 어떤 상황에 대해서도 적절한 깨달음으로 완전히 자유자재하게 응답해준다.

비이원적 관점은 전체성의 관점과 같지 않긴 하지만 만일 우리가 비이원적 관점을 완전히 이해한다면, 우리는 그것이 함축하고 있는 의미들을 파악하고 전체성의 관점에 도달할 수도 있을 것이다. 비이원적 관점은 우리가 자신의 탐구 과정에서 알아차리고 경험하는 깨달음들 중 하나다. 그것은 분명히 깊고도 중요한 깨달음이다. 비이원적 관점은 우리가 지각하는 현현들과 형태들이 실재의 바탕인, 그것들의 본성과 떨어질 수 없는 것들이라는 것을 알고 있다. 그러나 비이원적 깨달음은 실재의 장이나 바탕이 경험되는 방식에 따라서 한 종류만 있는 게 아니라 많이 있다. 따라서 우리는 실재의 장이 형태들을 드러내는 방식, 그 형태들이 나타나는 방식(그 형태들의 광휘와 정밀함과 투명함은 다양하게 표현될 수 있다)으로 표현되는, 각기 다른 여러 방식으로 비이원성을 경험할 수 있다.

그러나 비이원적 깨달음의 상태와 관련해서 중요한 것은 대상들과 세계를 자신과 분리된 것으로 경험하는 자아의 인습적 관점으로부터의 자유가 존재한다는 점이다. 우리는 경험과 경험되는 것, 스스로와 (자기 자신과) 다른 것들, 스스로와(자기 자신과) 전체로서의 실재 사이의 인습적인 이원성의 관점에서 자유롭다. 물론 비이원적 관점에서는 인습적인 자아가 존재하지 않을 뿐만 아니라 개별 의식조차도 다른 어떤 것처럼 나타나는 형태들 가운데 하나다. 따라서 우리는 스스로를 전체성으로, 전체적인 우주로 경험한다. 우리는 모든 우주다. 우리는 끊임없이 변화하는 과정 속에 있는 우주의 본성인 참존재며, 그런 변화는 곧 우주 진화다. 달리 말해 참본성의 드러남이 곧 우리가 보는 우주요, 우리가 맛보는 경험들이다. 그러나 참본성은 그 정도에 그치는 것이 아니다. 그것은 광대하고 신비로우며, 투명하도록 맑고 텅 비어 있으며, 현존으로 가득하다. 비이원적 깨달음은 분명 자유의 상태요 깊은 깨달음의 상태며, 일부 가르침들은 그런 상태 속에 있는 것을 진정한 깨달음으로 여긴다.

그런데 비이원적 관점에서 볼 때는 무슨 일인가를 하는 어떤 개인도 존재하지 않으며, 그런 관점에서는 수행이 무의미한 것이 된다. 비이원적 상태에서는 인과관계, 동기부여, 목표 등과 관련된 문제들이 사라지는 것이 사실이지만, 수행도 역시 사라져버린다. 수행을 할 자가 없고 수행도 없다. 우리가 수행이라고 부르는 것을 포함한 모든 것을 드러내고, 테니스를 치고 샤워를 하고 가게에 가는 일 같은, 그 밖의 다른 모든 모습을 드러내는 것은 하나같이 비이원적 진리일 따름이다. 우리가 비이원적 상태에 머무르고 있을 경우 얼마 후 수행을 하는 의미가 없어지는 것은 바로 이 때문이다. 그런 깨달음 속에서는 수행을 하는 것이 비이원적 자각을 떠나 더 작거나 더 제한된 깨달음으로 되돌아가는 일이 된다. 일부 비이원적 가르침들이, 수행하는 것은 비이원적 상태의 유예나 연기를 뜻하는 것이기 때문에 당신들에게 수행이 좋은 것이 못 된다고 생각하는 이유는 바로 이 때문이다.

그러나 전체성의 관점에서 볼 때 비이원적 상태는 존재 가능한 무한히 많은 종류의 깨달음들 중 하나에 불과할 따름이다. 비이원적 깨달음은 모든 것을 드러내고 있는 것이 이 광대함과 투명한 진리라는 의미에서, 자아는 망상이거나 단순하게 드러난 한 형태에 불과하다는 의미에서, 그리고 모든 활동이나 행동은 전체로서의 실재가 단일성과 하나됨oneness 속에서 스스로를 지속적으로 드러내는 것을 보는 방식들에 지나지 않는다는 의미에서, 정확한 것이다. 하지만 전체성의 관점이 없을 경우 우리는, 개별 의식이 없다면 어떤 깨달음도, 비이원적 상태의 어떤 자각도 없으리라는 사실을 망각하고 말 것이다.

비이원적인 상태 속에서 개별 의식은 전경前景이 아니다(전면에 나서지 않는다). 자아는 사라지고 개인도 사라지고 심지어 영혼조차도 사라지며, 오로지 실재만 존재한다. 비이원적인 현존만 존재한다. 그러나 개별 의식이 존재하지 않는다면, 어떤 지각과 감각도, 자신의 가능성을 드러내는 비이원적 진리에 대한 어떤 알아차림도 존재하지 않을 것이다. 그러므로 한 개인으로서의 당신은 깨달음을 위해서 중요한 존재다. 깨달음은 스스로를 실현하기 위해 당신을 필요로 한다. 깨달음은 개인으로서의 당신을 필요로 한다. 비이원적 진리 속에서 당신이 자기로 알고 있는 자는 개인이 아니다. 당신은 모든 것의 본성이요, 모든 것을 창조하고 드러내는 살아 있는 참존재다. 하지만 수행하고 있는 개인으로서의 당신은 이 비이원적 진리가 그 깨달음을 인식하는 통로에 해당된다.

이런 점은 개별적인 것들의 현현이 중요하다는 것을 뜻한다. 실재는 나눌 수 없는 속성, 하나임 속의 비이원적인 진리로만 그치는 것이 아니다. 물론 그런 것은 중요하다. 하지만 개별 의식이 존재한다는 사실도 역시 중요하다. 더 나아가, 개별 의식은 꼭 필요하다. 설혹 개별 의식이 존재하지 않는다 해도 이 비이원적 진리는 우주를 드러낼 것이다. 하지만 그것은 자체의 신비와 투명함을 알지 못하는, 지각과 감각이 없는 무의식적인 우주일 것이다. 물론 많은 가르침이 이 비이원적인 진리를 인정하고 있다. 당신이 오랫동안 비이원적 상태 속에 머물러 있지 않는 한, 그것은 명백한 사실이다. 만일 비이원적 상태가 당신이 경험하는 유일한 상태라면, 그런 상태는 개인의 중요성을 쉽게 드러내지 않기 때문에 당신은 개별 의식의 가치를 곧잘 잊어버릴 가능성이 있다.

깨달음의 관점이란 것이 깨달음의 주체가 될 수 있고 깨달음으로 이어지는 행위를 할 수 있는 어떤 개별적 자아도 존재하지 않는다는 관점이기는 하지만, 그럼에도 불구하고 개인은 깨달음의 역학에 꼭 필요한 존재다. 전체성의 관점에서 볼 때 개별 영혼은 지각의 기관organ일 뿐만 아니라 깨달음의 기관이기도 하다. 개별 의식이 없다면 깨달음에 대한 경험이나 자각도 존재하지 않을 것이다. 많은 가르침이 개별 의식의 중요성을 인정해왔다. 가장 분명한 예들 가운데 하나는 수피 전통이다. 수피들의 그랜드 셰이크Sheikh[35]라고 하는 주요 인물인 이븐 아라비Ibn Arabi[36]는 이렇게 썼다. "신은 개별 영혼이 신을 필요로 하는 것에 못지않게 개별 영혼을 필요로 한다." 13세기의 많은 사람에게, 그리고 아마 오늘날 사람들의 경우에도 이런 것은 신에 대한 불경이나 모독에 해당되는 말일 것이다. 신은 어떤 것도 필요로 하지 않는다. 하지만 수피들은 영혼을 세상에서의 지각과 작용 기관으로 이해하고 있다. 그들이 완전한 인간은 비이원적인 세계에 한 발을 걸치고 이원적인 세계에 다른 한 발을 걸침으로써 두 세계 모두를 딛고 있다고 생각하는 것은 바로 그 때문이며, 그 전형적인 표현이 "세상 속에 살면서 세상에 물들지 않는"이다. 내가 알기로 카발라Kabbalah[37]의 일부 유파

---

35 이슬람 세계에서 종교적 지도자나 부족장 등을 뜻한다.

36 수피즘을 이론화함으로써 후대 수피스트들에게 많은 영향을 미친 수피 철학자 (1165~1240).

37 유대교 신비주의.

깨달음의 관점이란 것이

깨달음의 주체가 될 수 있고

깨달음으로 이어지는 행위를 할 수 있는

어떤 개별적 자아도

존재하지 않는다는 관점이기는 하지만,

그럼에도 불구하고 개인은

깨달음의 역학에 꼭 필요한 존재다.

전체성의 관점에서 볼 때 개별 영혼은

지각의 기관organ일 뿐만 아니라

깨달음의 기관이기도 하다.

개별 의식이 없다면 깨달음에 대한 경험이나

자각도 존재하지 않을 것이다.

들은, 신이 개별 영혼만을 위한 우주를 창조해냈는데 그 영혼이 너무나 중요한 나머지 그것을 위해서 온 우주를 창조했다고 믿고 있다.

우리가 여기서 탐험, 탐사해보고 있는 것은 개인과 깨달음 간의 역동적인 관계의 본질이다. 영적 탐구의 길에서 우리는 개별 의식을 여러 가지 방식으로 경험할 수 있다. 그 길의 초입에서 우리는 개별 의식을 에고 자아 혹은 이원적 자아인 개별 자아로 경험한다. 이 자아는 따로 떨어져 있고 자체의 역사를 갖고 있으며, 다른 자아들과 다른 사람들과 다른 대상들의 세계에서 살고 있는 한 개인이다. 그 인습적인 자아는 태어나서 살다가 죽으며, 그런 것이 일반적인 관점이다. 이 관점을 조사해보면서 우리는 그것이 자신의 역사로부터 받은 인상들, 스스로 존재하는 자주적 개인의 정신적 구성물들 및 개념들과 깊은 관계가 있다는 것을 깨닫는다.

영적 수행을 통해서 이런 인습적 자아 개념이 해체될 때, 따로 동떨어진 이원적 자아의 고착 없이 개별 의식을 경험하는 일이 가능해진다. 대부분의 서구 전통은 영혼soul이라는 개념을 따로 동떨어진 자아의 고착 없이 존재하는 개별 의식을 의미하는 것으로 사용하고 있다. 동양 전통들은 영혼에 대해 서구와는 다른 견해와 용어들을 갖고 있다. 대부분의 힌두 유파들은 대체로 영혼을 지바jiva 혹은 지바아트만 jiva-atman[38]이라고 언급한다. 불교에서 영혼에 가장 가까운 용어들은 '의식의 흐름'과 '마음의 흐름'이다. 그런 이원적 자아 개념에 대한 이해가 깊어지면, 개별 의식은 생기발랄하고 의식적이고 역동적인 현존

---

38 지바는 '생명'이나 '영혼'을 뜻하고 아트만은 '자아'를 뜻한다.

인 영혼으로서 자유롭게 나타난다. 그러나 개별 의식이 계속해서, 따로 동떨어지고 독자적으로 존재하는 영혼으로 스스로를 경험할 수 있으므로 그런 관점 자체는 여전히 에고-논리적인ego-logical 것일 수가 있다. 하지만 개별 자아는 또 그런 고착에서 벗어나 스스로를 살아 있는 참존재의 표현으로 인식할 수도 있다. 개별 영혼은 스스로를 살아 있는 참존재와, 그런 존재의 지각과 작용의 기관과 분리될 수 없는 것으로 경험할 수 있다. 이것이 바로 우리가 살아 있는 참존재라는 깨달음이며, 우리는 개별 영혼을 우리의 눈과 손과 발, 즉 우리의 지각 기관들, 우리가 세상에서 작용하는 수단들로 인식한다. 이런 상태일 때 우리는 에고의 관점을 넘어서 있다.

개별 영혼은 삶과 경험과 이해를 통해서 성숙하고 발달한다. 그것의 성숙은 에고 개인 대신에 참개인의 드러남인, 우리가 가치를 헤아릴 수 없는 진주라고 부르는 본질적인 사람(에센스의 사람)essential person을 드러낸다. 본질적인 사람이 존재하며, 이 본질적인 사람은 현존하는 사람이요, 현존의 드러남이다.

그러나 개인은 우리가 알고 있는 것보다 훨씬 더 큰 신비다. 비이원적인 상태에서는 뚜렷하지 않은 실재에 관한 깨달음과 진실이 있다. 우리가 비이원적 차원 속에 내재된 숨은 의미들을 탐구해서 발견할 때 우리는 깨달음의 다른 형태들로 전환할 수 있으며, 그런 형태들은 모든 깨달음에서 개인이 중요하다는 점을 드러내줄 뿐만 아니라 개인 고유의 중요성도 역시 드러내준다. 우리가 깨달아야 할 것들로 생생한 현존과 전체적인 비이원적 실재만 있는 것은 아니다. 그게 깨달음의 전부가 아니다. 개인도 그 나름의 중요성을 갖고 있다. 전체성의 관점은 깨달음의 다른 형태들이 개인을 다른 빛 속에서 드러낼 수 있다는 사실을 보여주는데, 대부분의 가르침들에서나 대다수 비이원성의 상태들에서는 이런 사실이 뚜렷하게 드러나 있지 않다.

비이원적 상태 속에서는 모든 개별자가 동일한 단일성의 분리될 수 없는 일부들이다. 그러나 그 개별자들은 모두가 동등하며, 개별 자아를 포함해서 어떤 단일한 개별자도 다른 것들보다 더 뛰어나지 않다. 그런 동등성 개념은 비이원적 깨달음의 중요한 일부다. 우리가 어떤 것을 경험하든 간에 그 모든 것은 하나같이 실재의 같은 몸이다. 그러나 실재는 다른 종류의 깨달음을 드러낼 수 있는 다른 비밀과 신비들을 갖고 있으며, 그런 각각의 깨달음의 드러남은 비이원적 현존에 의해서 나타나는 덧없는 형태들에 지나지 않는 것들이 아니다. 각각의 개별적 드러남은 저마다 의미와 중요성을 갖고 있고, 개별적 인간의 정체성의 신비를 꿰뚫는 것을 도와줄 수 있는 앎도 갖고 있다. 어떤 가르침들은 실제로 이런 신비들에 관해 이야기한다.

예컨대, 철학자 플로티노스Plotinus[39]는 개별자의 중요성을 잘 이해했다. 그는 단일성과 비이원성의 깨달음에 관해 알고 있었지만 개별자와 전체의 관계에 대해서도 자주 언급했다. 그는 전 우주가 개별 영혼들을 낳거나 분화시켜주는 전체적인 영혼과 같은, 역동적인 실재라는 것을 알고 있었다. 이런 앎은 드러남에 대한 비이원적 이해와 보조를 함께했다. 그러나 플로티노스는 거기서 더 나아가 개별 영혼과, 전체 영혼 혹은 실재의 전체 혹은 드러남의 비이원적 현존과의 관계를 다뤘

---

39 A.D. 3세기에 활동한 철학자로, 신플라톤주의 철학학파의 창시자로 알려져 있다. 라틴 어식으로는 '플로티누스'로 부른다.

다. 그의 가르침을 모아놓은 책으로 서구 영성의 고전에 해당되는 《엔네아데스Enneads》에서 플로티노스는 이렇게 말했다. "그들 각자(각각의 영혼을 뜻함)는 그 자체 안에 전체를 포함하고 있고 그와 동시에 다른 모든 것 속에서 전체를 보고 있기에(비이원적 상태는 모든 것을 아우르는 전체지만, 다른 모든 것 속에서는 전체를 보지 못한다), 그 어디에서나 전체가 존재하고, 전체는 전체이자 각각의 전체이며, 그렇게 해서 무한한 영광이 펼쳐진다. 그들 각자(각 개별자들)는 거대하다. 작은 것들도 거대하다. 거기서 태양은 모든 별이요, 다시 모든 별은 모든 별과 태양이다. … 거기서 각각의 존재들은 전체의 영원한 산물이고, 전체면서 그와 동시에 부분으로 나타나는 개별자들이다. 하지만 예리한 안목을 지닌 이에게 그 개별자는 전체로 알려진 개별자다."(V.8.4).

이런 관점은 비이원적 관점과 꼭 같지 않다. 그 관점은 비이원적 이해를 포함하고 있지만, 개별자나 개인을 다른 방식으로 바라본다. 과거 다양한 기회에 걸쳐서 우리는 우리가 소우주 진주microcosm pearl로 언급하는 것에 관해 탐구해왔는데, 그 소우주 진주는 전 우주의 개인적 드러남이며, 이때의 전 우주는 한 개별자 속에서 드러나는 전 우주다. 그러나 플로티노스의 관점은 여기서 조금 더 나아간다. 그는 소우주가 대우주 전체를 포함하고 있다고 했다. 각 개별자들, 각각의 별들, 각각의 점들이 모든 다른 점을 포함한다. 따라서 개별자는 소우주가 대우주를 복제하듯이 전체를 소규모로 축소해서 복제하기만 하는 것이 아니다. 개별자는 전체이고, 그와 동시에 덩어리가 된 하나의 전체로서가 아니라 개별자로서 다른 모든 개별자이기도 하다. 플로티노스는 비어 있음을 미묘한 방식으로 이해하는 데서 생겨나는 또 다른 깨달음에 관

개인은 우리가 알고 있는 것보다

훨씬 더 큰 신비다.

비이원적인 상태에서는

뚜렷하지 않은 실재에 관한 깨달음과 진실이 있다.

우리가 비이원적 차원 속에 내재된

숨은 의미들을 탐구해서 발견할 때

우리는 깨달음의 다른 형태들로 전환할 수 있으며,

그런 형태들은 모든 깨달음에서

개인이 중요하다는 점을 드러내줄 뿐만 아니라

개인 고유의 중요성도 역시 드러내준다.

해서도 이야기했는데, 이에 관해서는 나중에 비어 있음의 문제를 다룰 때 좀 더 상세히 조사해볼 것이다.

우리가 깨달음의 최종적 상태가 존재한다는 믿음을 갖고 있지 않을 때, 실재는 수수께끼 같은 방식으로 나타날 수도 있다. 개인의 중요성에 관한 이런 관점은 서구의 가르침들에서뿐만 아니라 동양의 일부 전통들에도 역시 존재한다. 선불교의 몇몇 분파들이 흡수해온, 화엄華嚴이라고 하는 중국의 불교철학은 개인에 관해서 플로티노스의 견해와 비슷한 견해를 보여준다. 우리는 도겐 선사의 가르침에서 이것을 분명히 볼 수 있다. 여기서 다시 도겐 선사를 언급하는 것은 그가 개인을 흥미로운 방식으로 봤기 때문이다. 그의 가르침은 어째서 실재가 비이원적인 것이고 보통의 자아가 사실은 망상인지를 강조했다. 하지만 그러고 나서 그는 다시 되돌아가, 개별적인 것이 중요하다고 말했다. 그는 방석에 앉아서 명상하는 개인은 방석에 앉아서 명상하는 전全 우주라고 말했다. 그는 그 개인이 일개인으로 존재하는 덕에 전 우주일 뿐만 아니라 억겁의 시간에 걸친 전 우주이기도 하다는 말을 덧붙였다. 따라서 그 개인은 모든 시간과 공간을 포함하고 있다.

이런 관점은 당신이 비이원적 상태의 무한함을 알아차리면서도 그와 동시에 스스로를 한 개인으로 인식할 수 있는 가능성을 열어준다. 개인은 전체의 일부일 수 있고, 전체의 특정한 표현일 수 있고, 또 고유한 개인이라는 느낌을 잃지 않는 전체일 수도 있다. 당신은 스스로를, 모든 시간과 공간을 채우면서 그와 동시에 뚜렷한 별개의 개인인 참존재의 우주로서 깨달을 수도 있다. 그것은 신비롭고도 역설적인 가능성이다. 어떻게 당신은 완전한 전체이면서 그와 동시에 완전한 개별자로서 존재할 수가 있을까? 우리가 개별자와 전체 간의 이런 역학, 이런 지렛대 받침(받침점, 중심점)을 탐구해볼 때, 실재는 스스로를 점점 더 드러낼 것이고, 그것이 드러내는 것들은 점점 더 수수께끼 같은 것이 될 것이다.

그러므로 개인과 살아 있는 참존재는 둘이 아니며, 그와 동시에 그것들은 하나도 아니다. 실재는 그냥 모든 것이 하나라는 말보다 더 신비로운 것이다. 이런 사실을 알게 될 때 그것은 개인에 대한 새로운 인식을 열어준다. 개인은 모든 형태의 깨달음(개인이 망상이거나 덧없는 형상이라고 말하는 비이원적 깨달음을 포함해서)에 꼭 필요할 뿐만 아니라 본질적으로 신비로운, 고유한 의미를 갖고 있기도 하다. 수행자나 경험자로서의 개인과, 전체로서 드러나는 참존재 간에는 변증법적 상호작용이 존재한다. 개인과 전체, 수행과 은총, 이원성과 비이원성 간의 이런 역동적인 상호작용에 대한 이해는 실재에 대한 더 깊은 인식을 열어주기 시작한다. 실재는 참본성이 드러내는 무한함이나 비이원성보다 훨씬 더 비선형적非線形的이고 불확실하다. 깨달음은 참본성의 불확실함에 힘입어 실재를 여러 가지 방식으로 볼 수 있다. 그러나 그런 지각은 항상 개별 의식을 통해서 일어난다. 그런 지각은 깨달음의 어떤 상태에서, 분명하게든 혹은 암묵적으로든 간에, 항상 현존하는 의식을 통해서 일어난다.

The Dynamic of Realization

10장

깨달음의 역학

우리는 수행의 관점과 은총의 관점 간의 역동적인 상호작용인 깨달음의 역설과 맞닥뜨려 이것을 분명하게 밝히는 일을 계속하고 있다. 우리는 자신이 자기 깨달음에 책임이 있다는 사실과 깨달음이 저절로 일어난다는 사실을 어떻게 조화시켜야 할까? 우리는 이 문제, 이 수수께끼의 각기 다른 여러 측면을 조사해왔다. 한편으로, 우리는 온 힘을 다해 수행하고 열심히 탐구해야 한다. 다른 한편으로, 깨달음은 자연발생적인 일어남, 보이지 않는 세계로부터의 선물, 축복이다.

전통적인 가르침이든 비전통적인 가르침이든 간에, 인류가 발전시켜온 다양한 가르침들은 깨달음이 개인의 책임과 신의 은총 간의 폭넓은 스펙트럼을 따라 일어난다고 보고 있다. 그 스펙트럼의 한 끝에 해당되는 일부 전통들은 깨달음이 순전히 신의 선물이라고 믿고 있다. 깨달음은 그저 축복의 문제일 뿐, 우리와는 전혀 무관한 것이다. 예컨대 어떤 기독교인들은 당신이 그저 예수를 믿기만 하면 구원받을 것이라고 믿고 있다. 그들은 인류가 원죄의 저주를 받고 있어 오로지 예수에 대한 믿음을 통해서만 구원받을 수 있다고 믿고 있다. 오로지 믿음만이 자기네를 원죄에서 구해줄 것이라고 믿고 있다. 이것은 우리 쪽에서 믿는 것 외에 다른 아무 일을 하지 않고도 자유와 속죄가 일어날 수 있는 한 예다. 예수가 그런 일이 일어나게 해준다. 신성의 개입이라고 하는 이런 관점은 동양에도 역시 존재한다. 정토종淨土宗에서는 깨달음이 우리 자신의 노력을 통해서가 아니라 은총의 작용을 통해서 일어난다고 주장한다. 우리는 그저 부처, 곧 아미타불이라고 하는 특정한 부처에 대한 믿음만 갖고 있으면 깨닫게 될 것이다. 깨달음은 우리 자신의 수행에 달려 있지 않고, 우리의 믿음과 열린 마음을 통해서 일어난다.

그 스펙트럼의 다른 한 끝에 해당되는 것은 깨달음이 우리 자신의 행위와 노력의 결실이라고 믿고 있는 요가 전통들(힌두교, 불교, 도교)에 의해서 가장 분명하게 구현되고 있으며, 이 역시 동서양 모두에 존재한다. 우리 깨달음의 원인이 되는 존재는 바로 우리 자신이다. 우리를 구원해주는 신 같은 것은 없다. 깨달음으로 인도해주는 것은 우리의 행위, 수행, 헌신이다. 우리의 자유와 해방은 우리 자신에게 달려 있다. 이것들은 그 스펙트럼의 양극이며, 그 사이에 모든 범위가 존재한다. 어떤 가르침들은 깨달음을 원인 없이 일어나는 것으로 보면서도 여전히 진지하고 헌신적인 수행을 권한다. 다른 어떤 가르침들은 깨달음을 우리가 얻는 것이라고 믿고 있다. 깨달음은 은혜를 통해서 일어난다. 신의 은혜가 아니라 구루의 은혜를 통해서. 만일 우리가 충분히 성숙해 있다면,

우리는 스승의 직접적인 전달을 통해서 깨달음을 얻을 수 있다.

우리는 전체성의 관점을 통해서 수행과 은총이라는 이 수수께끼를 어떻게 이해할 수 있을까? 그 두 측면은 깨달음에서 어떤 역할을 하는가? 우리는 그것들을 어떻게 조화시킬 것인가? 전체성의 관점은 더 넓은 관점에서 이런 문제들을 고찰한다. 그 관점은 다양한 관점들을 살펴보고, 그것들이 모두 각기 다른 관점에서 상황의 진실을 표현하는 유용한 형식화들이라는 점을 인정한다. 각 가르침들은 자체의 관점을 갖고서 일부 사람들을 위해 제 역할을 한다.

전체성의 관점은 양 측면을 동등하게 인정하기만 하는 것이 아니라 그 둘을 화해시키고 조화시켜 하나의 관점으로 만들기까지 한다. 우리는 지속적인 수행이라는 개념으로부터 시작해서, 수행이 곧 깨달음이고 깨달음이 곧 수행이라는 것이 무슨 뜻인지를 살펴보면서, 전체성의 관점이 작동하는 몇몇 측면을 조사해왔다. 우리는 동기부여와 목표와 인과관계라는 개념들을 고찰해보고 그 핵심을 파악했다. 우리는 참된 수행에서는 우리가 깨닫거나 깨닫지 못하거나, 알아차리거나 알아차리지 못하거나 일어나는 일은 같다는 것을 알았다. 우리가 수행하고 있을 때 수행하는 주체는 항상 살아 있는 참존재라는 것을 알았다.

달리 말해, 우리는 자신의 깨달음에 책임져야 하고, 성실해야 하고, 전심전력해야 하고, 사심 없는 동기를 갖고 있어야 하고, 자신의 능력들을 구사해야 한다. 하지만 어느 시점에 이르러, 만일 우리가 깨달음이 일어나는 것이 우리의 동기부여와 능력 발휘 덕이 아니라는 것을 알아차리지 못한다면 위와 같은 노력 모두가 다 쓸데없는 짓이 될 것이다. 사실, 우리는 개별 영혼으로서의 자신이 살아 있는 참존재의 기

❋

우리의 자유와 해방은 우리 자신에게 달려 있다.

이것들은 그 스펙트럼의 양극이며,

그 사이에 모든 범위가 존재한다.

어떤 가르침들은 깨달음을 원인 없이

일어나는 것으로 보면서도

여전히 진지하고 헌신적인 수행을 권한다.

다른 어떤 가르침들은 깨달음을 우리가 얻는 것이라고 믿고 있다.

깨달음은 은혜를 통해서 일어난다.

신의 은혜가 아니라 구루의 은혜를 통해서.

만일 우리가 충분히 성숙해 있다면,

우리는 스승의 직접적인 전달을 통해서 깨달음을 얻을 수 있다.

능임을 알고 있다. 우리는 살아 있는 참존재의 기관이요, 살아 있는 참존재가 그 깨달음을 알아차릴 수 있게 해주는 기관이다. 개인은 깨달음에 이르고 깨달음을 이루는 자가 살아 있는 참존재라는 것을 알아야 한다. 그리고 살아 있는 참존재는 우리의 모든 삶과 경험, 깨달음을 향해 우리를 열어주는 모든 영향력을 드러내는 것으로 깨달음에 이른다. 이 모든 것을 성취하는 활력(역동)은 우리의 의식 속에서 수행에 대한 동기부여와 수행할 수 있는 능력으로 나타나는 것을 통해서도 역시 그 깨달음을 실현한다.

다시 말해, 당신이 자신의 깨달음에 책임을 진다는 것은 참본성이 자체의 깨달음을 드러내기 위해 그것의 수행을 강화한다는 것을 뜻한다. 그것들은 둘이 아니다. 신의 은총과 당신의 책임은 둘이 아니다. 당신이 자신의 깨달음에 책임을 지는 것은 은총 덕이다. 당신이 여러 능력들을 갖고 있다는 사실도 역시 은총 덕이다. 당신이 수행한다는 사실이 은총이다. 당신의 수행과 은총 간에는 어떤 분열도 없다. 당신의 수행이 곧 은총이다. 당신의 수행은 살아 있는 참존재가 이미 항상 당신의 의식 속에서 깨달음 충동으로(동기부여로, 능력으로, 진지한 자세로, 전심전력으로, 맑고 깨끗함으로, 비어 있음으로, 광휘로, 찬연함으로, 깨달음으로)나타나고 있다는 것을 뜻한다.

그러니 어느 쪽이 맞는 것일까? 당신이 수행하여 깨달음에 이르는 것인가, 혹은 살아 있는 참존재가 수행을 하여 깨달음에 이르는 것인가? 당신도 알다시피, 그것들은 같은 것의 두 측면이다. 아니, 더 정확히 말하자면, 그것들은 두 관점을 통해서 본 하나다. 개인은 수행을 해야 하고, 어느 시점에 이르면 자신이 수행을 하고 있을 때 살아 있는

실재(살아 있는 참존재)가 수행을 하고 있고 살아 있는 실재가 그 지성을
사용하고 있다는 점도 역시 알아차려야 한다. 사실, 개별 영혼을 드러
내주는 것은 살아 있는 실재다. 살아 있는 실재는 개별 영혼을 발달시
켜주고 성숙하게 해준다. 그리고 그것은 개별 영혼을 열어줘서 그것이
자체의 깨달음이라는 사실을 알아차리게 해준다. 살아 있는 참존재는
개별 영혼을 열어 깨달음을 알아차리게 함으로써 완전한 자각과 함께
자신의 깨달음을 의식적으로 구현한다.

그것은 당신의 깨달음이기도 하고 아니기도 하다. 그것은 살아 있
는 참존재의 깨달음이기 때문에 당신의 깨달음이 아니다. 당신이 수행
을 하고 있고 그것이 다른 어떤 사람의 경험이 아니라 당신 자신의 경
험이기에 그것은 당신의 깨달음이다. 그러나 당신은 그것을 소유하거
나 사유화할 수 없다. 만일 당신이 그렇게 한다면, 당신은 당신에게 수
행할 수 있는 능력을 제공해주는 은총으로부터 자신을 분리시키고 말
것이다. 당신이 어느 한 극단이나 다른 한 극단, 즉 개인이라는 극단이
나 살아 있는 참존재라는 극단에 서 있을 때, 이런 상황은 역설로 비칠
것이다. 그러나 개인과 살아 있는 실재는 하나의 두 측면이다. 그러므
로 수행은 자기중심적이고 외적인 동기부여가 된 수행에서 사심 없는
동기부여가 된 수행으로, 거기서 다시 어떤 동기부여도 되어 있지 않
은 수행으로 이동한다. 당신이 어떤 동기부여도 없이 수행할 때, 당신
이 진실하게 생활하고 특정한 공식적(정형화된) 수행들을 할 때, 당신은
자연스럽게 수행하게 되고, 또 그것이 자신의 깨달음이 아니라는 것을
알아차리게 된다. 이것은 대단히 미묘하고 난해한 알아차림이다. 당신
은 그것이 자신의 깨달음이라는 것을 인정해야 하며, 그와 동시에 그

깨달음을 개별 자아의 것으로 사유화할 수 없다.

우리가 봐왔던 것처럼 개별 자아를 경험하는, 각기 다른 여러 가지 방식이 있다. 당신은 그것을 에고 자아, 자신이 홀로 존재한다고 믿는 분리된 자아로 경험할 수 있다. 당신은 그것을 영혼으로, 말하자면 분리된 영혼(에고 자아의 한 버전)으로서나 실재의 한 기관(대양의 한 파도)으로서 경험할 수 있다. 영혼이 스스로를 분리된 영혼으로 경험할 때면 에고 자아가 여전히 그 영혼을 정형화시키고 있는 것이다. 그러나 영혼이 에고 자아에 의해서 정형화되는 일 없이 스스로를 경험할 때면 영혼은 그저 실재의 한 기관일 뿐이다. 그리고 영혼은 또 당신이 스스로를 전혀 영혼으로 경험하지 않는다는 의미에서, 드러나지 않은 방식으로 현존할 수도 있다. 당신은 스스로를 영혼으로 경험하기보다는 자신의 정체성이자 본성인 살아 있는 실재로 경험한다. 그리고 당신의 지각 중심은 개인에서 형태 없는 자로 옮겨간다. 그런 상태에서 영혼은 개별 영혼처럼 뚜렷하지 않으며, 따라서 그것은 개별적 경험이 아니다. 거기서는 개체성의 경험이 존재하지 않는다. 그것은 개별 영혼을 경험하는 일 없이 개별 영혼을 통해서 스스로를 경험하는 우주다. 실재 그 자체로서, 살아 있는 참존재로서의 당신은 깨달음을 자신이 이룬 것으로 인정할 수 있다. 그러나 개인(당신이 그 개인을 어떤 식으로 경험하고 있느냐 하는 것과는 무관하게)으로서의 당신은 그것을 자신의 깨달음으로 인정할 수 없다. 그 개인은 단지 실재가 깨달음의 한 조건인 자체의 청정함purity[40]을 경험하는 통로 역할을 하는 하나의 기관일 뿐이다.

---

40 이 '청정함'은 맑음과 때 묻음을 넘어선 개념이다. '순수함'으로 옮길 경우 '때 묻음'을 배제하는 편향된 느낌을 줄 수 있어서 이 책에서는 '청정함'으로 표기한다.

개인의 관점에서 보자면, 알아차릴 때 당신은 수행하고 있다. 깨달음은 당신의 책임이다. 그리고 참본성의 관점에서 볼 때, 수행을 포함해서 일어나고 있는 모든 것은 실재의 작용이다. 하지만 만일 당신이 양쪽의 관점을 동시에 본다면, 그것들은 서로 모순되지 않을 것이다. 사실, 거기에는 어떤 역설도 없다. 개인이 수행하고 있을 때는 실재가 수행하고 있는 것이며, 참된 수행에서는 개인의 수행과 실재의 수행 사이에 어떤 차이도 없다.

어떤 사람들은 "참여 영성participation spirituality"으로 알려지게 된 자아 초월(초개인) 이론transpersonal theory으로 이 두 가지 관점을 융화시키려고 시도했다. 이것은 깨달음과 영적 경험이 신성과 개인, 양자의 참여를 통해서 일어난다고 하는 견해다. 신성과 개인, 양자는 그 과정에 대한 그들 자신의 참여를 통해서 그런 경험을 공동 창조한다는 것이다. 내가 제시하고 있는 관점은 꼭 그런 것은 아니다. 그 두 가지 측면이 중요하고 그것들의 가치를 인정해줘야 하기는 하지만, 그 두 측면이 꼭 둘은 아니기에 깨달음은 공동 참여의 소산이 아니다. 공동 참여나 공동 창조는 실제로 두 가지의 것이 있다는 것을 전제로 한다. 전체성의 관점에서는 사실 둘이 존재하지 않으며, 그렇다고 해서 꼭 하나만 존재하는 것도 아니다. 그 미스터리는 그 가능성들의 어느쪽보다도 더 미묘하고 흥미롭다.

이것은 비선형적 관점, 비선형적 논리다. 당신은 좌정해서 명상을 한다. 그리고 명상할 때 당신은 자신이 앉아서 명상하는 이 사람이라는 느낌을 갖고서 시작할 것이다. 그리고 수행이 진행됨에 따라 그것은 마치 온 우주가 수행을 하고 있는 것처럼, 당신이 자기 스스로를 자각하고 있는 온 우주인 것처럼 여겨질 것이다. 그리고 그런 현상은 다양한 수준으로 일어날 것이다. 당신은 당신 자신을, 스스로를 자각하고 있는 현존으로 경험할 수도 있다. 그리고 당신이 있는 곳 안에서, 혹은 온 우주에 두루 미치면서, 스스로를 알아차리는 순수 의식으로 경험할 수도 있다. 그러므로 깨달음에도 많은 등급이 있다. 여기서 우리는 비이원적 관점이 이원석 관점에 얼마나 속속들이 스며들어 있는지 잘 알고 있다. 이원성은 비이원성을 기반으로 하고 있다. 당신에게 책임이 있다는 사실은 이원적 관점이지만, 비이원적 관점에서는 수행을 할 때의 당신을 수행하는 비이원적 실재로 보고 있기에 그런 사실은 이치에 맞는다.

우리가 깨달음의 이런 역학을 이해할 때, 자신의 수행이 온 우주의 수행이라는 것을 알아차리고 이해할 때, 우리는 자신의 경험에 관여하지 않는 것의 중요성, 함이 없음 혹은 무위의 중요성을 좀 더 생생하게 알아차리기 시작한다. 함이 없음을 실천하는 자는 개인이 아니라 실재 그 자체다. 살아 있는 참존재가 스스로를 개별 작용으로 인식할 때, 그것은 자신의 역동성을 개별 활동으로 동일시하게 된다. 살아 있는 참존재가 이러한 혼동이 자신을 본래의 자기로부터 괴리시켰다는 것을 알아차릴 때면 개별 활동과의 동일시는 멈추어버린다. 자기중심적인 자아와의 동일시 없이 작용이 그냥 일어난다. 이것이 바로 함이 없음이다.

당신도 알다시피 나는 하나의 역학에 관해서 계속 얘기하고 있다. 이것은 전체성의 관점이 특수한 한 상태가 아니기 때문이다. 그것은 많은 상태에서, 많은 차원에서, 많은 종류의 깨달음 속에서 일어날 수 있는 이해다. 따라서 우리는 깨달음의 생생한living 역학을 조사하고 있는 중이다. 내가 "생생한"이라는 표현을 쓰는 것은 실재가 역동적인 것이기 때문에, 아니 역동적인 것 이상 가는 것이기 때문이다. 실재는 살아 있다alive. "살아 있다"는 것은 지성과 성장과 진화가 존재한다는 것을 뜻한다. 우리는 힘에 관해서 이야기하고 있다. 우리는 변증법에 관해서 이야기하고 있다. 당신이 수행을 하지 않는다면 깨달음은 일어나지 않을 것이다. 여기서 내가 수행이라고 했을 때 이것은 꼭 앉아서 명상하는 것만을 뜻하는 것이 아니다. 열린 마음으로 실재에 관심을 갖는 것을 뜻한다. 당신이 배우고 진화하고 성숙한다면, 그것이 바로 수행이다. 그와 동시에 깨달음은 단지 수행을 통해서만 일어나지는 않을 것이다. 깨달음의 두 측면인 수행과 은총 둘 다 있어야만 한다. 그러나 그것들은 꼭 둘이 아니고, 그렇다고 꼭 하나도 아니다. 당신이 개인으로 수행할 때 모든 시공간에 충만해 있는 실재가 그 진리를 드러내고 있다고 하는 관점을 당신은 무엇이라고 부를 것인가? 당신이 자신의 수행에 책임을 지는 것은 실재가 스스로를 드러내기 위해 그 활력을 증강시키는 것이라는 관점은 무엇이라고 부를 것인가? 그것은 이원적 관점인가? 비이원적 관점인가? 개인과 은총 중에서 어느 쪽이 더 중요한가?

우리는 우리 학교[41]에서 오랫동안 실재를 다양한 차원과 특성의 면에서 살펴봐왔는데, 그것은 우리가 바로 앞에서 얘기한 관점들에 관해서 공부하는 방식이 그러했기 때문이다. 이제 나는 다른 가능성도 존

---

41 영적 탐구 학교인 리드완 스쿨.

우리가 깨달음의 이런 역학을 이해할 때,

자신의 수행이 온 우주의 수행이라는 것을

알아차리고 이해할 때,

우리는 자신의 경험에 관여하지 않는 것의 중요성,

함이 없음 혹은 무위의 중요성을

좀 더 생생하게 알아차리기 시작한다.

함이 없음을 실천하는 자는 개인이 아니라

실재 그 자체다.

재한다고, 우리가 그 모든 견해와 그것들의 상호관계들을 볼 수 있게 해주는 하나의 관점도 존재한다고 말하고 있다. 따라서 개인적인 것과 우주적인 것, 수행과 은총, 이원적인 것과 비이원적인 것을 포함한 다양한 관계들을 살펴볼 때, 우리는 그것들이 둘이 아니고 서로 연결되어 있다는 것을 알고 있다. 우리는 그것들이 서로 관련되어 있는 방식의 정확한 본질인 그 상호관계의 지렛대 받침을 면밀히 살펴봄으로써 얼핏 모순되어 보이는 관점들의 역동적인 상호작용을 이해하기 시작할 수도 있다. 그렇게 함으로써 우리는 그 역설을 어느 정도 해소한다. 우리는 그 역설이 사실은 역설이 아니라 실재의 본질의 한 특징이라는 것을 깨닫는다. 여기서 내가 "실재의 본질"이라고 했을 때 그것은 실재의 바탕을 이야기하는 것이 아니다. 내가 말하는 것은 실재가 작용하는 역동적인 방식이다.

전체성의 관점은 이원성과 비이원성을 결합시켜주고, 그 둘을 모순된 것으로 여기지 않는 이해의 관점이 생겨날 수 있다는 점을 우리에게 보여준다. 만일 우리가 이원성과 비이원성을 동시에 지각할 수만 있다면, 그리고 각각의 가치를 모두 알고 각각의 것이 상대와 실제로 어떤 식으로 관련되어 있는가를 알 수만 있다면, 그런 역설은 해소되고 만다. 따라서 이원성과 비이원성은 하나다. 수행과 은총은 하나다. 개인과 우주도 하나다. 이런 역설들의 역동적인 본질을 조사해보면, 우리는 어떻게 일들이 일어나는가에 관한 아주 중요한 어떤 점을 이해하게 될 것이고, 그것은 우리가 우리의 모든 수행 과정에서 활짝 열리도록 도와줄 것이다.

우리는 이원성과 비이원성을 각기 다른 각도와 방향에서 보는 식으로 해서 전체성의 관점을 탐구해보고 있다. 단순히 그 관점을 지적으로 이해하는 것 정도만으로는 충분하지 않기 때문이다. 이 역학이 어떤 식으로 작동하는지를 경험적으로 이해하는 것이 중요하다. 이런 관점은 우리가 그것을 직접적으로 알지 못하는 한, 우리가 우리 자신의 지각을 통해서 알아차리지 못하는 한, 마음에 완전하게 와닿지 않을 것이다. 우리는 우리 중에서 가급적 많은 이들이 함께 동행하면서 실재가 어떻게 작동하는지를 알 수 있게끔, 실재의 깨달음의 역학이 어떤 것인지를 알 수 있게끔 한 걸음씩 착실히 나아갈 것이다.

영적 수행의 시초부터 깨달음은 당신 자신의 깨달음이다. 하지만 당신은 개별 자아로서 그것을 사유화할 수 없다. 당신은 살아 있는 참존재이기 때문에 그것이 비록 당신 자신의 깨달음이기는 하지만, 그것이 개인으로서의 자신의 깨달음이라고 믿을 때 당신은 자신을 자신의 참나와 분리시키는 식으로 해서 그것을 횡령한다. 사유화는 죄가 아니고 도덕적인 잘못도 아니다. 그저 망상일 뿐이다. 기본적으로 사유화는 불화를 조성하는, 그리고 참존재가 자체의 깨달음과 자유를 드러내고 있지 않을 때의 현현 방식을 당신에게 보여주는 인식적 오류다. 깨달음의 역학을 가급적 완벽하게 알고 이해하는 것은 참존재의 창조적이고 생생한 활력을 해방시키는 데 도움이 된다. 그리고 참존재의 활력이 해방될 때 우리는 그 활력이 항상 자유롭고 항상 깨어 있다는 사실을 알아차리지만, 참존재의 자유는 오로지 성숙한 영혼을 통해서만 알아차릴 수 있다.

The Paradox of Nondoing

11장

함이 없음의 역설

만일 우리가 깨달음의 역학, 곧 영적인 길의 지렛대 받침을 전체성의 관점에서 보지 않는다면 그것을 이해하기는 쉽지 않을 것이다. 만일 우리가 한 차원이나 또 한 차원에 대한 참본성의 어떤 한 깨달음의 관점으로 깨달음의 역학을 바라본다면, 깨달음이 어떻게 일어나는지 이해할 수 없을 것이다. 더 나아가, 전체성의 관점은 깨달음의 역학을 이해하는 데 꼭 필요한 것이긴 하지만, 그보다 훨씬 더 크고 포괄적이다. 전체성의 관점은 그 이상의 많은 이해들을 아우른다. 우리가 탐사하고 있는 그 특정한 이해(영적인 길에서 깨달음이 어떻게 일어나는가와 관련된 개념인 깨달음의 지렛대 받침 혹은 역학)는 전체성의 관점을 적용한 한 가지 사례다. 전체성의 관점은 우리가 모든 것에 대해서 질문하고 탐구할 수 있는 하나의 맥락이다. 그 관점은 어떤 의문이든 간에 그것을 동시에 많은 관점을 통해서 살펴볼 수 있는 가능성을 우리에게 제공해 준다.

전체성의 관점은 이 길과 다른 많은 길 모두에서 볼 수 있듯이 주로 참본성의 다양한 측면과 탈것과 차원에 대한 경험과 이해를 통해서 진화한다. 우리가 다양한 측면을 경험할 때 전체성의 관점은 그 측면들을 차례로 경험하고, 이해하고, 통합하고, 실재에 관한 그것들의 관점을 현실화한다. 참본성의 특수한 한 측면에 관해 공부하고 있을 때 우리 가운데 많은 이들은 자신이 참으로 그 측면에 깊이 젖어들어감에 따라 그 특수한 측면이 무엇보다 더 중요하고 그것이 실재에 관해서 안겨주는 이해가 더없이 중요하다고 느끼는 경험을 해봤을 것이다. 이런 일은 우리가 어떤 측면을 경험하고 이해할 때 그 측면의 관점을 인지하기 때문에 일어난다. 우리는 그 측면 자체 속에 내재되어 있는 관점을 알아차리게 될 것이다. 참본성의 어떤 측면이나 차원에 대한 우리의 이해가 완전해질수록 우리는 더욱더 그 고유의 관점을 통해서 모든 것을 보게 된다.

우리 가운데 많은 이들이 실재의 다양한 측면을 완전하게 이해하거나 그것들의 관점을 인지하지 못하는 상태에서 그것들을 경험할 수도 있다. 실재의 각기 다른 측면에 대한 경험은 실재에 관한 우리의 관점에 무엇을 덧보태줄 수 있을까? 어느 의미에서 깨달음의 모든 것, 참본성의 모든 지혜는 그 측면들 하나하나 속에 이미 내재되어 있다. 그러나 우리가 한 측면을 완전하게 이해하고 파악하기는 쉽지 않을 때가 많다. 따라서 무한한 연민(자비심)을 지닌 참본성은 우리의 경험 속에서 우리에게 실재의 많은 측면을 차례로 제공해주고, 실재에 관해서 배워 익힐 많은 기회를 제공해준다. 그리고 깨달음의 이 길에서 다양한 지혜의 탈것들wisdom vehicles의 경우에도 사정은 마찬가지다. 그것들은 전체성의 관점을 발전시켜주는 것의 중요한 한 부분이다. 물론 상승 여행에서나 하강 여행 양쪽 모두에서 무한한 차원들은 실재에 관한 그들 자신의 관점을 갖고 있다. 그리고 우리가 이런 각각의 차원을 경험하고 이해하고 통합할 때 실재에 관한 우리의 관점은 변하고 발전한다.

우리는 가끔 우리의 길을 깨달음을 향한 여행이자 완전한 인간이 되는 것을 지향하는 여행인, 상승과 하강이라는 두 가지 주요한 여행을 포함하는 것으로 여긴다. 상승 여행은 많은 차원들을 차례로 깨달으면서 줄곧 절대적 차원으로 나아가는 일이다. 우리는 그 절대적 차원을 광대하고 신비롭고 청정한 실재의 본성으로, 모든 것의 바탕으로 인지하고 경험한다. 다음으로, 하강 여행은 모든 차원과 특질과 탈것을 그 절대적 실재와 통합하는 과정이다. 하강의 길은 사실 우리 삶을 우리의 깨달음과 통합하는 것과 관련된 길이다.

그러므로 전체성의 관점은 실재의 모든 측면과 탈것, 모든 차원의 관점들을 포함하고 있다. 그 관점은 또 많은 다른 길과 가르침들의 관점들도 역시 포함하고 있으며, 우리가 만날 수 있는 모든 길과 그런 길들에서 우리가 배울 가능성이 있는 모든 것을 포함하는 방식으로 열려 있다. 그러나 그 관점은 이 모든 관점들을 종합해서 그저 하나의 상태나 관점으로 뭉뚱그려낸 것이 아니다. 전체성의 관점은 특수한 많은 관점을 상실하거나 뒤섞는 일 없이 모두 다 아우르고 있다. 나는 이것이 각기 다른 많은 관점을 다른 관점 그대로인 채로 동시에 아우르는 관점이기 때문에 "전체성"이라는 말을 사용하고 있다. 각 관점들은 당연히 구별이 된다. 그러므로 전체성의 관점은 각 측면의 관점들을,

각 탈것의 관점들을, 각 차원의 관점들을, 그 차원들의 통합의 관점들을 다양한 방식으로 포함하고 있으며, 우리가 잘 이해하고 있는 다른 길들의 관점도 아울러 포함하고 있다. 전체성의 관점은 그것에 도움이 되는 이 모든 관점들을 갖고 있으며, 그 이상의 다른 많은 관점들도 아울러 갖고 있다.

전체로서의 전체성의 관점은 그 부분들의 총합보다 더 크다. 그러나 각 부분도 역시 부분인 동시에 전체다. 우리는 전체성의 관점을 지적인 이해로는 파악할 수 없다. 그것은 인간 잠재력의 어떤 한 발전, 특수한 한 깨달음이다. 우리가 참본성의 각기 다른 깨달음의 다양한 관점과 그 밖의 많은 관점까지도 아울러 이해하고 통합했을 때에야 비로소 전체성의 관점을 알아차리는 일이 가능해진다. 전체성의 관점이 깨달음을 열어줘 상승과 하강 여행들에서 도움이 되는 그 이상의 깨달음들로 이어지게 해주기 때문에 많은 새 관점이 생겨날 수 있다. 전체성의 관점 자체를 관점이 없는 것으로 이해할 수도 있으나, 이것은 단지 부분적으로만 진실이다. 좀 더 정확히 말하자면, 전체성의 관점은 실재와 깨달음의 한 관점이나 많은 관점들을 갖고 있을 수 있는 일종의 개방 상태며(열려 있음이며), 이것은 바로 그 관점이 특정한 어떤 한 관점을 갖고 있을 필요가 없기 때문이다.

여러분 가운데 많은 이들은 내가 제시하고 있는 내용의 일부가 다른 가르침들(불교의 가르침, 노장의 가르침, 수피의 가르침 등)을 통해서 본인에게 친숙하게 다가온다는 점을 알아차렸을 것이다. 나는 여러분 가운데 일부가 본인들이 생각하는 것보다 이런 견해에 더 친숙한 상태일 것이라고 확신한다. 여러분은 은연중에 이런 견해의 일부를 알고 있었을

테지만 아직 그것을 생각해내지는 못했다. 나는 여러분을 위해서 그것을 생각해내고 있는 중이다. "생각해본 적이 없는 알려진 것(사고과정을 거치지 않은 앎)"을 참으로 알기 위해서는 생각이라는 회로를 거쳐야 한다. 여러분이 그저 은연중에만 알아왔던 것을 생각으로 분명하게 떠올리려면 우선 그것을 알아차려야만 한다. 그렇다고 해서 나는 여러분이 그것에 관해 지적인 생각을 하면서 빈둥거려야 한다는 얘기를 하는 것은 아니다. 내 말인즉슨 여러분이 자신의 경험을 통해서 그것을 분명히 알아야 한다는 것이며, 그렇게 하는 것은 새로운 통찰과 깨달음을 불러일으켜줄 수 있다. 여러분이 내가 제시하고 있는 이런 견해에 친숙하다고 해서 꼭 그것을 분명히 알고 있다는 얘기를 하는 것은 아니다. 나는 누군가가 이런 견해를 구현해주는 경험을 한다면 어느 시점에 이르러서는 그것을 알게 될 것이라고 오랫동안 생각해왔다. 하지만 나는 많은 학생들과 더불어 폭넓은 경험을 한 끝에 사실은 그렇지 않다는 것을 알았다. 앎이 분명해지지 않을 경우에는 친숙하다고 해서 앎이 되지는 않는다. 스승의 역할이 앎을 분명히 하는 데 도움이 되는 것은 바로 그 때문이다.

우리가 이런 견해를 분명하게 생각할 수 있으려면 흐릿하고 몽롱한 다양한 상태들에서 벗어나야만 한다(상태들을 작업을 통해 꿰뚫고 나가야 한다). 여러분 가운데 일부는 이런 견해에 본인이 생각하는 것보다도 더 친숙하다. 그것을 선명하게 하는 것은 여러분이 자신의 경험을 통해서 이미 알고 있는 것을 인식하는 데 도움이 될 수 있다. 경험은 여러분에게 이런 점을 알려줘왔다. 여러분은 그저 자신의 경험을 통해서 그런 교훈을 체득하지 못했을 뿐이다. 여러분 가운데 다른 일부는 내가 이야기하고 있는 내용에 대해서 실제보다 더 친숙하다고 느낄 것이다. 이런 일은 그 사람들이 듣고 있는 내용의 어떤 부분들이 친숙하게 여겨질 때 일어날 수 있다. 그들은 자신이 그 내용의 두드러진 어떤 특징을 알아차렸다고 해서 그 내용 전체를 알고 있다고 짐작한다. 그럴 때의 전형적인 생각은 이렇다. '무슨 얘긴지 알겠어. 무슨 얘긴지 귀에 잘 들어와. 나는 그 모든 내용을 알고 있어.' 하지만 그들이 그 모든 내용을 알고 있다고 지레짐작하는 것은 새로운 것들을 알아차릴 가능성을 막아버릴 수 있다. 두 가지 경우 모두 일어날 수 있고, 따라서 여러분의 일부는 이런 견해에 본인들이 생각하는 것보다 더 친숙하고, 다른 일부는 그런 견해에 본인들이 생각하는 것보다 덜 친숙하다. 내가 이런 가능성들을 지적하는 것은 여러분이 전체성의 관점에 가급적 더 열린 자세를 가질 수 있게 하기 위해서다.

우리는 우리가 답사해보고 있는 역설에 관한 많은 공식적 견해들을 살펴봐왔다. 여기서 우리는 그것을 수행의 역설로 보고 있다. 즉, '우리가 알고 있는 것을 어떻게 인식하는가, 그리고 우리가 모르는 것에 어떻게 열려 있을 수 있는가'하는 문제로. 이것은 쉽게 벗어날 수 있는 딜레마가 아니다. 이 딜레마에서 벗어나려면 대단한 성실성, 용기, 자주성이 필요하다. 우리는 알고 있고, 자신이 알고 있다는 것을 알아차리고 있다. 하지만 그럼에도 우리는 여전히 새로운 것에, 아직 경험해보지 못했거나 아직 자신의 경험 속에서 제힘으로 알아차리지 못한 것에 완전하게 열려 있다. 이것은 깨달음의 역설의 또 다른 반복이다. 우리의 개별적 노력과 탐구(자신이 알고 있는 것을 실천에 옮기는 것)에 열을 쏟는 것과, 우리가 알지 못하는 것, 참존재의 자연발생적인 드러남에 열려 있는 것 사이의 관계는 무엇인가? 어떻게 하면 우리는 책임을 지고 헌신적이고 성실하면서 그와 동시에 은총에 완전히 열려 있을 수 있을까? 어떻게 하면 우리는 자기 자신의 책임감과 근면함의 필요성과, 참된 깨달음이 실재의 자연발생적인 분출이라는 사실을 조화시킬 수 있을까?

수행 초기에 우리는 흔히 자신을 개별 자아와 동일시하고, 깨달음과 영적 경험의 원인인 살아 있는 참존재의 힘을 아직 알아차리지 못한다. 그 길의 초기에 깨달음 충동은 우리에게 수행에 대한 몰입과 관심, 진리 및 실재에 대한 우리의 헌신과 사랑으로 나타난다. 우리의 수행이 성숙될 때, 우리는 다양한 열림과 통찰과 경험을 가질 뿐만 아니라 참본성에 대한 경험이 자신의 수행을 떠받쳐주는 것이라는 점을 알아차리기 시작하기도 한다. 그런 경험은 수행의 동기부여가 되어줄 뿐만 아니라 수행을 인도해주고 심지어는 수행을 촉발시키기까지도 한다. 우리는 경험을 통해서 인과관계의 개념을 해체하기 시작한다. 우리는 자신의 노력이 참본성의 여러 측면과 차원을 일어나게 하는 것이 아니라, 그런 측면과 차원들 자체가 우리를 우리의 영적 과정 속에서 일어나는 여러 의문과 문제와 초점으로 이끌어가는 것임을 알게 된다. 깨달음은 대체로 우리의 수행을 통해서 스스로를 실현하는 깨달음이다.

그러므로 우리가 자신의 영적 과정을 지배하고 있지 않다는 것을, 사실은 참존재나 참본성이 그 주체라는 것을 확연히 이해할 때 우리의 펼침(펼쳐짐)unfoldment은 머무르지 않는 펼침이 되며, 그것은 모든 일이 자연발생적으로 일어난다는 것을 의미한다. 우리가 모든 일이 저절로 일어난다는 것을 알아차릴 때 실재가 스스로 알아서 펼치기 시작하며, 그러한 펼침은 그 과정을 더더욱 증폭시켜준다. 우리의 과정은 한 특성에서 다른 특성으로, 한 차원에서 다른 차원으로, 한 통찰에서 다른 통찰로 흘러가면서 늘 더 증폭되고 깊어진다. 다이아몬드 어프로치에서 이것은 하나의 중요한 전기轉機(단계)에 해당된다. 우리는 그것을 머무르지 않는 펼침runaway unfoldment이라고 부르며, 그 말은 그것이 무엇으로도 막을 수 없는 펼침이라는 것을 뜻한다. 이제 우리의 펼침은 더 이상 우리의 수행에 의지하지 않는다. 그러기는커녕 그것이 우리의 수행을 일어나게 한다.

우리가 이 특정한 길을 따라 성실하게 나아갈 때 생겨날 수 있는 그 가르침의 로고스logos 즉 원리와 개인 간에는 하나의 흥미로운 역학이 존재한다. 우리의 탐구 작업에서 나타나는 참본성의 여러 특성, 차원, 탈것은 각기 다른 지혜와 이해와 자유를 동반하고 있다. 자신의 직접적인 경험을 탐구하는 우리의 가장 중요한 수행은 현재 진행 중이다. 우리의 삶에서 탐구는 늘 계속되고 있다. 그리고 우리의 다른 수행들, 곧 명상, 감각으로 느끼기sensing, 보고 듣는 수행, 삶의 주기별 수행 등은 모두 현재 진행되고 있는 우리의 탐구를 뒷받침해준다. 이것들은 그들 나름의 고유한 수행이면서 그와 동시에 탐구 수행을 지원해주는 것들이기도 하다. 달리 말해, 우리가 실천하는 탐구 수행은 이 가르침의 장 속에, 참본성에 관한 우리의 경험과 아울러 다른 영적인 수행들 속에, 깊이 자리 잡고 있다. 우리가 특정한 어떤 수행을 할 때는 그 가르침의 로고스 전체와 관련을 맺는 것이므로 이런 점을 이해하는 것이 중요하다. 요즘에는 너무나 많은 가르침들과 쉽게 접할 수 있기 때문에, 우리 가운데 많은 이들이 다른 전통에서 수행을 빌려와 그 전통의 맥락 밖에서 자기 나름으로 수행을 한다. 그러나 모든 수행은 각자 자기네 가르침의 로고스를 포함하고 표현하며, 따라서 그런 수행이 자기네 맥락 밖에서 이루어질 때 거기에는 해당 가르침의 더 큰 장에서 오는 뒷받침과 지원, 안내가 결여되어 있다. 그러므로 그런 식의 수행이 어느 면에서는 유용할 수도 있긴 하지만 그 영향력은 제한된 것으로 그칠 것이다. 원래의 가르침을 왜소화되고 퇴화된 형태로 맛보는 오늘날의 이런 현상을 많은 이들이 비판해왔다.

만일 우리가 다이아몬드 어프로치의 맥락에서 이런 점을 살펴본다면, 우리가 가장 중요한 탐구 수행을 할 때 어느 시점에 이르러 참본성의 다양한 측면과 탈것과 차원이 나타나는 경향이 있다는 것을 알 수 있을 것이다. 만일 우리가 그 가르침의 맥락 속에서 작업하고 있지 않다면, 그런 것들은 전혀 나타나지 않거나, 나타나도 같은 방식으로 나타나지는 않을 것이다. 우리가 그 가르침에 전념할 때, 우리의 의식은 그 가르침의 로고스, 그 원리, 실재에 대한 그 관점, 그 가르침 특유의 깨달음의 경로 및 흐름 등에 젖어들게 된다. 여러 해에 걸쳐서 나는 그 학교의 구성원들이 이 가르침의 로고스에 젖어들고 그것과 보조를 함께하면 할수록 그 가르침이 더욱더 그들의 내면 깊숙이 펼쳐진다는 사실을 발견해왔다. 달리 말해, 다이아몬드 어프로치 로고스와 더 긴밀하게 보조를 맞춰나간다는 것은 실재의 여러 차원과 탈것과 측면이 그것들에 해당하는 특정 이슈들과 더불어 나타난다는 것을 뜻한다. 그러나 이때 필요한 것은 그 가르침과 깊은 관련을 맺고 그 로고스와 보조를 함께하는 것뿐만이 아니다. 개인적인 능력과 성장, 당사자의 생활환경도 역시 그 과정의 중요한 부분들이다.

수행의 이 특별한 성숙 단계(우리가 대체로 다양한 특성과 차원에서 나타나는 하나의 근원적인 힘이 우리의 수행 과정을 결정한다는 사실을 알아차릴 때)에서, 그런 식으로 실재가 나타나게 해주는 것은 우리가 그 가르침의 로고스와 연결될 때 일어난다. 각 전통마다 저마다의 로고스가 있다. 그래서 참본성이 경험 속에 나타나는 방식이 서로 다를 수 있는 것이다. 한 가르침의 로고스와 연관된다는 것은 꽤나 복잡한 문제다. 그 얽힘의 일부에 해당하는 것들로는 그 로고스를 이해하는 것, 그 로고스와 조율하고 그것에 헌신하는 것, 그것과 보조를 함께한다고 느끼는 것, 그것이 우리에게 이야기하고 있다고 느끼는 것, 그 결과로 그것에 관심을 갖고 몰입하게 되는 것 등이 있다. 그러나 그런 얽힘은 또 그 특정한 가르침의 전달(전수)과 직접적인 관계를 맺는다는 의미에서의, 그 가르침에 대한 적극적인 참여도 요구한다. 전달(전수)을 받는다는 것은 크거나 작은 그룹 워크에서 만나든, 일대일 작업의 형태로든 간에 아무튼, 스승의 현존 앞에 있음을 의미한다. 우리가 스승과 상호작용할 때, 그 스승의 현존과 이해는 우리 안에서 실제로 일어나는 것들에 엄청난 영향을 미친다. 설령 우리가 힘겨운 삶의 상황 때문에, 혹은 우리가 벗어나기를 바라는 어떤 문제들 때문에 스승 앞에 나타났다 할지라도, 스승은 그 존재 자체만으로도 우리에게 적지 않은 영향을 미친다. 달리 말해, 우리가 같은 문제들을 안고 다른 전통에 속한 스승, 치료사, 코치를 찾아간다면 그 결과는 달라질 것이고, 우리가 경험하는 내용도 달라질 것이다.

로고스와의 얽힘, 특정한 어느 길이나 특정한 어느 스승과의 얽힘은 살아 있는 참존재가 우리 삶에서 드러나는 방식들 중 하나다. 살아 있는 참존재는 우리가 깨달음에 개방적인 자세를 갖는 데 꼭 필요한 영향력을 드러낸다. 살아 있는 참존재가 깨달음을 향해 나아가는 방식이 바로 그렇다. 우리가 수행할 때는, 사실 살아 있는 참존재가 수행하는 것이라는 점을 깨닫는 정도로까지 우리의 깨달음이 성숙할 때, 우리는 무엇이 무엇의 원인이 되는가 하는 식의 의문을 넘어선다. 이것은 경험의 단순한 펼쳐짐을 넘어서서 깨달음의 한 단계에 더 가까운 것이다. 그 깨달음이 더 발전해나갈수록, 더욱더 우리는 자연스럽고도 자연발생적으로 함이 없는 지혜, 우리의 경험에 참견하지(간섭하지) 않는 지혜를 얻기 시작한다. 수행은 간섭하지 않음이 깨달음이라는 자연발생적인 알아차림이 된다.

하지만 관여(간섭)하지 않음은 우리가 실제로 행하는 어떤 일이 아니다. 이것은 우리가 함이 없음의 역설이라고 부르는 것이다. 우리가 하고 있는데 어떻게 하고 있지 않다는 말인가? 우리는 또다시 뚜렷한 양극의 역동적인 상호작용에 해당하는 그 길의 지렛대 받침에 와 있다. 우리가 무엇인가(탐구)를 하고 있는 탐구 수행이 어떻게 함이 없는 수행이 될 수 있는가? 수행의 이 성숙 단계에서 탐구는 우리의 책임, 계시에 대한 우리의 개방(열림: 은총에 스스로를 여는 것의 다른 표현)이라는 면도날(칼날) 위를 걷는 아슬아슬한 일이 된다. 참본성이 자기를 드러내는 잠재력, 자기를 드러내는 실재, 자기를 실현하는 진리라는 것을 진정으로 알아차림으로써 이런 능력이 발전한다. 그러므로 탐구 수행은 함이 없음과 적극적인 참여를 겸비하고 있다. 우리는 활발하게 질문하고 적극적으로 조사하고 탐구하고 시도하면서 그와 동시에 자신의 경험에 간섭하지 않고 그것을 바꾸려고 애쓰지 않으며, 그것을 특정한 어떤 방향으로 움직이게 하려고 시도하지도 않는다. 자신의 경험에 간섭하지 않고 그것을 변화시키려고 하지 않는 것이 바로 함이 없음이다. 그러면서도 거기에는 조사하고 묻고 도전하는 적극적인 참여가 존재한다.

함이 없음은 탐구의 핵심이다. 그리고 탐구란 깨달음의 역동을 드러내는 것이며, 깨달음의 본질은 완전한 고요와 무위인 것이다. 면도날은 다음과 같은 두 관점 간의, 다양한 정도 차이를 보이는 조화의 움직이는 점moving point이다. 그 두 관점이란 곧 경험에 흥미를 갖고 조사하는 개별 의식의 관점, 그리고 경험을 드러내고 변형시키며 참본성의 통찰과 상태들을 드러내는, 자기 계시적인(스스로를 드러내는) 실재의 관점을 뜻한다.

우리는 어느 시점에 이르러 우리의 탐구, 우리의 책임짐, 그리고 참존재의 자기 드러냄이 하나가 되기 전까지는 계속해서 면도날 위를 걷게 된다. 그 셋이 하나가 될 때 탐구는 새로운 장으로 이동한다. 그렇게 되기에 앞서, 우리의 탐구와 참존재의 자기 드러냄은 변증법 속에서 상호작용하는, 다양한 정도의 멀거나 가까운 거리에서 상호작용하는 두 가지 것, 두 힘처럼 보일 것이다. 그러다 결국은 그 상호작용이 너무나 미묘하고 밀접하게 이어지는 바람에 탐구는 자연히 참본성의 활력이 그 가능성들을 드러내는 것으로 나타나게 될 것이다. 내가 "다이아몬드 명상"이라고 부르는 것이 바로 이것이며, 다이아몬드 명상이란 우리가 자체의 진실을 탐구하고 드러내는 참본성으로 존재한다는 것을 뜻한다. 참본성의 탐구는 자신의 드러냄에 열려 있는 자세와 아울러 그것에 관심을 갖는 형태로 이루어진다. 그것의 탐구는 그것이 자

탐구 수행은 함이 없음과 적극적인 참여를 겸비하고 있다.

우리는 활발하게 질문하고

적극적으로 조사하고 탐구하고 시도하면서

그와 동시에 자신의 경험에 간섭하지 않고

그것을 바꾸려고 애쓰지 않으며,

그것을 특정한 어떤 방향으로 움직이게 하려고 시도하지도 않는다.

자신의 경험에 간섭하지 않고

그것을 변화시키려고 하지 않는 것이 바로 함이 없음이다.

그러면서도 거기에는 조사하고 묻고 도전하는

적극적인 참여가 존재한다.

신의 신비를 드러내기 위한 일종의 초대다. 그 탐구와 드러냄은 아주 긴밀한 것들이 될 수 있기에 어느 시점에 이르면 그 둘이 하나의 움직임이 된다. 탐구는 역동적인 드러냄이 되고, 역동적인 참여를 동반하는 함이 없음이 된다.

우리의 가르침에서 수행의 이 특별한 성숙이야말로 우리가 그 길의 다양한 단계들에서 함이 없는 명상을 강조하는 중요한 한 가지 이유가 된다. 다이아몬드 어프로치에서 우리는 집중명상으로 시작하며, 어느 시점에 이르러서는 함이 없는 수행으로 전환한다. 우리는 다른 전통들에서 하라Hara 혹은 단전으로 알려진 카스 포인트Kath point에 초점을 맞춰서 집중하는 법을 배운다. 집중하는 것이 제대로 자리 잡힐 때, 우리는 그 초점을 놓아버리고 자신을 그냥 내버려둔다. 이것이 곧 함이 없음의 시작이다. 집중하는 것이 제대로 자리가 잡혀 우리가 모든 걸 놓아버리고 그저 존재할 때는 고요함과 맑음이 존재하며, 이때 우리는 자연히 그 고요함과 맑음이다. 우리가 그저 고요하고 맑은, 함이 없는 이 단계를 일러 나는 "흑요석 사마디obsidian samadhi"라고 부른다.

함이 없음nondoing의 그 고요함과 맑음이 드러냄과 분별과 통찰의 역동적인 펼쳐짐과 자연발생적으로 연결될 때, 함이 없음은 다이아몬드 사마디의 상태로 넘어간다. 이제 함이 없음에는 일어나고 있는 것들에 대한 통찰과 이해가 포함된다. 맑고 정확한 통찰이 존재하지만, 우리가 아직도 참본성의 상태로 존재하고 있다는 의미에서 그것은 여전히 사마디이다. 그것은 맑음뿐 아니라 맑은 이해와 맑은 통찰까지도 동반한 깨달음의 상태다. 그리고 깨달음의 그런 상태는 다양한 등급과 종류의 깨달음으로 이루어진 것일 수도 있다. 그 상태는 무한한 것일 수도 있고 그렇지 않을 수도 있다. 그것은 무한함의 다른 종류들일 수도 있다. 그것은 현존 혹은 공空 혹은 그 둘의 다양한 조합들의 각기 다른 형태들일 수도 있다.

이 단계에서의 주요한 수행은 깨달음의 활력에 대한 이해, 그 길의 지렛대 받침에 대한 이해를 통합해주는 탐구다. 즉, 어떻게 해서 우리의 수행이 참본성이 스스로를 드러내는 일이 되는가, 어떻게 해서 우리의 탐구가 참존재가 그 깨달음을 구현하는 일이 되는가에 관한 탐구. 이런 이해들을 통합해주는 일은 이제 존재 방식이요 삶의 방식인 우리의 수행에 깨달음을 연이어 드러낼 수 있는 잠재력과 자유와 풍요로움을 안겨주는 강력한 지혜가 될 수 있다. 우리는 수행을, 깨달음을 실현하는 깨달음의 과정으로 보게 된다.

이 지속적인 탐구는 우리의 공식적인 수행에서뿐만 아니라 우리의 일상생활에서도 역시 이루어진다. 우리가 자신의 삶을 살고 있을 때도 다이아몬드 사마디의 역동적인 드러남은 지속된다. 우리는 살아 있는 참존재의 활력을 자연스럽게 아우르고 표현하는 삶을 사는 것으로 자신의 깨달음을 구현한다. 이때 살아 있는 참존재의 역동은 그저 더 깊어가는 깨달음을 드러내주는 성향, 호기심, 관심 등으로서 표현된다. 우리는 깨달음에 대한 자신의 다양한 집착을 알아차리는 것을 포함해서 자신이 실재를 이해하는 방식 속에 남아 있는 온갖 무지, 동일시, 한계를 꿰뚫어보는 일에 자연스럽게 끌린다.

그러므로 그 주요한 탐구 수행은 그 이상의 지혜에 이르고, 함이 없음에 대한 우리의 이해도 역시 더 섬세하고 미묘해진다. 함이 없는 수행의 초창기에 우리는 그저 고요함과 맑음 속에 앉아 있기만 한다. 그러다 함이 없는 수행이 성숙해지면, 우리는 별다른 노력 없이 느긋하고 평온하게 앉아 있을 뿐만 아니라 참존재 그 자체 안에서 참존재 그 자체로 머무른다. 우리가 참존재의 활력을 통합하고 깨달음의 지혜를 알아차릴 때 함이 없는 수행은 참존재의 분별 지혜와 통찰력 있는 명석함을 사용해서 깨달음의 상태를 애씀 없이 완전히 이해한다. 우주의 전체적인 힘은 지성과 에너지를 통해서 자신의 상태를 알아차리고, 사마디가 무엇이고 함이 없음이 무엇인지를 이해하는 일에 초점을 맞춘다.

무위의 상태에 내재하는 자각과 통찰은 언제 행위가 일어나는지를 알아차린다. 함이 일어나고 있다는 것을 알게 될 때, 우리는 그것을 일어나게 만드는 마음가짐과 전제들을 알아차릴 수 있다. 우리는 이런 통찰에 힘입어 함의 원인이 되는 것을 드러냄으로써 그런 활동에서 벗어난다. 우리는 함에 대한 우리의 기본적인 경험의 저변에는 어떤 형태의 자기 동일시, 고립에 대한 두려움, 공空에 대한 저항감 등이 깔려 있다는 것을 알 수도 있다. 하지만 우리는 자신의 특정한 문제와 장애로 어떤 것들이 있는지를 아는 것만으로 그치지 않는다. 그 분별 지혜는 사마디 자체의 상태에 대한 분명한 이해와 알아차림으로 사마디 상태를 가득 채우기도 한다. 우리는 어떤 식의 현존이나 자각이나 깨달음이 일어나고 있든 간에 그것들의 특징을 알아볼 수밖에 없다.

달리 말해, 우리의 수행에는 겹쳐지는 두 가지 움직임이 있다. 함이 없음과 간섭하지 않음을 핵심으로 하는 그 주요한 탐구 수행에는 어느 시점에 이르러서는 완전히 자연발생적인 것이 되는 적극적인 참여가 포함되어 있다. 그리고 지속적인 고요함 속에 안주하는 것으로 시작되어 어느 시점에 이르러서는 자신의 분별 지혜의 현존 덕분에 자연발생적인 이해와 알아차림이 일어날 수 있는, 함이 없는 수행이 있다. 탐구는 자연발생적인 함이 없음이 될 수 있고, 함이 없음은 자연발생적인 탐구가 될 수 있다.

탐구할 때 우리는 적극적으로 참여한다. 우리는 실험하고, 답사하고, 여러 가지 것들을 면밀히 조사하고, 읽고, 질문한다. 그런 반면에 탐구의 중심에서 우리는 우리의 경험에 어떤 짓도 하지 않고, 그저 그 진실을 이해하는 데만 관심을 갖는다. 함이 없는 명상을 할 때 우리는 깨달음의 상태에서 고요히 앉아 있으며, 실재의 드러남은 자연발생적으로 일어난다. 우리의 초점은 하지 않음에 맞춰져 있고, 탐구는 그냥 일어난다. 그런 일이 자연발생적으로 일어날 때, 그것은 우리가 뭔가를 해서 일어나는 게 아니므로, 즉 역동적인 계시로서 드러나는 살아 있는 참존재가 하는 것이므로, 우리는 이렇게 말하지 않는다. "아니, 아니, 이것은 함이 없는 수행이야. 그러니 나는 고요히 머물러 있어야만 해." 따라서 만일 우리가 명상할 때 고요함에 머무르는 것만 고집한다면, 그것은 참존재의 활력을 억누르는 짓이 될 것이다. 참존재의 활력이 해방될 때 그것은 우리가 처해 있는 상황에 대한 이해를, 그리고 더 깊고 깊은 깨달음을 자유로이, 그리고 기꺼이 드러낸다.

나는 우리의 주요 탐구 수행들과 함이 없음 간의 관계를 전체성의 관점을 통해서 분명하게 정리하고 있는 중이다. 우리는 함이 없음을 어떻게 실천하는가? 함이 없음을 실천한다는 것도 무슨 일인가를 하고 있는 것이지 않은가? 탐구하는 것이 어떻게 함이 없음이 될 수 있는가? 우리는 함이 없음의 이런 역설을 조사하는 과정에서 실재가 실제로 작동하는 방식에 좀 더 가까이 다가간다. 함이 없음은 존재, 현존, 간섭하지 않음을 강조함으로써 탐구 수행을 뒷받침해준다. 탐구는 참존재의 분별 지혜를 발달시켜주고, 그 지혜를 우리의 과정 속에 통합해준다. 어느 시점에 이르러 우리의 탐구는 우리의 경험에 간섭하는 일 없이 우리의 과정에 참여할 수 있으며, 우리의 함이 없음은 무엇이 참인가를 분별하는 일을 하면서 참존재의 역동적인 지혜에 도달할 수 있다.

우리는 삶과 긴밀하게 얽혀 있기 때문에 탐구 수행은 활발하게 이루어진다. 우리는 살아 있고 활동하고 있으며, 우리 삶의 일부는 탐구 수행으로 이루어진다. 탐구라고 해서 우리가 늘 스스로에게 질문을 던지고 있다는 것을 뜻하는 것은 아니다. 탐구라고 해서 우리가 늘 생각하면서 빈둥거리고 있다는 것을 뜻하는 것은 아니다. 탐구는 삶에 대한 우리 관심의 자연스럽고 자연발생적인 흐름이다. 무엇인가가 이해되지 않을 때면 자연발생적인 마음의 움직임과 의문이 일어나며, 이때의 의문은 질문으로서의 명확한 틀을 갖추지 못한 것일 수도 있다. 우리가 알고 있는 것이라고는 무엇인가가 이해가 되지 않는다는 것뿐이다. 그리고 얼마 후에는 일종의 드러남 혹은 더 이상의 알아차림이 존재한다. 우리 집중 수행의 정지 상태와 고요함은 탐구 수행의 토대가 되는 함이 없음의 상태를 안정시키는 데 도움이 된다. 집중과 함이 없음은 현존의 깨달음, 참본성의 깨달음을 떠받쳐주고 안정시켜준다. 탐구는 이런 깨달음을 알아차리고 통합하는 것을 거들어주고, 그것을 더 발전시키고, 그 이상의 가능성에 스스로를 개방하도록 거들어준다. 그렇게 하는 것이야말로 우리 삶과 그 환경에 대한 일말의 응답이다.

우리가 탐구와 함이 없음의 관계를 이해할 때 우리의 수행은 깨달음의 역학과 더 긴밀하게 동조하게 된다. 우리는 수행의 성숙, 지혜의 이런 무르익음에 힘입어 수행에서 함이 없음의 중심 위치와 중심 역할을 자연발생적으로 알아차리게 된다. 우리가 자연발생적으로 책임을 지고 참존재의 계시를 열린 자세로 대하는 법을 배울 때, 우리는 바로, 함이 없음의 솜씨와 기술을 배우는 것이다. 그렇다고 해서 우리가 자신의 수행을 잊는다거나 주의 산만한 상태가 되거나 반발과 편애에 빠진다는 것을 뜻하는 것은 아니다. 함이 없음은 우리의 수행과 참존재의 드러남이 우리의 직접적이고 개인적인 경험 속에서 하나의 움직임이 된다는 것을 뜻한다. 이제 수행은 깨달음을 실현하는 의식적인 깨달음이다. 그리고 우리가 수행하고 있을 때는 바로 참존재가 수행하고 있는 것이다.

The Mystery of Emptiness

비어 있음의 신비

    우리가 전체성의 관점을 활용해서 수행이 깨달음과 어떤 식으로 관련되어 있는지를 조사해봄으로써 깨달음의 역학을 이해할 때, 우리는 실재의 참된 상태를 열고 드러낸다. 우리는 우리 각자가 자신의 탐구 과정에서 더 많은 자유와 개방적인 자세를 갖도록 하기 위해, 우리 각자가 더 많은 자유와 능력을 갖춰서 제대로 살고 참존재의 신비를 드러내는 방식으로 살기 위해, 이렇게 한다. 만일 우리가 참존재의 활력의 자유로움에, 살아 있는 참존재의 고유한 가치들에 동참하지 못한다면, 우리는 참으로 그리고 완전히 안정되고 평화롭고 행복한 상태로 지낼 수 없을 것이다. 달리 말해, 참존재의 활력의 자유가 어떤 구속도 받음 없이 그 가능성들을 드러낼 때, 사람들은 그것을 자유, 해방, 만족, 행복으로 경험한다.

    살아 있는 참존재가 자유로이 그 가능성들을, 그 고유한 참본성을, 그 순수함과 신비를 드러내고 표현하는 것은 개인이 자신의 계획이나 목표를 성취하는 것과 매한가지다. 우리가 자신의 계획을 이루지 못하는 한, 자신의 계획과 조화를 이루면서 살고 있지 못하는 한, 불만스러울 수밖에 없다. 우리가 자기 존재의 활력을 제한하는 여러 가지 억압 요소에 좌우될 때, 우리의 불만은 존재의 낡고 정형화되고 알려진 방식들을 드러내주는 다양한 방식으로 나타날 수 있다.

사람들이 참존재의 활력에 참여하는 습관적인 방식은 인습적인 관점이다. 우리는 보통 선형적 시공간의 세계 속에서 다른 자아들과 대상들 가운데서 홀로 동떨어져 존재하는 자아로 실재의 드러남에 참여하고 있다. 이것은 흔히 에고적, 혹은 이원적 관점으로 알려진 것이다. 관점의 면에서 볼 때 에고의 관점은 나쁜 것도 아니고 골칫덩어리도 아니다. 대부분의 비이원적 가르침들은 에고의 관점을 망상적인 관점으로 여긴다. 그런 가르침들은 실재에 대한 이원적 경험은 오류라고 생각한다. 그러나 실재는 에고의 경험으로 나타나며, 따라서 그것은 비이원적 관점으로 볼 때라야만 망상적인 것이 된다. 전체성의 관점은 그것을 실재가 드러나는 많은 방식 가운데 하나일 뿐이라고 여긴다. 에고의 관점이 안고 있는 진짜 어려움은 그 관점이 우리가 참존재의 다른 가능성들과 접하는 것을 방해하거나 가로막는다는 점이다. 에고의 관점은 우리가 스스로를 발견하는 상황들에 적절하게 반응할 수 있는 우리 본성의 자유를 제한한다. 이런 인습적인 관점 혹은 평범한 철학의 한가운데는 우리가 '나'라고 생각하는 것이 자리 잡고 있다. 에고 관념의 중심부나 저변에는 다음과 같은 자아 개념이 자리 잡고 있다. "나는 여기 있다, 나는 세계 속에 있다, 나는 여기서 모든 것을 지각하고 있다, 나는 내 선호도에 따라서 행동한다." 많은 전통이 이런 입장을 무지나 망상으로 여긴다. 에고의 관점이라는 망상은 그것의 결정론적인 관념 속에 자리 잡고 있다. "이것이 바로 실재고, 이걸로 얘기는 끝이야." 만일 에고의 관점이 실재가 드러나는 많은 방식들 가운데 하나에 불과하다는 점을 에고가 이해한다면, 그런 입장은 망상이 아닐 것이다. 이원적 관점이 실재가 생겨나는 한 가지 방식이라는 점은 사실이다. 그러나 이 한 가지 방식을 결정적인 것이라고 믿는 것이 에고 관점의 망상이다.

　달리 말해, 참존재가 스스로를 그 경험의 기관과 동일시하는 것이 바로 에고 관점의 망상이다. 바로 그래서, 신비하고 광대하고 마법 같은, 정의를 내릴 수 없고 측량할 수 없는 특성들을 지닌 참존재가 자신이 경험하고 지각하는 통로가 되어주는 기관을 자기로 여김으로써 스스로를 구속한다는 말이 나오는 것이다. 여기서 참존재는 개별 의식을 자신의 모든 것, 자신의 유일한 정체성으로 잘못 알고 있다. 그러므로 하나의 지각기관이 존재한다는 것도, 개별 의식이 있다는 것도 문제가 아니다. 고통과 불만과 불완전함과 무의미함과 분열과 두통과 가슴 아픔과 같은 온갖 말썽거리의 원인이 되는 것은 우리가 개별 의식을 지금 그리고 영원히 자신의 전부로 여기고 있다는 점이다. 그러나 사실, 우리는 자체의 고유함을 지닌 개인이면서 동시에 광대한 참존재다. 참존재이자 개인인 이 신비로운 단일체는 무한히 많은 종류의 경험과 깨달음으로 나타나며, 그것이 그렇게 무수히 많은 경험과 깨달음으로 드러난다는 것은 인간이 얼마나 많은 자유를 부여받았는지를 알려준다.

　우리가 참존재로부터 독립하는 것으로써는 자유에 이르지 못한다. 자유, 우리의 자유, 인간의 자유는 자신의 지성이 표현하고 싶어 하는 것은 뭐든지 다 표현하는 참존재의 활력이 지닌 자유와 같은 것이다. 우리의 해방은 곧 상황에 걸맞은 경험의 가능성과 형태와 차원을 드러내는 참존재의 활력의 해방이다. 우리는 자신이 참되고 진실한 사적 생활을 하는 개인으로 살고 있을 때, 그리고 그와 동시에 자체의 가능성과 본성을 아무 구속 받지 않고 자유롭게 드러내는 참존재의 무한한 광대함을 표현하는 사적 생활하는 개인으로 살고 있을 때, 자신의 자유를 실현한다. 나는 일부 가르침들이 우리가 신을 돕기 위해서 수행한다고 믿는 이유 가운데 하나가 바로 이것이라고 생각한다. 예컨대 어떤 카발라주의자(카발리스트)들은 신이 창조를 완성하는 일을 거들기 위해 우리가 영적인 작업을 하고 있다고 믿는다. 그리고 영적인 작업이 신의 고통을 덜어준다고 말하는 다른 가르침들도 있다. 만일 우리의 관점이 그와 같다면, 우리의 고통은 살아 있는 참존재의 고통이기 때문에 우리가 깨닫는 일에 참여하는 것은 신의 고통을 덜어주는 일이 된다.

만일 우리가 인습적 시각의 억압적인 영향력에서 자유로워지지 못한다면, 만일 우리가 그런 인습적 시각의 중심이 되는 자아로부터 자유로워지지 못한다면, 우리 존재의 활력은 완전하게 해방될 수 없을 것이다. 그러므로 우리의 탐구가 진가를 발휘하려면, 우리 삶이 더 큰 성숙과 완전함에 이르려면(이것은 참존재가 그것의 온갖 가능성 전체를 실현한다는 것을 뜻한다), 자아를 철저히 이해해야 한다. 다이아몬드 어프로치에서 우리가 하는 일의 상당 부분이 자아, 곧 그것의 역학, 구조, 역사, 현현들 그리고 그 근원적인 힘에 대한 탐구와 조사인 것은 바로 그 때문이다. 그러므로 특정한 어떤 관점의 고착으로부터 자유로워진다는 것은 자아로부터 자유로워진다는 것이나 같은데, 그 이유는 모든 고착의 주요 원인이 되는 것이 바로 자아 감각이기 때문이다.

다른 일부 가르침들에서처럼 우리의 작업에서 자아를 그 가치와 구조와 역학의 면에서 철저히 이해하는 것은 우리의 참본성(살아 있는 참존재의 핵심에 존재하는 청정함)을 철저히 이해하는 일과 별개의 일이 아니다. 우리는 자신의 참본성을 그 특성과 자원의 면에서 살펴봄으로써 자신이 자아와 인습적 관점으로부터 더 큰 자유를 얻기도 한다는 사실을 발견한다. 우리가 참존재의 본성과 차원들, 특히 참존재의 비어 있음emptiness[42]을 더 이해하면 할수록, 우리는 인습적 자아의 관점을 더욱더 분명히 꿰뚫어보게 된다. 우리의 자아 감각에 대한 최대의 도전은 참본성의 비어 있음, 경험의 비어 있음을 경험하고 이해하는 데서 온다. 우리가 자아를 살펴보는 과정에서 이런저런 종류의 비어 있음과 만나서 이것에 대해 탐구할 수밖에 없는 것은 바로 이 때문이다. 우리가 이러한 영적 탐구의 길 도처에서 그러하듯이 말이다.

우리는 비어 있음을 두 가지 방식으로 생각해볼 수 있다. 타자other의 비어 있음과 자아self의 비어 있음으로. 그리고 그 두 가지 비어 있음에는 많은 정도의 차이가 있다. 개별 의식을 포함해서 무엇인가가 해방되려면, 타자와 자아가 모두 없어야 한다. 여기서 내가 "타자"라고 했을 때 그것은 다른 사람들이 아니라 자신의 근원적인 본성에게 외적인 것에 해당되는 모든 것을 뜻하는 말이다. 개별 의식이 타자가 없는 것이 된다는 것은(개별 의식에 타자가 없다는 것은) 그것이 외적인 요소들,

---

42 경우에 따라서는 이 말을 공성空性으로 바꾸면 그 뜻이 더 쉽게 이해될 수도 있다.

곧 그것 고유의 것이 아닌 요소들에 의해서 정형화되지(영향 받지) 않는 다는 것을 뜻한다. 따라서 우리가 자신에게 근본적이지 않고 고유하지 않고 존재론적으로 근원적이지 않은 요소들에 의해 제한되거나 규정될 때, 우리에게는 타자가 있는 것이다. 자아의 비어 있음은 타자로부터의 자유 외에도 개별 자아, 개별 영혼이 궁극적으로는 존재하지 않음을 알아차리는 것이다. 따라서 내가 인간의 자유를 실현하려면 자아를 철저히 이해해야만 한다고 말할 때, 나는 두 가지 수준 모두를 말하는 것이다. 우리는 타자의 비어 있음과 자아의 비어 있음 모두를 깊이 탐구해봐야 한다. 이 두 가지 종류의 비어 있음은 서로 연결되어 있으며, 앞으로 곧 알게 될 테지만, 어느 시점에 가서는 이 둘이 합쳐질 수 있다.

타자가 비어 있지 않음은 우리가 스스로를 자신의 참본성의 일부가 아닌 온갖 종류의 추가된 집적물들로 경험하는 곤경에 빠졌음을 뜻한다. 예컨대, 우리의 사랑은 타자가 아니지만, 우리가 사랑스럽지 않다는 우리의 믿음은 타자다. 그것은 우리가 믿어버리게 된, 학습된 구성물이다. 우리의 개념과 믿음은 우리 고유의 것들이 아니다. 우리의 타자는 참본성의 현존의 일부가 아니며, 우리 경험을 정형화하는 구성물들 및 개념들과의 동일시다. 우리가 자아를 탐구할 때 연구 대상으로 삼는 것의 일부가 바로 그런 믿음과 동일시다. 그런 것들은 과거의 기억과 인상들이요, 낡은 대상관계와 성향들을 재활용하고 반복하는 패턴과 역학이다. 앞으로 우리는 그것들이 우리의 근원적 본성 외부의 것들이요, 우리가 그것들 없이도 존재할 수 있다는 것을 알게 될 것이다. 어느 시점에 이르러 우리가 그것들을 몽롱함, 장애, 오염물, 불순물로 경험하는 것은 바로 이 때문이다. 우리가 타자가 없고 그런 축적물들이 없는 자신을 경험할 때 자기 본성의 청정한 속성, 그 현존과 광휘와 무구함(때 묻지 않음)을 쉽게 알아차린다.

우리는 우리가 자기라고 여기는 것이 사실은 기억되고 체계화된 이미지와 개념들로 이루어진 것임을 알기 시작한다. 세월이 흐르면서 이렇게 축직된 구성물들은 우리가 자신과 실재를 바라보는 렌즈가 된다. 이런 구성물들의 핵심을 꿰뚫어보고 이해할 때 우리는 그것들이 진실한 것도, 실체적인 것도 아님을 알아차린다. 우리는 그것들이 비어 있는 상태가 되고, 또 그것들 본래의 비어 있음도 알아차릴 수 있다. 다시 말해, 우리가 축적된 그런 구성물들로부터 자유로워질 때 그것들은 그것들의 비어 있음을 드러낸다. 그것들은 자기네가 실재가 결여된 것임을 드러낸다.

아주 충분하다고 할 만큼 자세히 탐구해보면, 타자의 비어 있음이 자아의 비어 있음을 드러내기 시작한다. 우리는 자아의 내용물들뿐만 아니라 우리가 자아의 본성이라고 여겨온 것도 역시 비어 있다는 것을 알게 된다. 우리가 자신의 통상적인 자아 감각이 자신이 붙잡고 있거나 매달리고 있는 하나의 이미지라는 것을 알아차릴 때, 그것이 실체적인 방식으로 존재하지는 않는다는 사실을 알게 된다. 우리의 통상적인 자아 감각은 한낱 덧없는 기억, 허구적인 자아 개념이다. 우리가 자신의 다양한 자아 이미지들을 꿰뚫어볼 때, 그것은 종종 참본성의 광대함과 비어 있음을 드러내곤 한다. 우리가 자아를 조사해볼 때 생겨나는 광대함에는 많은 등급과 종류들이 있다. 이를테면 맑고 밝은 것들과 깊고 컴컴한 것들을 포함한 다양한 등급과 종류들이.

자아를 더 철저히 조사해보면, 우리의 자기 이미지와 믿음이 과거의 단순한 기억과 인상보다 더 미묘한 구상화와 개념화를 기반으로 하고 있다는 사실이 드러난다. 우리는 우리 마음이 작동하고 우리 앎이 생겨나는 기본적인 방식이 구성 개념들을 만들어내는 경향이 있다는 것을 발견한다. 우리가 이렇게 미묘한 개념화 수준을 알아차릴 때, 그것은 더 깊은 자아 구조와 아울러 비어 있음에 대한 더 깊은 이해를 드러내준다. 미묘함의 이런 수준에서 탐구하다 보면, 광대함과 현존이 분리되지 않는, 비어 있음의 무한한 차원들이 드러난다.

어떤 시점에 이르러 우리는 비어 있음이 기억과 개념을 기반으로 한 구성물들로부터의 자유뿐만 아니라 비개념적인 구조들로부터의 자유까지도 제공해준다는 사실을 알아차릴 수 있다. 우리의 자아 감각은 개념화를 통해서 구성되지 않는 구조들을 포함하고 있다. 그런 것들은 우리가 알거나 생각할 수 있기 전에 나타났기 때문이다. 우리는 비어 있음에 대한 경험 덕에 개념적 구성물들로부터, 그리고 비개념적 인상들로부터도 자유로워진다. 비개념적 인상들은 마음이 지어내는 것들이 아니면서도 의식 속에 각인되어 있다. 그러므로 의식은 이 비개념적 인상들을 실재의 중요한 특징들로 잘못 알고, 그것들이 마치 실재이기라도 한 것처럼 의지한다. 우리는 이런 언어 이전의, 비개념적 구조들에 대한 이해 덕에 자아 감각으로부터 더 확연히 벗어나며, 자신의 깨달음을 더 깊고 미묘한 수준들로 이동시킨다.

이 모든 종류의 구성물과 인상은 타자의 비어 있음을 발견하는 과정에서 일어난다. 자아의 비어 있음은 대체로 경험의 바탕이 되어주는 광대함에 대해 더 깊은 이해를 드러내준다. 달리 말해, 광대함은 한 종

우리는 우리가 자기라고 여기는 것이 사실은

기억되고 체계화된 이미지와 개념들로

이루어진 것임을 알기 시작한다.

세월이 흐르면서 이렇게 축적된 구성물들은

우리가 자신과 실재를 바라보는 렌즈가 된다.

이런 구성물들의 핵심을 꿰뚫어보고 이해할 때

우리는 그것들이 진실한 것도,

실체적인 것도 아님을 알아차린다.

우리는 그것들이 비어 있는 상태가 되고,

또 그것들 본래의 비어 있음도 알아차릴 수 있다.

류에서 또 다른 종류로 펼쳐지면서 결국은 자아의 비어 있음이 되며, 자아의 비어 있음은 비존재로도 알려진, 참존재의 다른 측면의 드러남이다. 그 광대함은 너무나 텅 비어 있고 너무나 훤한 나머지 이제 더 이상 광대함이 아니다. 그것은 그저 무無에 지나지 않는다. 따라서 자아의 비어 있음을 안다는 것은 개별 의식의 구성물들이 실재가 아니라는 점뿐만 아니라 개별 의식이라는 것 자체가 존재하지 않는다는 점까지도 안다는 것을 뜻한다.

이 살아 있는 현존인 개별 의식이 현존의 부재와 분리될 수 없다는 사실을 우리가 자아 없음을 통해 알아차릴 때 이 비존재는 한층 더 심오해진다. 그것은 생생한 현존의 존재성beingness이 현존으로부터 분리될 수 없는 영원한 파트너, 즉 현존의 비존재를 동반하고 있는 것과도 같다. 그리고 우리가 비어 있음을 참존재의 비존재성으로, 우리가 존재existence라고 부르는 것의 부재로 알아차리고 이해할 때, 우리는 참존재의 활력을 해방시켜주는 비어 있음을 발견한다. 우리는 보통, 개별 의식을 대상이 존재하는 것과 같은 방식으로 존재하는 견실한 어떤 것이라고 생각한다. 우리가 이런 생각이 실상과 부합되지 않는 것임을 알아차릴 때, 실재의 활력은 다른 방식들로 자유로이 드러난다.

타자의 비어 있음이 타자의 소멸(자아 고유의 것들이 아닌 개념들과 구성물들과 믿음들의 증발)로 귀결되는 반면에, 자아의 비어 있음은 개별 영혼의 소멸로 귀결되지 않는다. 그러기는커녕 우리는 개별 의식이 우리가 보통 그것이 존재한다고 생각하는 방식으로 존재하지 않는다는 사실을 알아차린다. 개별 의식의 존재성은 그것의 비존재성과 완전하게 융합된다. 더 나아가, 자아의 비어 있음은 개별 자아뿐만 아니라 개별 자아의 지각들에게도 역시 해당된다는 사실이 분명해진다. 달리 말해, 비어 있는 것은 개별 자아뿐만이 아니다. 비존재성은 개별 자아라는 진실뿐만 아니라 개별 자아가 지각하는 모든 진실에도 역시 해당된다.

따라서 우리가 지각하는 모든 것은 타자와 자아가 비어 있을 때 해방될 수 있다. 나는 우리가 타자의 비어 있음과 자아의 비어 있음을 이해할 수 있는 방식의 한 예로 개별 영혼을 활용해왔다. 하지만 이런 식의 비어 있음은 다른 모든 것에게도 역시 다 해당된다. 우리는 현현된 모든 형태, 세상의 모든 것, 우주의 모든 것을 그것들에게(그것의) 고유하지 않고 본질적이지 않은 관점으로 볼 수도 있다. 즉 자신의 다양한 믿음과 투사projection를 통해서 볼 수 있다는 뜻이다. 그리고 드러남 혹은 현현이 그것에게 고유하지 않고 본질적이지 않은 것들로부터 자유로울 때, 우리는 그것이 타자로부터의 자유를 얻었다고 말할 수 있다. 우리는 우주를 그 참본성 속에서 볼 수도 있다. 우리는 모든 것을 그 청정함과 현존과 광휘 속에서의 존재의 현현이라는 것을 알 수 있다.

그러나 비어 있음에 대한 완전한 이해는 개별 영혼을 포함한 모든 것이 참존재의 드러남일 뿐만 아니라 그와 동시에 자아가 비어 있음도 역시 드러내준다. 그리고 그 말은 그것이 우리가 대체로 자아의 속성이라고 여기는 종류의 존재성을 갖고 있지 않다는 것을 뜻한다. 바꿔 말하자면, 전체로서의 참존재는 항상 비존재와의 완전한 얍윰yab-yum[43], 그 파트너와의 절대로 떨어질 수 없는 영원하고 완벽한 포옹 속

---

43 인도·네팔·티베트 등지의 불교 예술에서 여성 배우자와 성관계를 하고 있는 남성 신의 모습. 이런 합일은 현상적 세계의 거짓된 이원성을 극복하고 깨달음으로 나아가는 데 있어 필수적이라고 한다.

에 존재한다. 우리가 이런 점을 알고 있을 때 우리는 자아의 비어 있음을 알아차리고 있는 것이다. 우리가 이 세상의 모든 것이 다 자아가 없다는 것을 인지할 때, 존재성은 세상이 참존재의 드러남일 뿐만 아니라 비어 있음의 드러남이기도 하다는 것을 알아차린다. 우리는 참존재가 사실은 비어 있음의 광휘임을, 우리가 세상으로 경험하는 온갖 색깔과 다양한 형태, 그리고 우리 경험의 모든 내용을 갖고 있는 광휘임을 발견한다.

자아에 대한 철저한 조사를 통해서 비어 있음을 이해할 때, 우리는 자신의 축적된 구성물로부터도, 존재existence에 대한 자신의 믿음으로부터도 해방된다. 존재 개념은 자아라는 발판의 토대에 해당되는 것이다. 존재 개념은 자신의 축적된 모든 개념과 인상의 기반이 되어주고 그것들을 뒷받침해준다. 그러므로 우리는 자아가 비었다는 것을 알고, 참존재Being가 존재 개념에서 자유롭다는 점을 아는 것을 통해서 우리의 모든 구성물 밑에서 양탄자를 잡아 뽑아내버린다. 자아가 비었음을 알아차리는 것은 구성 과정을 지속하고 구성물들에 대한 믿음의 과정을 지속하는 일을 더 어렵게 만든다.

참존재의 활력이 지닌 자유로움의 원천인 비어 있음은 많은 방식과 수준으로 나타난다. 나는 무와 열림으로, 부재와 비존재를 향해 나아가는 광대함의 다양한 속성(특질)에 관해 언급해왔다. 참존재의 비존재성은 참존재의 현존을 열고 모든 것을 밝음과 자유와 광활함과 투명함으로 물들인다. 우리는 현존의 내면에 가로막는 것이 전혀 없다는 것을 경험할 수 있다. 현존 속에는 가로막는 것이 전혀 없고, 매개체라는 느낌조차 없기 때문이다. 그러므로 비어 있음을 비존재로 경험하는 그런 차원은 비어 있음을 공간이라는 매개체 없이 인식한다는 것을 뜻한다. 비존재의 경험 속에서 공간이라는 매개체는 사라진다. 이것은 물론 신비로운 종류의 이해다. 마음은 그런 걸 붙잡을 수 없다. 하지만 우리가 이 비존재성을 실제로 경험할 때, 그것은 완전한 투명함과 친밀함을 가져다주는, 더없이 맑고 명확한 알아차림과 자각이다. 비존재에 대한 이런 이해는 참존재의 단일성에 대한 경험을 참존재의 광휘를 드러내는 쪽으로 나아가게 한다. 우리가 참존재의 무한한 여러 차원을 알고 있을 때 우리는 비존재의 차원을 경험하기에 앞서서 참존재의 단일성을 경험할 수 있다. 자아의 비어 있음을 경험하고 나서는, 참존재의 단일성이 존재하려면 반드시 그것의 이면에 해당하는 비존재가 동시에 존재해야 한다는 사실이 드러난다.

비어 있음에 대한 철저한 탐구를 가능하게 해주는 것은 전체성의 관점이다. 현존, 참존재, 참본성의 다양한 특성과 차원을 탐구할 때와 마찬가지로 우리는 비어 있음의 다양한 가능성을 발견할 수 있다. 비존재에 대한 경험조차도 미묘함의 면에서 다양한 차이를 보이면서 일어난다. 참존재와 비존재, 현존과 부재가 따로 분리될 수 없는 파트너들이기 때문에 우리는 많은 차원과 특성의 면에서 비어 있음을 조사해볼 수 있다. 비이원적 방식에서 실재는 현존이면서 동시에 부재다. 그러므로 우리는 자아의 비어 있음을 조사하고 있으며, 자아의 비어 있음이란 우리가 영혼이 존재한다고 말할 수 없고, 그렇다고 영혼이 존재하지 않는다고도 말할 수 없음을 알아차리는 것을 뜻한다. 우리는 세계가 존재한다고 말할 수 없고, 세계가 존재하지 않는다고도 말할 수 없다. 영혼, 세계, 세계 속의 모든 것은 나타난다. 하지만 지각 속에 나타난다고 해서 그것들이 견실하고 실질적이고 지속적인 대상이나 실재로서 존재한다는 것을 확증해주는 것은 아니다.

자아의 비어 있음을 계속해서 살펴볼 때 우리는 참존재의 비존재성이 지닌 더 깊은 신비를 발견할 수 있다. 대부분의 가르침들은 참존재의 단일성이 비존재를 바탕으로 하고 있다는 견해를 이해한다. 어떻게 해서 모든 것이 통일된 하나의 광휘, 통일된 하나의 드러남, 실체가 없는 통일된 하나의 빛인가를 드러내주고, 비존재가 참본성의 투명함과 광대함을 불러일으켜준다는 알아차림이 바로 이것이다. 하지만 우리는 단일성의 경험을 꼼꼼히 조사해봄으로써 비어 있음의 다른 가능성들을 알 수도 있다. 참존재의 단일성은 참본성이 모든 것을 드러내줄 때처럼 많은 차원으로 나타난다. 모든 것은 같은 바탕의 드러남이기 때문에 하나로 통일되어 있다. 이것은 모든 형상이 같은 바다의 파도라는 이미지만큼이나 단일성의 전형적인 표현이다. 생각과 느낌과 사람과 구름과 별은 모두가 다 같은 찬연한 빛의 드러남이다. 우리가 이런 종류의 단일성(하나됨)을 경험할 때는 자신이 마치 모든 것을 그대로 통과해서 걸을 수 있을 것 같은 느낌에 사로잡힌다. 모든 형상이 하나의 거대한 투명함이기 때문에 그렇다. 모든 것이 다 비어 있고, 맑고, 광대하고, 아름답고, 찬연하다. 참존재에 대한 이런 종류의 단일성의 경험은 근본적인 신비 체험이다.

그러나 단일성에 대한 이런 경험에는 식별하기 어려운 미묘한 개념들이 여전히 포함되어 있다. 비어 있음을 더 철저히 탐구해볼 때 우리는 더 미묘하고 은밀하게 숨겨진 자아 감각들을 찾아낼 수 있다. 나와 남의 이런 신비로운 단일성(거기서는 모든 것들이 다 비어 있음의 광휘인 순

우리가 이 세상의 모든 것이

다 자아가 없다는 것을 인지할 때,

존재성은 세상이 참존재의 드러남일 뿐만 아니라

비어 있음의 드러남이기도 하다는 것을 알아차린다.

우리는 참존재가 사실은 비어 있음의 광휘임을,

우리가 세상으로 경험하는 온갖 색깔과 다양한 형태,

그리고 우리 경험의 모든 내용을 갖고 있는

광휘임을 발견한다.

수한 현존과 자각이다) 속에 내재되어 있는 개념들 중 하나는 공간개념이다. 즉, 모든 것이 하나로 통일되어 있다 할지라도, 모든 것이 참존재이면서 동시에 비존재라 할지라도, 모든 것이 같은 존재성의 드러남이라 할지라도, 거기에는 여전히 여기와 저기의 개념들이 존재한다. 거기에는 여기가 있고 저기가 있으며, 여기와 저기 사이에는 어느 정도의 거리가 존재한다. 우리가 마침내 공간개념을 알아차리고 꿰뚫어볼 때 우리는 비어 있음이 매개물medium이 아니라는 것을 이해하게 된다. 달리 말해 비어 있음은 공간적 연장이나 범위 같은 것을 갖고 있지 않다. 여기도 없고 저기도 없다. 여기와 저기는 같은 지점이다. 여기가 저기고, 저기가 여기다. 그 둘 사이에 측정할 수 있는 거리가 존재하는 한, 공간개념이 존재한다. 드러남은 항상 공간 속에서 이루어지기 때문에, 나는 꼭 지각의 면에서 공간적 연장의 개념이 사라진다는 얘기를 하는 것은 아니다. 내 말인즉슨 참본성은 공간을 넘어서 있기에 느낌 감각의 면에서 공간적 거리가 사라진다는 얘기다. 우리는 이러한 거리 없음의 깨달음을 지각까지 할 수도 있다. 하지만 이것은 좀 더 미묘한 주제며, 이에 관해서는 나중에 고찰해볼 것이다.

나는 근본적인 신비 체험을 특징으로 하는 첫 번째 종류의 단일성을 지각적 단일성 혹은 공간적 단일성이라고 생각한다. 그리고 나는 또 다른 단일성 감각을 비공간적 혹은 비국소적nonspatial or nonlocal 단일성이라고 생각한다. 우리는 내가 특정한 개인과 깨달음 간의 관계의 관점에서 플로티노스와 도겐의 견해들을 논의했을 때 이런 비공간적 단일성을 탐구해보기 시작했다. 이런 비국소적 단일성에는 그저 비이원적인 것이라는 식으로 간단히 서술하고 넘어갈 수 없는 하나의 새 요소가 포함되어 있다. 비국소적 단일성 속에는 각각의 별이 모든 별을 포함하고 있고, 하나하나의 점이 다른 모든 점이라는 개념이 존재한다. 이런 비공간적 단일성을 인식하고 있을 때, 우리는 광대하다는 사실이 크다는 것을 뜻하는 것이 아니라는 점을 이해한다. 광대함은 크기를 갖고 있지 않다. 이런 단일성에 대한 경험은 각각의 특별한 현현의 형태가 다른 모든 현현의 형태들을 자기 안에 특별한 형태들로 포함하고 있다는 것이다. 각각의 형태는 다른 모든 형상들과 온전히 합일되어 있다. 같은 바다의 파도들처럼 공간적으로 하나되어 있는 것이 아니라 실제로 단 하나의 파도로 합일되어 있는 것이다. 각각의 파도 속에 다른 모든 파도가 들어 있고, 모든 파도는 본질적으로 같은 파도요, 모든 점은 한 점이라는 깨달음에 더 가깝다고 할 것이다.

그러므로 비공간적 단일성의 느낌은 이런 것이다. 즉, "내가 모든 것을 드러내주는 매개수단이어서가 아니라, 나와 모든 것이 같은 원천에서 나온 것들이어서가 아니라, 내가 사실은 직접적이고 아주 긴밀한 방식으로 다른 모든 것이기 때문에 나는 모든 것이다." 이런 단일성은 우리가 같은 움직임 혹은 같은 표현의 모든 부분이라는 사실에서 나오는 것이 아니다. 비공간적 단일성을 경험하는 방식들 가운데 하나는 다음과 같은 느낌으로서의 방식이다. 즉, "나는 너다. 네 심장과 내 심장은 같은 심장이며, 이건 비유적인 이야기가 아니다. 나는 내가 네 심장 속에 있고 네가 내 심장 속에 있다고 느낀다. 네 심장과 내 심장 사이에는 어떤 공간적 거리 또는 존재론적인 거리가 없기 때문이다."

공간적 단일성과 비공간적 단일성은 비어 있음에 대한 이해와 관련이 있는 것이 분명하다. 우리는 한 단일성이나 또 다른 단일성을 경험할 수 있고, 동시에 두 가지를 다 경험할 수도 있다. 따라서 모든 것이 같은 장의 드러남이면서 그와 동시에 각자와 모든 것 사이에 완전한 상호 침투가 존재하는 공간적 단일성이 존재할 수 있다. 다시 말해, 모든 것이 같은 장에서 나타나는 것과 동시에 각자가 모든 것을 다 포함하고 있다는 얘기다. 거리라는 느낌이 없는 거리 지각이 존재한다. 공간개념이 없는 공간 지각이 존재한다.

내가 알기로, 비어 있음에 대한 철저한 이해와 현존에 대한 철저한 이해는 그 둘 모두가 깨달음의 최종적인 상태 같은 것은 존재하지 않는다는 점을 드러내는 한, 같다. 비어 있음은 신비들 위에 신비들을 갖고 있는 것으로 스스로를 드러낸다. 비어 있음에 대한 깨달음은 계속 진행되어나가면서 스스로를 드러낸다. 그 활력과 비어 있음이 별개의 것이 아니기 때문이다. 그러므로 예컨대 우리는 역동적인 비어 있음을 경험할 수 있다. 역동적인 비존재는 무엇을 뜻하는 것이 될 수 있을까?

나는 우리가 어떤 한 이해 속에 갇히지 않도록 하기 위해 우리의 탐구를 열어놓고 있다. 우리가 비어 있음을 확정 지으려 하고, 그것을 이런저런 것으로 구상화하려고 들고, 그것에 도달해서 그 속에서 살려고 하는 순간, 우리는 계속해서 스스로를 발견하는 실재의 즐거움을 제한하게 된다. 우리가 계속해서 진행해나갈 때 실재와 비어 있음이 나타나는 다른 방식들이 드러날 것이다. 우리가 수행이 깨달음이라는 사실을 알아차릴 때, 깨달음은 자유롭게 그 이상의 깨달음을 실현할 것이다. 과거에 나는 "자체의 깨달음, 혹은 그 본성, 혹은 그 가능성들을 실현하는 참존재"라는 표현을 써왔다. 그런 표현을 들을 때 우리는 참존재Being를 하나의 존재being로, 존재하는 어떤 것으로 생각할 수도 있다. 전체성의 관점은 곧 "깨달음을 깨닫는 깨달음" 혹은 "더 깊은 깨달음을 깨닫는 깨달음"을 드러내는 것이라고 얘기하면 덜 어색하고 좀더 정확한 표현이 될 것이다. 이런 표현들은 스스로를 무한히 드러낼수 있는, 펼쳐지고 움직이고 변화하는 역동적인 진리를 좀 더 세밀하게 구현해준다. 우리가 이런 정도의 비어 있음을 깨달을 때 우리의 깨달음은 이제 더 이상 참존재나 비존재의 특정한 어떤 상태로 고정되지 않는다. 자아로부터의 진정한 자유는 참존재의 활력의 자유가 되어 깨달음 너머의 깨달음을 드러내준다. 우리가 끝없이 자기를 드러내는 이런 종류의 자유를 발견할 때, 우리의 깨달음은 머무르지 않는 깨달음이 된다.

Delusion beyond Realization

13장

깨달음 너머에 도사리고 있는 망상

영적인 길에서는 많은 사람이 "왜? 왜 세상이 이 모양이지? 어째서 이렇게 많은 말썽과 고통과 골치 아픈 일들이 넘쳐나는 거지?"라고 묻는 때가 온다. 우리의 모든 의문이 다 그렇듯이 이런 때는 이 의문의 배후에 뭐가 도사리고 있는지, 그 동기가 뭔지 이해하는 것이 중요하다. 우리의 탐구 수행은 진리에 대한 우리의 사심 없는 사랑을 반영해주며, 더 깊은 수준에서 그것은 실재의 동기 없는 자연스러운 드러남이다. 그러므로 우리가 현실이 왜 이 모양이냐고 물을 때, 우리는 스스로에게 반문해봐야 한다. 나는 정말로 진실을 찾아내는 데 관심이 있는 것일까? 나는 정말로 진짜 현실을 알고 싶어 하는 것일까? 아니면 그저 현실에 넌더리가 나 있는 것일 뿐일까? 나는 진심에서 우러난 질문을 하고 있는 것일까, 아니면 불만을 토로하고 있는 것일까? 만일 우리가 넌더리가 나 있고 불만에 차 있고 성나 있다면, 그런 것들은 탐구의 실행 가능한 토대가 되어주지 못하기 때문이다. 만일 우리가 잔뜩 불만스러운 상태에서 질문을 던지기 시작한다면, 우리는 그 상황을 알아차릴 수 없을 것이다.

가르침이 다르면 고통에 대한 질문의 답도 달라진다. 우리는 이들 답을 근사치라고, 각 가르침의 특정한 맥락 속에서 사용할 수 있는 상황설명 방식이라고 생각해볼 수 있다. 보통, 영적인 가르침들은 고통에 관한 질문에 연민, 수용, 평화로움과 같은 특정한 조건이나 특정한 상태에 대한 깨달음으로 답한다. 우리가 평온하고 따뜻한 마음으로 연민을 느낄 때는 꼭 말로 정확히 설명할 수는 없어도 고통에 관한 질문의 답을 얻은 듯한 느낌이 든다. 달리 말해 깨달음과 관련된 고통에 대한 통상적인 해법은 특정한 이야기를 답으로 제공해주지 않으며, 그렇게 하기보다는 차라리 수용과 평화를 특징으로 하는 존재 상태를 드러내준다.

많은 전통들이 세상에 고통이 존재하는 이유에 대해서 다양한 생각을 하고 있다. 어떤 전통은 신의 뜻이나 각자가 타고난 업(카르마) 탓으로 여긴다. 또 어떤 가르침들은 인류의 집단적인 업이나 빛과 어둠 간의 투쟁 탓으로 여긴다. 전체성의 관점은 어째서 세상에 고통이 존재하는가에 관한 질문을 하려고 들지 않는 지각이나 이해를 드러낸다. 우리는 그렇게 하기보다는 차라리 다양한 관점들을 동시에 활용할 수 있는 이런 관점에 힘입어 비이원성과 이원성의 관계를 앎으로써 실재가 작동하는 방식에 대한 이해를 얻고, 깨달은 상태를 보는 인습적인 관점에 대한 이해도 얻을 수 있다.

우리가 깨달음의 역설을 탐구, 조사해오는 동안 나는 "참본성"이라는 용어보다는 "살아 있는 참존재Living Being"와 "전체적인 참존재

Total Being"라는 용어들을 더 자주 사용해왔다. 이것은 전체적인 참존재와 살아 있는 참존재가 모든 상태에서의 존재의 전체성과 관련된 용어들이기 때문이다. 전체적인 참존재에 대한 이해는 동시에 다음과 같은 많은 관점들을 보는 하나의 관점을 반영하고 있다. 타자들 및 세계에 관한 자아의 인습적인 관점. 스스로를 더 근본적인 진리의 표현으로, 너 큰 실재에 대한 관계의 표현으로 인식하는 자아의 근본적인 관점. 모든 것의 본성이며 모든 것 속에 스며들어 있는 참본성인 순수한 실재의 장의 무한한 관점. 그리고 그 밖의 다른 많은 관점. 전체적인 참존재의 관점은 이 모든 관점을 포함하기 때문에 그 관점은 모든 상태에서의 실재, 이 모든 관점 및 그들의 상호관계들과 관련되어 있으며, 그것은 전체적인 참존재가 깨달음의 상태들과 아울러 에고의 상태들도 역시 포함하고 있다는 것을 뜻한다. 전체적인 참존재는 많은 종류의 깨달음, 많은 중간 상태, 고통과 번뇌의 많은 상태를 포함하고 있다.

우리가 개별과 전체(한편으로 개인의 실재와 다른 한편으로 참본성의 바탕) 간의 관계의 중요성을 알아차릴 때, 그것은 우리에게 살아 있는 참존재가 그저 참본성에 지나지 않는 것이 아님을, 단순히 참본성만이 아니라는 것을 보여줄 수 있다. 참본성은 살아 있는 참존재의 정수essence요, 살아 있는 참존재의 참본성이다. 하지만 살아 있는 참존재는 우리가 그것을 어떤 식으로 경험하든 간에, 실재다. 살아 있는 참존재의 참본성은 살아 있는 참존재 고유의 청정함을 드러내주는 상태 속에서 뚜렷하게 드러난다. 빛나고 드넓고 찬연한 것으로. 이런 상태에서 전체적인 참존재는 순수한 선이요, 완전한 아름다움이요, 은총이요, 우아함이다. 그러나 살아 있는 참존재는 그것의 참된 상태에서나 참되지 않은 상태에서나 아무 걸림 없이 자신의 본성을 알아차린다. 살아 있는 참존재는 이원적 방식이거나 인습적 방식을 포함한 수많은 방식으로 스스로를 경험할 수 있다. 그리고 살아 있는 참존재는 자신이 스스로를 어떤 식으로 경험하거나 드러내든 상관없이 늘 살아 있는 참존재다. 이런 식의 이해는 비이원적 관점 고유의 것이지만, 그 점을 분명하게 진술하는 경우는 극히 드물다. 만일 우리가 비이원성을 철저히 이해한다면, 이원적인 것이 비이원적인 것과 분리될 수 없다는 사실을 분명히 깨닫게 될 것이다. 결국 비이원성이 뜻하는 바가 바로 그것이다. 존재하는 것은 오로지 비이원성뿐이며, 그것은 하나다. 즉, 다른 것이 설 자리는 없다는 뜻이다. 이원적인 또 다른 별개의 실재는 존재하지 않는다. 비이원성은 다른 방식으로 경험된 온전한 하나의 실재다.

우리는 이미 개별 영혼을 답사해왔고, 어떻게 해서 그것이 살아 있는 참존재가 그 가능성들을 드러내기 위한 지각과 행위와 깨달음의 기관인지도 조사해왔다. 살아 있는 참존재는 역동적이고, 지성적이고, 생생하고, 더없이 순수한 깨달음이다. 깨달음 충동이 무한한 자각과 깨달음을 드러내는 식으로 해서 살아 있는 참존재의 활력을 구현하고 표현하기 때문에 그렇다. 이런 점을 알아차릴 때 우리는 살아 있는 참존재가 끊임없이 진화하고 있다는 것을 알 수 있다. 그것의 정체성의 면에서가 아니라 그것이 스스로를 경험하는 방식의 면에서 진화하고 있다는 것을 알 수 있다. 달리 말해, 살아 있는 참존재는 스스로를 더 완벽하게 지각하기 위해 자신의 지각기관들을 끊임없이 진화시키고 있다. 당신은 일개인으로서, 살아 있는 참존재의 지각과 깨달음의 기관이다. 그리고 우리 모두는 각 개인으로서, 살아 있는 참존재가 스스로를 알고 지각하며, 스스로의 깨달음을 알아차릴 수 있는 통로가 되어주는 기관들이다.

많은 견해, 관점, 차원이 동시에 뒤섞여 있기 때문에 상황이 좀 미묘하고 난해하다. 만일 우리가 참본성의 상태로 있다면, 모든 것이 다 아름답고 순수하고 자유로울 것이며, 그렇지 않은 상태가 되려야 될 수가 없어 모든 것이 항상 그래 왔을 것이다. 그와 동시에 우리는 모든 사람이 다 그런 경험을 하는 건 아니라는 것도 알고 있다. 그러므로 대부분의 가르침들은 깨달음이 일어날 때 우리가 그것이 자연스러운 상태고 실재는 항상 깨달은 상태였으며, 다만 우리가 그걸 알지 못했을 뿐이라는 점을 자각한다고 말한다. 깨달은 상태는 항상 현존한다. 태초부터 그랬다. 그리고 참본성은 본래 완벽하며, 항상 완벽해왔다.

대개 이 대목에서 사람들은 질문을 던진다. "만일 실재가 항상 깨달은 상태고 완벽하다면, 어째서 이 세상에 이토록 많은 말썽과 고통이 존재하는가?" 비이원적 깨달음의 관점은 이런 완벽함이 개인들로 하여금 자신의 완벽함을 자각하게끔 할 필요가 있어서 세상에 고통이 존재하는 것이라고 본다. 사실 살아 있는 참존재는 개인을 필요로 하지 않기에 그런 식으로 말하는 것은 근사치에 불과하다. 살아 있는 참존재는 개인을 드러나게 해주고, 개인을 발달시키고, 개인을 성숙하게 해주고, 개인을 깨닫게 해준다. 이 과정에서 개인이 무르익고 성숙해지면, 그 개인의 의식은 살아 있는 참존재가 깨달음의 경험 속에서 자신의 완벽함을 자각할 수 있게 해주는 맑은 렌즈가 된다. 우리는 개별 영혼이 깨닫는다고 말할 수도 있다. 하지만 사실, 개별 영혼으로서, 그리고 개별 영혼을 통해서 자체의 깨달음을 자각하는 자는 살아 있는 참존재다. 우리가 개별 영혼이 아니라는 것을 깨닫는 것도 깨달음의 한 부분이다. 우리는 개별 영혼이라기보다는 차라리 깨달은 상태요, 자신의 가능성들을 구현하는 살아 있는 참존재인 것이다.

살아 있는 참존재가 우리를 자신의 다양한 지각기관들로 발달시켜 나가는 과정에는 에고 단계와 망상 단계를 포함한 많은 단계가 포함되어 있다. 그러므로 망상이 살아 있는 참존재의 드러남이라는 말은 곧 살아 있는 참존재가 자신의 기관들을 발달시키는 이런 과정을 인정하는 것이다. 그리고 자신의 망상을 꿰뚫어보는 과정을 거치는 것은 바로 지각기관들로서의 우리가 발달하는 방식들 가운데 하나다.

많은 전통들이 깨달음은 스스로를 분리된 개인으로서가 아니라 이런 완전함과 전체성으로서 알아차리는 것으로의 전환이요, 또 그런 전환에 대한 경험이라고 이야기한다. 하지만 전체성의 관점은 그런 관점이 진실임을 인정하고 있기는 하나, 그와 아울러 에고 자아와 동일시되는 고통받는 개인도 역시 진실임을 알고 있다. 그리고 깨달음의 과정은 한편으로 무지와 망상과 잠, 다른 한편으로 깨달음과 자각과 깨어남 사이의 상호작용이 된다. 그 두 측면 간에는 살아 있는 참존재로 하여금 자신의 본성을 더 깊고도 완전하게 알아차리고 자신의 더 많은 가능성들을 드러나도록 해주는 변증법이 존재한다.

우리는 동기와 목표와 인과관계와 자기중심적인 자아라는 망상들을 이미 탐험해왔다. 우리는 그것들을 망상으로 여길 수 있고, 그와 동시에 그것들이 살아 있는 참존재가 스스로를 경험하는 다른 방식들임을 알 수도 있다. 다시 말해, 우리는 그것들을 살아 있는 참존재의 참본성의, 깨달은 상태의 근사치로 볼 수도 있다. 하지만 살아 있는 참존재

살아 있는 참존재는
개인을 드러나게 해주고, 개인을 발달시키고,
개인을 성숙하게 해주고, 개인을 깨닫게 해준다.
이 과정에서 개인이 무르익고 성숙해지면,
그 개인의 의식은 살아 있는 참존재가
깨달음의 경험 속에서 자신의 완벽함을
자각할 수 있게 해주는 맑은 렌즈가 된다.

는 항상 성숙의 다양한 단계와 정도에 속해 있는 개별 영혼을 통해서만 보고 알고 경험할 수 있다. 그것은 마치 몸은 충분히 성숙했지만 눈은 아직 발달하고 있는 중이어서 몸을 분명하게 볼 수 없는 것과도 같다. 눈이 더 발달하고 완전해질수록 몸을 더욱더 분명하게 본다.

깨달음을 경험했을 때 우리는 종종 그것이 미망의 끝이요, 무지의 끝이라고 믿는다. 하지만 우리가 이런 믿음을 제대로 꿰뚫어보지 못한다면, 그것은 우리가 그 이상으로 배우는 것을 방해할 수도 있다. 우리가 깨달은 상태에 대한 일련의 경험, 곧 광대함, 비어 있음, 아름다움, 광휘, 비이원성에 대한 경험을 할 때면, 우리는 그 완전하고 완벽한 상태의 느낌을 모든 미망의 종말로 오해한다. 그런 것은 쉽게, 그리고 흔히 일어나는 오해다. 하지만 살아 있는 참존재는 깨달은 뒤에도 이어지는 미망과 무지를 꿰뚫어봄으로써 그것의 가능성들을 구현해나간다. 우리가 깊이 숨겨 있는 무지를 알아차리고 꿰뚫어보는 방식이 바로 이런 것이다. 그런 무지에는 우리가 흔히 실재의 영원한 특징 혹은 궁극적인 진리들이라고 여기는 미묘하고 교묘한 망상과 개념들이 포함되어 있다. 우리는 이미 이런 것들의 일부를 수행의 망상들로서 조사해왔다.

깨달음의 미묘한 망상의 또 다른 예로 타인을 위해서 일한다는 흔한 느낌이 있다. 깨달았을 때 우리는 타인이 자유롭게 되는 것을 이런저런 방식으로 돕기 시작할 수도 있다. 깨달음의 무한한 빛과 사랑이 타인을 돕고 싶다는 갈망으로 스스로를 자연스럽게 표현하는 것은 사실이다. 깨달음 특유의 연민과 너그러움을 느낄 때 우리는 자연히 자신의 깨달음을 다른 사람들과 더불어 나누고 싶어 하는 마음이 된다. 그리고 우리의 성숙과 감사한 마음은 다양한 방식으로 타인을 돕는 형태를 취할 수 있다.

이런 점은 잘해야 쓸모 있는 근사치요 최악일 경우에는 망상에 지나지 않는 것일 뿐인, 동기부여와 목표의 지향성과 비슷하다. 여기서 섬김(봉사)은 다른 사람을 도우려는 것이고 수행에서의 동기부여는 스스로를 도우려는 점에서 차이가 있을 뿐이다. 우리가 자신의 개인적인 수행에서 목표를 가질 경우, 그 수행의 목표와 동기가 되어주는 것은 자신의 해방과 자유다. 타인을 깨닫게 해주기 위해서건 행복하게 해주기 위해서건 자유롭게 해주기 위해서건 간에 아무튼 타인을 도와주고 싶어 하는 우리의 갈망에도 역시 동기와 목표, 인과관계의 개념이 포함되어 있다. 그렇게 해서 우리는 과거의 망상과 같은 것들에 빠진 상태로 되돌아가게 된다. 지금은 우리가 깨달았고 남들의 도움을 필요로 하지 않는다는 점만 다를 뿐이다. 하지만 다른 어떤 사람들은 여전히 도움을 필요로 한다. 우리의 망상은 결코 사라지지 않는다. 그것들은 그저 좀 더 교묘해질 뿐이다. 내가 실재의 펼쳐짐을 깨달음을 실현하는 깨달음으로서뿐만 아니라 그 이상의 깨달음과 아울러 깨달음을 넘어서는 깨달음을 실현하는 깨달음으로도 표현해온 것은 바로 이 때문이다. 미망과 무지를 꿰뚫어보는 일은 결코 끝나지 않으며 늘 현재 진행형인 과정이다.

미망과 무지의 문제는 깊고 중한 문제다. 살아 있는 참존재는 아름다움과 광휘와 사랑과 선함으로 드러나기도 하지만 고통과 폭력과 무감각함의 기반이 되는 무지와 미망으로 드러나기도 한다. 앞에서 살펴봤던 것처럼 우리의 깨달음은 지속적인 수행을 필요로 한다. 우리의 무지가 여간 끈덕진 것이 아니어서 수행은 깨닫기 전뿐만 아니라 깨달은 뒤에도 지속된다. 그리고 우리는, 어느 시점에 이르면 수행이 깨달음과 전혀 별개의 것이 아니라는 것도 알아챈다. 우리의 지속적인 수행은 깨달음 너머까지도 지속되는 무지와 미망을 밝혀준다.

자신의 망상들을 잘 살펴보면, 두 가지 종류의 무지, 곧 학습된 무지(후천적 무지)와 타고난 무지(선천적 무지)를 식별해낼 수 있다. 학습된 무지는 우리가 생활하고 경험하고 발달해나가는 과정에서 쌓인다. 학습된 무지들로는 우리가 지난 장에서 살펴본 모든 자기 이미지, 구성개념, 전 인지적precognitive, 前認知的 인상이 있다. 다른 한편으로 타고난 무지는 우리의 학습과는 무관한 것이다. 우리는 다양한 형태의 타고난 무지들을 안고서 세상에 나온다. 예컨대 개별 영혼은 살아 있는 참존재가 개별 영혼을 통해서 드러나고 있다는 관점에 대해 선천적으로 무지한 상태로 태어난다.

내재된 무지인 타고난 무지는 조성된 무지가 아니다. 그것은 우리가 경험하고 배워서 사실로 받아들인 것이 아니다. 타고난 무지는 우리가 결코 알지 못했다는 것을 뜻하는 말이다. 그것은 완전한 상태의 살아 있는 실재를 알지 못하는 무지다. 살아 있는 실재는 생생하고 창조적인 것이기에 우리는 살아 있는 실재에 관한 모든 것을 결코 다 알 수 없다. 하지만 실재에 관한 모든 것을 다 아는 것이 불가능하기에 우리는 탐구하는 일을 중단하지 못한다. 그러기는커녕 깨달음은 그 이상의 가능성들을 드러내고 머무르지 않는 깨달음을 드러내면서 수행을 계속하고 탐구를 계속한다. 깨달음의 구현은 곧 참존재의 바탕을 계속해서 알아차릴 뿐만 아니라 그 이상의 무지와 미망을 계속해서 드러내기도 하는 지속적인 자각의 과정이다. 이 지속적인 자각은 깨달음을 다양한 방식으로 변형시키고 심화시키고 확장시킨다. 우리는 자신의 타고난 무지가 가로막아왔던 다양한 깨달음의 참된 의미를 이해하기 시작한다. 어떤 깨달음의 완전한 진실을 아는 것은 그 이상의 깨달음을 낳는다.

그러므로 만일 우리가 타인을 돕고 싶어 하는 마음을 깨달음의 성향이라면서 당연한 일로 여기는 대신에 면밀히 살펴보는 일을 계속한다면, 다양한 망상과 맞닥뜨리게 될 것이다. 설령 우리가 스스로를 참존재의 광대함으로 경험할 수가 있다 할지라도, 다른 누군가를 돕기 위해 나설 때 우리는 다른 경험기관과 관련된 하나의 경험기관과 동일시된다. 이때 우리는 스스로에게 이렇게 말한다. "나는 그 사람을 도와줄 거야. 나는 그 사람에게 책임이 있어. 나는 그 사람을 사랑하고 염려해." 우리는 경험의 한 기관이 경험의 다른 기관을 도와줄 것이라고 믿는다. 한 인간이 다른 한 인간을 도와줄 것이라고. 그러나 사실 우리는 개인들로서 그저 각각의 기관들에 지나지 않는다. 그러니 누가, 그 무엇이 실제로 그 다른 사람을 도와줄 거라는 것일까? 만일 우리가 깨달은 상태에 들었고 살아 있는 참존재를 알아본다면, 우리는 자신이 다른 사람(타인을 도와주는 자는 항상 살아 있는 참존재다)과 자기 자신을 결코 돕지 못할 것이라는 점을 이해할 것이다. 살아 있는 참존재가 도와준다고 말하는 것조차도 진실의 근사치에 불과하다. 살아 있는 참존재의 관점에서 볼 때 도와주는 일 같은 것은 존재하지 않기 때문이다.

살아 있는 참존재는 기관들을 성장하게 하고 성숙하게 한다. 그것은 한 기관을 이용해서 다른 기관을 발달하게 하고, 아마도 몇몇 기관과

❀

우리의 망상은 결코 사라지지 않는다.

그것들은 그저 좀 더 교묘해질 뿐이다.

내가 실재의 펼쳐짐을 깨달음을 실현하는 깨달음으로서뿐만 아니라

그 이상의 깨달음과 아울러 깨달음을 넘어서는 깨달음을

실현하는 깨달음으로도 표현해온 것은 바로 이 때문이다.

미망과 무지를 꿰뚫어보는 일은 결코 끝나지 않으며

늘 현재 진행형인 과정이다.

미망과 무지의 문제는 깊고 중한 문제다.

살아 있는 참존재는 아름다움과 광휘와 사랑과 선함으로

드러나기도 하지만 고통과 폭력과 무감각함의 기반이 되는

무지와 미망으로 드러나기도 한다.

많은 상황을 이용해서 어떤 특정한 기관을 발달하게 하기도 할 것이다. 그러므로 이런 점을 이해할 때 우리는 개인으로서의 자신이 도움의 한 원천에 불과하고, 특정한 어떤 기관의 성숙 과정의 한 부분에 불과하다는 것을 알게 된다. 살아 있는 참존재를 도와주는 자는 항상 살아 있는 참존재 자신이다. 혹은 우리는 살아 있는 참존재가 그 활력과 시혜를 통해서 특정한 한 기관을 성숙하게 하고 있다고 말할 수도 있다. 그리고 이런 성숙의 일부가 다른 기관들을 통한 특정한 기능이나 활동이나 소통의 드러남으로 나타난다. 우리의 개인적인 관점으로는 그런 식의 기능이나 활동이나 소통이 한 사람이 다른 사람을 도와주는 모습으로 비칠 테지만.

우리는 설령 깨달은 상태라 할지라도 자신이 다른 누군가를 돕는 일에 관해서 생각할 때는 그 생각 속에 자아의 징후, 자기중심성의 징후가 내재해 있다는 것을 우리의 논의를 통해서 알 수 있다. 우리가 깨달음에 함축된 여러 가지 의미를 알아차리지 못하는 한, 자아는 교묘한 방식들을 통해서 다시 수면에 떠오를 수 있다. 깨달은 상태에 함축된 의미들 가운데 하나는 누군가를 도와주는 자는 아무도 없다는 것이다. 대승불교의 유명한 경전들 중 하나인《금강경》도 역시 이런 관점을 넌지시 비추고 있다.《금강경》에서는 모든 중생을 해방시켜주겠다고 서원하는 이를 일러 '보살'이라고 한다. 많은 이들이 이런 내용에 친숙할 것이다. 하지만《금강경》의 내용은 그게 다가 아니다. 붓다는 만일 당신이 중생들이 있다고 믿는다면 당신은 보살이 아니라고 이야기하는 데까지 나아간다.

붓다가 도움의 역설을 이해하는 방식이 이것이다. 우리가 깨달은 상태에 함축된 의미들을 알아차릴 때, 아직까지 정화되지 않은 학습된 무지와 타고난 무지, 양자를 기반으로 한 많은 구조들이 드러날 수 있다. "도움"이란 무엇을 의미할까? 붓다는 아주 영리한 이였다. 붓다를 연구하면 할수록 그가 이제까지의 불교 사상가들 중에서 가장 영리한 인물이라는 생각이 더욱더 확연해진다. 왜냐하면 그는 도움에 관해서 아무 말도 하지 않았기 때문이다. 그는 진리를 언급할 때 다른 어떤 이야기도 제공해주지 않았다. 나는 여러분에게 이야기를 제공해주고 있고, 따라서 나는 그리 영리한 인간이 못 된다. 여러분에게 그런 이야기들이 근사치에 불과하다고 말한다면 나는 좀 더 영리한 인간이 될 것이다. 《금강경》은 '보살은 모든 중생을 해방시켜주겠다고 서원한다. 하지만 만일 중생이 있다고 믿는다면 그는 보살이 아니다'라고 이야기한다. 그것은 무슨 뜻인가? 붓다는 더 이상 말하지 않았다. 그는 여러분 스스로가 찾으라고, 자신의 이야기를 찾아내라고, 여러분에게 그걸 맡겨버렸다. 붓다는 지혜롭게도 어떤 형이상학적인 입장도 취하지 않았다. 그는 단지 사람들이 제힘으로 배우고 깨닫는 일에만 관심이 있었다. 그는 사실 철학자가 아니었다.

그러므로 깨달음의 상태는 돕는 직업과 가르치는 직업의 지향성에, 그리고 어떤 종류의 도움에도 이의를 제기한다. 우리가 누군가를 도와야겠다고 느끼는 순간, 우리에게는 그렇게 하려고 나설 만한 온갖 종류의 이유가 있다. 우리가 이런 이유들을 점검해볼 때 미묘한 많은 구조와 망상이 도전을 받고 정화된다. 우리 가운데 일부는 강박적으로 남을 도우러 나서기도 한다. 그런 이들은 돕는 일을 멈출 수 없다. 깨닫기 전에 우리는 사람들에게 좋은 이야기를 해주고, 음식을 해주고, 돈을 주고, 마사지 해주는 등의 일을 하는 것으로 도움을 줬다. 그리고 자각을 이룬 뒤에는 그들을 만나 가르침을 주고 깨달음을 전해주고 싶어 한다. 하지만 그것들은 같은 충동이다. 우리는 여전히 돕고 있고, 또 여전히 쓸모 있는 사람이 되려고 애쓴다. 우리 가운데 상당수는 이렇게 돕는 대상관계에 집착하고 있으며, 이런 것은 우리가 미처 알지 못하는 상태에서 그 이상의 깨달음을 실실석으로 가로막을 수 있다. 그리고 우리가 남을 도와준다는 망상을 꿰뚫어볼 때, 그것은 다른 사람을 도와주는 사람이 존재한다거나 다른 사람을 도와주게끔 동기부여가 된 사람이 존재한다는 기본적인 전제를 흔들어놓는다. 우리는 이미 동기부여라는 것이 실재의 근사치에 불과하다는 사실을 분명히 알고 있었다. 한동안 동기부여는 쓸모 있는 근사치 역할을 하지만, 결국 우리는 그것을 꿰뚫어봐야 한다. 우리는 실재가 자연스럽게 참본성을 드러내주고 있음을, 그렇게 하는 것이 실재의 본성임을 알아야 한다.

다른 사람들과의 관계 속에서 동기부여라는 망상을 살펴보기보다는 자신의 내적인 과정에서 그것을 꿰뚫어보기가 더 쉬울 것이다. "물론, 다른 사람들을 향한 연민과 사랑이 있지. 물론 타인들을 돕는 것은 자연스러운 일이야." 그렇다. 타인들을 향한 연민과 사랑이라는 것들이 있다. 하지만 누구의 연민과 사랑이라는 거지? 그리고 누구를 위한 연민과 사랑이라는 거지? 만일 우리가 타인을 어떻게 해서든 진화하고 있는 살아 있는 참존재 자체로 보지 않는다면, 만일 우리가 타인을 어떤 종류의 사람으로서나 생명체sentient로 본다면, 우리는 미망에 사로잡힌 것이다. 그런 것은 없다. 그러니 우리는 차라리 그런 존재를 근사치라고 말할 수도 있을 것이다. 우리는 참존재가 자신의 참본성과 아울러 타인의 참본성을 알아차리지 못할 때 그것이 스스로를 표현하는 방식의 하나가 바로 그런 것(사람 혹은 생명체)이라고 말할 수도 있을 것이다. 우리가 자각을 이루고 나서는 도움에 어떤 일이 일어날까? 우리는 다른 누군가를 실제로 어떤 식으로 도울까?

우리는 돕는 일이 다른 식으로 일어날 수도 있다는 것을 알게 될 것이다. 우리는 자기중심적인 방식으로 동기부여가 될 수도 있고, 참다운 연민과 사랑에 의해서 동기부여가 될 수도 있고, 어떤 동기부여도 없이 그냥 도울 수도 있다. 우리는 사랑과 연민의 감정에서 나온 것이 아닌 종류의 도움이 있다는 것을 자각할 수도 있다. 여기서 사랑과 연민은 도움을 위한 동기부여가 아니라 도움의 도구들이다. 사랑과 연민은 누군가가 마음을 열고 배우려고 하는 데 필요한 것이어서 생겨난다. 우리가 어떤 상황에서 돕고 있을 때, 우리는 자신이 타인을 위해서 무슨 일인가를 하고 있는 게 아니라는 것을 알게 된다. 우리는 그저 우리가 살아 있다는 것만을 느낄 뿐이다. 삶이 일어나고 있고 실재가 일어나고 있으며, 다른 사람에게 혹은 다른 사람을 위해서 무슨 일인가를 하고 있는 사람 같은 것은 존재하지 않는다. 도움 줌을 중간에서 가로채거나 횡령하는 일 따위는 일어나지 않는다. 그럴 때마다 흔히 엄청난 사랑과 감사와 연민이 일어나지만, 자신이 사랑이나 연민의 마음에서 무슨 일을 하고 있다는 느낌 같은 것은 없다. 그 사랑과 연민은 전체적인 상황의 표현이다. 그저 실재가 두 사람 사이의 변증법으로서 드러나고 있을 뿐이다. 그 변증법이 어떤 형태나 표현으로 나타나든 간에 말이다.

도움의 본질을 조사하는 일은 흥미로운 많은 지각과 새로운 깨달음을 불러일으켜줄 수도 있다. 예컨대 당신은 남을 도움으로써 자신이 실제로는 스스로를 돕고 있다는 것을 알아차릴 수도 있다. 나는 보통의 의미에서 이런 말을 하는 것이 아니다. 우리 가운데 일부는 이렇게 생각하기도 한다. '나는 남을 돕는 일을 통해서 나 자신을 돕고 있어. 왜냐하면 남을 돕는 것은 나를 더 진화하도록 도와주는 선행이니까 말이야.' 그런 것은 남을 돕는 일을 바라보는 사기중심적인 방식임에도 대부분의 사람들은 섬김을 그런 식으로 보고 있다. 하지만 내가, 당신이 남을 도울 경우 스스로를 돕고 있는 것이다, 라고 말하고 있을 때, 나는 앞의 경우와는 다른 얘기를 하고 있는 것이다. 나는 당신이 자신의 개인적인 발전이라는 면에서 스스로를 돕고 있다는 얘기를 하고 있는 게 아니라 당신이 자신을 직접 돕고 있다는 얘기를 하고 있는 것이다. 당신이 남을 도울 때 당신이 도와주고 있는 사람은 문자 그대로 당신이다. 나는 우리가 앞선 장에서 답사해본 비공간적(비국소적) 단일성의 깨달음에 대해서 말하고 있는 중이다. 당신은 타인 속에 있다. 당신은 완전히 타인이다. 당신과 타인은 동시에 도움을 받고 있다. 이것은 여기와 저기 간의, 자기와 타인 간의 분리를 넘어선 깨달음이다. 우리가 이런 수준의 미망을 꿰뚫어볼 때, 우리는 섬김과 도움의 개념이 단지 살아 있는 참존재 자체가 가진 관점의 근사치에 불과하다는 것을 다른 방식으로 알아차린다.

그러므로 자아에 대한 철저한 탐구에는 우리가 대체로 실재의 기초로 여기는 그런 입장들과 구성물들(섬김 같은)에 대한 조사도 포함되어 있다. 물론 섬김과 도움 같은 것들도 존재하긴 한다. 하지만 우리가 분리된 개인들이라는 미묘한 개념에 의문을 제기할 때는 도움의 개념을 포함해서 자기와 타인 간의 온갖 종류의 관계에 대해 반드시 의문을 제기하게 될 것이다. 하지만 전체성의 관점은 다양한 종류의 관계들과 아울러 분리된 개인들이 존재하지 않는다고 말하지 않는다. 전체성의 관점은 그저 다양한 관점들 간의 관계를 인정하고 이해하고 있을 뿐이다. 그런 관점은 분리된 개인이 존재하지 않는 비이원적 관점과 아울러 분리된 개인들이 존재하는 이원적 견해를 모두 인정하고 있다. 붓다는 보살에 관한 진술에서, 이원적 관점과 비이원적 관점 모두를 사용하고 있다. 보살은 모든 중생을 해방시켜주겠다고 서원한 사람이라고 말할 때 붓다는 이원적 관점을 사용하고 있다. 만일 당신이 중생이 있다고 믿는다면 당신은 보살이 아니라고 말할 때는 비이원적 관점을 사용하고 있다.

우리의 깨달음에 대한 깊은 이해는 우리를 엄청난 고통과 혼란과 근심에서 해방시킬 수 있을 뿐만 아니라 타인도 역시 우리에게서 해방시킬 수 있다. 도움으로 통용되는 것들의 상당수가 이기적인 것들이기 때문이다. 그렇다고 해서 좋은 도움이 전혀 없다는 얘기를 하고 있는 게 아니다. 많은 선한 도움이, 참된 동기에 의해서 이루어지는 도움들이 있다. 우리가 실재를 있는 그대로 정확하게 보면 볼수록, 도움은 더욱더 객관적인 것이 되어간다. 더욱더 적절한 것이 되어가고, 특정한 어떤 기관의 자각과 성숙을 더욱더 거들어주는 것이 되어간다. 일부 사람들이, 깨닫기 위해서 노력하는 일은 우주를 진화시키고 있는 신을 도와주는 일이 된다고 말하는 건 바로 이 때문이다. 이런 말은 우리의 역할과 실재의 역할 간의 역학을 파악하려는 시도의 또 다른 근사치다. 그런데 누가 신을 돕고 있다는 거지? 만일 모세가 이 자리에 있다면 이렇게 말할지도 모른다. "당신은 신이 우주를 발전시키는 것을 돕는 길에 나서고 있다. 한데 만일 자신이 신을 도울 수 있는 사람이라고 믿고 있다면, 당신은 참된 신자가 아니다."

우리는 깨달음이 미망의 끝을 뜻하는 것이 아님을, 사실 깨달음은 미망에 끝이 있다는 믿음에 아무 흥미가 없다는 것을 알고 있다. 진정한 깨달음은 미망, 무지, 미혹이 힝싱 실재의 일부요 삼재력임을 인정해준다. 깨닫는다는 것은 우리가 모든 것을 다 알고 있다는 것을 뜻하지 않는다. 깨닫는다는 것은 그 이상의 깨달음이 없다는 것을 뜻하지 않는다. 실재의 활력은 늘 더 미묘하고 교묘해지는 망상들을 드러냄으로써 그 이상의 깨달음을 실현한다. 머무르지 않는 깨달음은 자신의 신비들을 그 이상의 깨달음의 가능성들로 보고 있는 실재의 마법이다. 전체성의 관점은 모든 것을 아우르고 어떤 것도 배제하지 않는다. 심지어는 미망과 무지조차도.

part

3

VIEWS OF FREEDOM

자유의 관점들

Steps to Nowhere

14장

어디에도 없는 곳에 발을 내딛기

우리가 하고 있는 작업, 곧 다이아몬드 어프로치는 살아 있는 가르침이다. 살아 있는 가르침의 일반적인 사고방식은 그것이 책 속에만 존재하는 것이 아님을 아는 것이다. 그것은 사실 사람들 속에서 살고 있다. 그것은 살아 있는 대표자representative(사람)들을 갖고 있다. 어떤 가르침이 그런 식으로 구현될 때 우리는 그것을 살아 있는 가르침으로 여긴다. 하지만 이런 가르침이 살아 있는 가르침이 되는 또 다른 방식이 있다. 다이아몬드 어프로치의 한 가지 중요한 특징은 그것이 하나의 가르침으로서 문자 그대로 생생하게 살아 있다는 점이다. 다이아몬드 어프로치는 그것이 인간 대표자들 속에 구현되어 있다는 의미에서뿐만 아니라 그 가르침 자체가 생생하다는 의미에서도 살아 있다. 그것은 자체의 생명을 갖고 있으며, 성장하고 발달하고 있다. 이런 사실의 한 가지 측면은 그 가르침이 발달한 방식과 관련이 있다. 그 발달 경로는 누군가가 깨달음을 경험하고 나서 그 경험을 자세히 서술하고, 다른 사람들도 내가 경험한 것을 경험하게 해줄 수 있는 여러 가지 방법을 찾으려고 애쓰는 식과는 달랐다. 세상의 많은 가르침들은 그런 식으로 생겨났다. 하지만 이 가르침은 그런 식으로 생겨난 것이 아니다. 이런 점은 사실, 이 작업과 무관한 이들에게는 일종의 미스터리다. 나는 지금 내가 깨닫지 못했다는 얘기를 하고 있는 것이 아니다. 나는 많은 깨달음을 경험해왔다. 사실, 그런 점은 이 가르침이 다른 가르침들과 다른 점의 일부다. 하나의 큰 깨달음의 경험만 있었던 것이 아니라, 많은 큰 깨달음의 경험이 줄곧 있어왔다.

이 가르침이 가진 생생함의 전형적인 특징은, 깨달음과 자각의 지속적인 흐름이 계속해서 성장하고 깊어지고 확장되며, 실재를 경험하는 더 깊은 방식들로 활짝 열린다는 점이다. 사실, 모든 생명의 한 가지 특징이기도 한, 이 가르침의 살아 있는 본성의 또 한 가지 흥미로운 특징은, 새로운 경험 방식을 발견했다고 해서 옛 경험 방식을 몰아내지 않는다는 점이다. 살아 있다는 것은 한 가지 것에서 다음 것으로의 진화를 뜻한다. 삶은 앞선 것으로부터 진화하고, 항상 더 완전하게 드러난다. 삶은 전보다 더 많은 능력과 더한 풍요로움과 다양성을 발달시키고, 그것이 스스로를 드러내는 방식에서 더 많은 창조성을 발달시킨다.

그 가르침의 진화하는 생생한 본성은 그 가르침이 제시되는 지향성과 관점에서 뚜렷하게 드러난다. 우리가 하나의 학교school로서 함께 만날 때마다 우리가 조사한 모든 것은 새로운 관점을 통해서 제시된다. 우리가 그 가르침을 배워 익혔을 때 그것에 대한 이해는 그저 더욱 더 열리기만 할 뿐이다. 그 가르침에 대한 이해는 변하는 것이 아니라 확장된다. 삶 자체와 마찬가지로 그 가르침은 스스로를 기반으로 하고 있고, 살아가면서 한 형태에서 다른 형태로 진화해나간다.

실재는 생생한 것이기에 나는 실재를 살아 있는 참존재로 언급해왔다. 이 생기발랄함은 늘 진화하고 있다. 실재가 언젠가 최종적으로 드러내게 될 비밀을 갖고 있어서 그런 것은 아니다. 앞으로 2년쯤 뒤 내가 지금 얘기하고 있는 것과는 아주 다른 어떤 얘기를 담은 책을 쓴다고 해도 당신은 전혀 놀랄 필요가 없다. 이것은 당신의 삶에서 일어나는 일과 비슷하다. 지금으로부터 2년쯤 흐른 뒤 당신은 자신이 지금 하고 있는 행동과 생각과 말을 다시 반복하고 싶어 하지 않을 것이다. 만일 당신이 계속해서 진화하지 않는다면, 생생함에 대한 당신의 감각은 퇴화하고 말 것이다.

여기서 우리는 실재의 건축 재료들을 제시하고 있다. 이 가르침이 그 재료들을 보는 방식을 통해서. 그 재료들을 보는 다른 방식들이 있지만, 이 가르침은 참본성의 여러 측면과 차원, 참본성의 지혜를 전해주는 탈것들이 포함된 하나의 특정한 로고스 안에서 그것들을 보고 있다. 시간이 지나면서 이 로고스는 당신의 내면에서 실재에 관한 답은 제시해주지 않고 그것에 관한 여러 의문만 불러일으킬 수도 있다. 그런 과정은 다이아몬드 어프로치의 진화를 추동해주는 것의 일부다. 나도 종종 같은 의문들을 품곤 하니까. 그것들은 자연스러운 의문이며, 실재의 살아 있는 본성을 드러내주기 위한 기폭제다. 자기 자신과 실재에 대한 당신의 이해가 깊어질 때도 의문들은 항상 남아 있다.

예컨대, 우리는 실재의 참본성에 관해 이야기하고 있다. 우리 각자가, 영혼이, 모든 것이 참본성을 갖고 있다는 말을 하고 있다. 만일 우리가 실재의 참본성을 발견한다면, 실재를 더 완전한 방식으로 이해하게 되리라는 것을 우리는 알고 있다. 그런데 그것은 자연스럽게 한 가지 의문을 불러일으킨다. 만일 참본성이 어디에나 있다면, 참본성이 비공간적인 것이고 모든 것에 두루 존재하고 참으로 모든 것을 구성하고 있는 것이라면, 우리는 참본성이 나타나지 않거나 분명히 드러나 있지 않을 때 실재 속에서의 온갖 경험을 무엇이라고 생각할까? 내가 전체적인 참존재나 실재라는 개념을 사용하는 한 가지 이유가 바로 그것이다. 내가 보기에 "실재"라는 말에는 모든 사람이 알고 있는 실재의 통상적인 모든 의미가 다 포함되어 있으니까. 실재는 모든 것이고, 전체적인 참존재다. 실재는 일반적인 경험, 각성 상태에서의 경험, 깨달은 상태에서의 경험을 두루 포함하고, 경험을 전혀 동반하지 않은 실재까지도 포함하고 있다. 생명이 존재하기 전의 실재는 어떤 것이었을까? 이 지상에서 생명이 진화하기 전에 실재는 어떠했을까?

그것은 이원적인 것이었을까 아니면 비이원적인 것이었을까? 이원적이라거나 비이원적이라거나 하는 것들은 인간이 만들어낸 개념들이다. 실재는 그런 것들과 무관하다. 따라서 인간이 만들어낸 개념들이 없는 실재란 무엇일까? 이런 의문들이 우리가 이 로고스와 연관되어 있는 동안에 일어날 수 있다. 그리고 우리는 그런 질문에 대한 답을 발견하는 일이 실제로 가능하다는 사실을 알게 된다.

이 가르침의 생생함과 관련해서 흥미로운 점은 각 걸음, 각각의 새로운 단계가 앞선 단계들을 포함하면서 더 많은 것들을 드러내준다는 점이다. 내가 알고 있는 한, 여러 측면과 차원과 탈것의 관점에서의 깨달음들과 중요한 경험들이 이 가르침이 진화한다고 해서 굳이 변할 필요가 없다는 점이다. 그것들은 그저 더 확장되고, 더 깊은 의미를 갖게 되거나 다른 통찰들을 가져다준다. 그것들은 더 정제된 것들이 되고, 실재를 경험하는 다른 방식들에 더 열려 있는 것들이 된다. 우리는 의식을 통해서 실재를 알 수 있고, 실재를 그 전체성 속에서 더 완전하게 구현할 수 있는 존재들이다. 하지만 우리는 또 실재이기도 하다. 우리는 실재의 표현들이다. 깊은 의미에서 볼 때, 실재의 표현들은 실재의 드러남일 뿐만 아니라 실재 자체이기도 하다.

우리의 작업에서 우리는 실재의 다양한 측면과 그런 측면들의 주요 문제들에 관해서 공부하는 것이 중요하다. 우리는 실재의 다양한 차원에 관해서 공부하고 그것들을 깨닫는 것이 중요하다. 우리가 자신이 경험하는 것이 될 수 있으려면, 그렇게 함으로써 자신이 경험하고 있는 특성과 차원 속에 머물 수 있으려면, 깨달음이 어떤 것인지 알아야 하고 그것에 관한 경험을 직접 해보고 맛을 봐야 한다. 그런 경험은 우리가 경험하고 있는 현존이나 자각이나 비어 있음에 해당하는, 우리가 사마디 경험이라고 부르는 것일 수도 있다. 나는 개인으로서의 당신이 그런 경험이 된다는 것이 아니라 당신의 자각이나 당신의 존재성이 개인에서 그런 경험으로 전환된다는 얘기를 하고 있는 것이다. 그런 것이 곧 깨달음의 경험이다. 그리고 우리가 깨달음을 경험해보는 것이, 우리 작업의 다양한 측면과 차원 속에서 그런 경험을 해보는 것이, 중요하다.

우리 작업에서의 각각의 무한한 차원들은 우리에게 나타나 실재와 경험에 관한 어떤 점을 가르쳐준다. 우리는 실재가 참본성을 갖고 있다는 것을 배운다. 우리는 우리 가르침에서 참본성의 개념을 오랫동안 사용해왔으며, 이제 나는 전체적인 참존재를 소개하고 있다. 한데 전체적인 참존재는 겹쳐지는 개념이다. 다른 것과 완전히 동일시되는 개념은 아니지만. 아무튼 나는 그것을 고의적으로 모호한 상태로 남겨두고 있다. 참본성은 늘 완전한 순수함과 자유다. 만일 우리가 그저 "모든 것은 항상 참본성이야"라고만 한다면, 그것은 대부분의 사람들이 사물이나 현상을 그런 식으로 경험하지 않는다는 사실을 설명해주지 못한다. 우리는 그런 사실을 "사람들이 참본성을 자각하지 못하기 때문에 그래"라는 식으로 설명할 수도 있다. 그러나 실재나 참본성을 이해하고 나서 우리는 사람들이 사실은 우리가 생각하는 식대로 존재하고 있지 않다는 점을 깨닫게 된다. 그러므로 우리가 "그 사람들은 참본성을 이해하지 못해"라고 말할 때, 우리는 그것을 이해하지 못하는 책임이 그들에게 있다고 믿고 있는 것이다. 하지만 그런 식으로 누군가가 참본성을 이해하지 못한다고 비난할 때, 우리는 그들에게 전체적인 참존재와 별개인 독자적인 존재성을 부여해주는 셈이 된다. 그들은 그런 존재성을 갖고 있지 않다. 이 세상 그 누구도 그런 걸 갖고 있지 않다. 그러므로 사실, 무지한 자는 그런 개인들이 아니라 전체적인 참존재다. 개인은 전체적인 참존재의 드러남이므로 제힘으로 어떤 것도 하지 못한다. 따라서 우리는 그 누구도 결점을 갖고 있다고 해서 비난할 수 없다.

그와 동시에, 그런 상황을 알아차리고, 이해하고, 실재와 조화를 이루기 위해 최선을 다하는 것이 좋다. 우리가 이렇게 하는 것은 그것이 도덕적인 일이기 때문에서가 아니라 실질적인 일이기 때문이다. 그렇다고 해서 우리가 독자적인 존재성을 갖고 있고, 그 덕에 이런저런 일을 하기로 결정할 수 있다는 말을 하는 건 아니다. 그런 상황은 그냥 존재할 뿐이다. 우리가 실재를 이해하는 일에 참으로 전념하고 있다면, 그것은 살아 있는 참존재가 우리 각자의 자리에서 깨어나고 있다는 것을 뜻한다. 우리가 이 가르침의 여러 측면과 차원과 탈것(그 각각의 것은 경험, 마음, 가슴, 실재 그리고 현상과 사물이 일어나는 방식에 대해 정확하고도 세밀한 이해를 가져다준다)을 깨닫는 일을 하고 있을 때, 우리는 깨달음으로 가는 길을 가로막는 장애와 모호함을 알아차리는 것이 필요함을 알게 된다. 우리는 흔히 이런 작업을 일러 "문제issue들을 다루는 작업(이슈 다루기 작업)"이라고 표현한다.

이런 문제들은 자기 이미지와 대상관계들일 수가 있다. 그것들은 에고 구조들, 어린 영혼, 혹은 동물적 영혼일 수가 있다. 문제(이슈)들에는 온갖 종류의 구조적이고 정신 역학적인 패턴들이, 우리 자신의 개인사의 다양한 투쟁과 조건화가 포함된다. 이런 장애들에는, 우리가 생애의 전환기를 맞이할 때 충분히 성숙하거나 진화하지 못해서 여러 가지 어려움을 적절히 처리할 수 없는 사례를 경험하는 실존적인 딜레마들도 포함되어 있다. 그리고 결국 인지적이고 인식론적인 문제들이 생겨나며, 그렇게 해서 우리는 구상화와 개념화가 우리 경험에 영향을 미치는 방식들을 알기 시작한다.

우리가 전체적인 참존재의 자각을 통해서 얻는 이해는 다양한 비이원성(실재의 하나됨 혹은 참존재의 단일성)의 경험을 강조하는 신비주의의 일반적이고 고전적인 모델과는 좀 다르다. 전체성의 관점과 전체적인 참존재의 이해를 갖고서 작업할 때 우리는 실재가 비이원성의 경험들을 포함하고 있고, 그것들의 위치를 알고 있고, 그것들 너머로 확장된다는 것을 알게 된다. 전체성의 관점은 이런 경험들이 실재로 하여금 자신이 원하는 방식으로 스스로를 자유로이 드러내도록 하기 위해 실재를 열어주는 여러 방식, 위치, 상태, 걸음step(단계)임을 드러내준다. 특히 어디에도 없는 곳nowhere으로의 이런 걸음들을 따라가는 것은 참존재가 그저 자연발생적으로 진화할 수 있도록 하기 위해 참존재의 활력을 열어준다. 이런 상태들을 경험할 수 없고 깨달을 수 없다는 것은 우리가 참존재의 자유, 다시 말해 결국은 우리의 자유인 것을 속박하는 문제들을 안고 있다는 것을 뜻하며, 그런 문제들로는 각종 장애, 망상, 동일시, 고정된 관점과 태도, 구조, 이미지, 대상관계 등이 있다.

이 때문에 우리가 하는 작업은 어떤 의미에서 두 가지 측면을 갖고 있다. 한 측면은 참본성이 나타나는 다양한 방식들에서 참본성을 발견하는 일이며, 거기에는 경험이 일어나는 방식의 법칙과 마음이나 의식의 법칙을 발견하는 일도 포함된다. 우리 작업의 다른 측면은 구조와 문제들을 대상으로 작업하는 방식을 알고, 알아차리고, 배워 익히는 것이다. 우리가 이런 속박들로부터 해방될 때 스스로의 가능성과 잠재력을 계속해서 드러낼 수 있는 실재의 자유는 확장된다. 실재의 이 역동적인 드러남과 진화는 바로 우리의 드러남과 진화다. 따라서 참본성을 깨닫는 과정과, 망상과 구조와 문제점들로부터 해방되는 과정은 함께 간다. 그것들은 따로 동떨어진 두 과정이 아니다.

우리가 가는 길에서 우리는 우리의 경험을 억압하고 정형화하며, 궁극적으로 자신의 삶에서 누릴 수 있는 자유를 제한하는 많은 종류의 구조와 망상과 인상impression과 만난다. 우리 작업에서 제일 먼저 나타나는 구조는 우리가 "표상적representational" 구조라고 부르는 것이다. 예컨대 슈퍼에고, 자기 이미지, 대상관계들은 하나같이 표상, 즉 마

우리가 하는 작업은 어떤 의미에서 두 가지 측면을 갖고 있다.

한 측면은 참본성이 나타나는 다양한 방식들에서

참본성을 발견하는 일이며, 거기에는 경험이 일어나는

방식의 법칙과 마음이나 의식의 법칙을 발견하는 일도 포함된다.

우리 작업의 다른 측면은 구조와 문제들을 대상으로

작업하는 방식을 알고, 알아차리고, 배워 익히는 것이다.

우리가 이런 속박들로부터 해방될 때 스스로의 가능성과

잠재력을 계속해서 드러낼 수 있는 실재의 자유는 확장된다.

실재의 이 역동적인 드러남과 진화는

바로 우리의 드러남과 진화다. 따라서 참본성을 깨닫는 과정과,

망상과 구조와 문제점들로부터 해방되는 과정은 함께 간다.

그것들은 따로 동떨어진 두 과정이 아니다.

음이 조합해내는 모델이나 구조들을 포함하고 있다. 표상적 구조에 대한 조사 작업을 하려면 어느 시점에 이르러 그것들이 구성물들이요, 동일시의 구조, 혹은 개인이라는 감각, 혹은 특정한 개인이라는 감각을 빚어내기 위해 교직된 기억들이라는 것을 알아차려야 한다. 이것은 내면 탐구의 첫 단계들에서 우리가 탐구하는 표상적 구조들이 어느 정도의 인식 발달을 필요로 한다는 것을 뜻한다. 보통 이런 구조들은 우리가 두세 살 무렵, 우리 마음이 표현할 수 있을 만큼 발달했을 때 응집되기 시작한다. 그것은 우리가 인상을 갖고 있을 수 있고, 그런 인상의 이미지나 기억을 만들어낼 수 있다는 것을 뜻한다. 그 시점에서 우리는 즉각적인 경험으로만 한정되는 대신에, 그런 경험의 정신적 표상을 형성할 수도 있다. 이때 경험의 정신적 표상은 떠올려낼 수 있는 경험의 기억이나 인상을 뜻한다.

그러나 우리가 잘 알고 있다시피, 우리의 경험과 그런 경험의 조건화는 우리 마음이 우리가 경험을 표현할 수 있을 만큼 발달되었을 때 시작되지 않는다. 경험과 그것의 인상들은 그보다 훨씬 더 전에 시작된다. 그것들은 사실 우리 삶의 첫 단계에서 시작된다. 우리는 태어나는 순간부터 자신에게 영향을 미치고 구조들을 빚어내는 여러 가지 경험을 한다. 심지어는 그에 앞서, 자궁 속에 있을 때부터 자신의 의식에 여러 가지 인상을 남기는 온갖 경험을 한다.

우리의 통상적인 자기 이미지들과 대상관계들에 해당하는 중심적인 에고 구조를 조사해보면 그것들이 실재가 결여된 빈 것들임을 발견하게 된다. 그것들은 우리의 정체성을 떠받쳐줄 수 있는 능력을 잃고 만다. 그러므로 우리가 표상적이고 인식적인 이런 피상적인 구조들을 꿰뚫어볼 때, 우리는 대체로 자아 감각을 그대로 유지하기 위해 더 깊은 구조들로 되돌아간다. 우리는 덜 구성되고 더 무정형적인, 덜 명확한 구조들과 맞닥뜨리기 시작한다. 표상적 구조들에서와는 달리 이 원시적 구조들에서는 영혼의 생생한 현존이 더 또렷해진다. 이 구조들은 인식적 구조들보다 덜 딱딱하며, 더 부분적이고, 더 기본적이고, 유동적이다. 이 원시적 구조들을 조사해볼 때, 우리는 억눌려 있었거나 중심적 에고로부터 분리되었던 요소들을 경험하기 시작한다. 우리 작업의 이 단계에서 우리의 본능적인 영혼(리비도 영혼, 그 동물적 공격성과 쾌락에 대한 갈망)이 드러난다. 이것은 갖가지 충동과 본능의 영역이며, 이 영역은 인식적 표상 단계보다 발달의 초기 단계에 해당된다.

에고의 다양한 구조들은 다음의 두 가지 경로로 발달한다. 즉각적인 경험의 인상들에 의해서 직접적으로, 그리고 표상들을 통해서 간접적으로. 표상적 구조들은 주로 정신적 이미지들과 축적된 연상 association을 통해서 형성된다. 동물적 영혼과 본능적 영혼의 구조들은 구성이 덜 된 것들로, 직접적인 인상과 간접적인 표상의 혼합체다. 그러나 그보다 더 이른 시기에 형성되고 더 원시적인 영혼의 경험들이 있다. 이것들은 영혼의 장the field of the soul에서 직접적인 경험들의 각인들로만 이루어진, 인식적 발달 이전에 형성되는 구조들이다. 자궁벽뿐만 아니라 엄마의 의식 및 그 생존 환경과 늘 부딪치면서 떠도는 자궁 속의 태아를 생각해보라. 그런 경험들은 그 영혼이 두세 살 때보다 참으로 더 예민한 시기에 일어난다. 생명 상태에서의 시기가 더 이르면 이를수록 영혼은 더욱더 날것인 상태로 존재하며, 그것은 영혼이 인상들에 더 민감하다는 것을 뜻한다. 우리의 의식과 영혼을 조직하기 시작하는 아주 초기의 이런 인상들은 평생토록 지속되는 영향을 미칠 것이다. 이 원초적 구조들은 훗날의 본능적 구조와 표상적 구조가 세워지는 바탕이 된다. 그러므로 설령 우리가 자기 이미지와 대상관계, 구상화와 개념화, 우리가 자신의 어린 시절과 관련해서 기억하고 있는 모든 것들을 다 포괄해서 작업한다 할지라도, 에고와 자아와 정체성의 구조들을 대상으로 한 우리의 작업은 끝나지 않는다. 그 이전의 원시적인 구조들은 지속되며, 보통 이 시점에서 드러나기 시작한다.

나는 직접적인 인상들로만 구성되는, 가장 초기의 이런 영혼 구조를 전 인식적precognitive 구조 혹은 전 개념적 구조라고 부른다. 심리학자들은 그것을 언어발달 이전preverbal 구조라고 부르지만, 나는 그걸 전 인식적 구조로 보는 게 더 정확하다고 생각한다. 우리는 우리가 할 수 있는 가장 깊이 있는 작업이 구상화하고 개념화하는 마음의 성향을 파악하는 것이라고 믿는 경향이 있기 때문에, 이런 전 인식적 구조들을 쉽게 간과하고 넘어갈 수도 있다.

마음은 경험을 개념화하고, 그 개념화를 구상화함으로써 경험을 조직화하며, 그런 조직화는 우리 의식의 무겁고 둔중한 부분을 빚어내 자연발생적으로 나타날 수밖에 없는 우리의 자유를 가로막는 장애로서 지속된다. 이어서 실재는 그렇게 좁은 통로를 통해서 흐르게 된다. 그리고 그런 구조들 주위를 맴돌거나, 속박되고 왜곡되고 제한된 방식으로 드러날 수밖에 없게 된다. 그러나 표상과 구상화와 개념화에 관한 이런 종류의 작업은 사실 전 인식적 구조를 다루지 않는다. 왜냐하면 전 인식적 구조는 마음이 빚어낸 구조가 아니고, 개념의 구조도 아니고, 구상화에 기반을 둔 구조도 아니기 때문이다. 당신은 자신이 원하는 만큼 구상화를 피할 수 있고 개념화하는 일을 멈출 수도 있다. 하지만 당신은 여전히 자신의 원시적 구조들에 따라 움직일 것이다. 이것은 그런 구조들이 당신이 개념화할 수 있기 전에, 구상화할 수 있기 전에 형성되었기 때문이다. 구상화와 개념화를 꿰뚫어보는 것 등을 통해서 정신적인 구조들을 해체하는 방식은 이 원시적인 전 인식적 구조들의 경우에는 아무 효과가 없다.

내가 이야기하고 있는 모든 구조, 곧 표상적 구조와 본능적 구조와 전 인식적 구조는 우리가 자아, 에고 자아라고 부르는 하나의 드러남으로 구체화되려는 경향이 있다. 우리가 그것들을 에고 구조들이라고 부르는 것은 바로 이 때문이다. 그것들은 자아의 명시적 구조들이 되거나 자아 감각을 떠받쳐주는 구조들이 되기 때문이다. 동일시, 고착, 애착이 존재하는 순간, 우리의 경험에서 그런 움직임은 자아로서 나타난다. 동일시나 애착은 인위적인 어떤 것(어떤 종류의 폐색, 매듭, 중심, 불투명함 같은 것)이 조성되는 자리를 만들어내며, 그것은 다시 우리가 자아라고 부르는 작용의 중심이 된다. 물론, 자아는 다른 많은 기능을 갖고 있고, 그것이 드러나는 다른 많은 이유도 역시 갖고 있다. 하지만 아무튼 에고 자아의 건축 재료들이 되어주는 것은 항상 이렇게 다양한 종류의 구조다.

우리가 개념적 구조나 표상적 구조처럼 더 진화된 구조들을 꿰뚫어 볼 때, 자아는 용해되거나 사라지는 것처럼 보인다. 얼마 동안 자아는 존재하지 않는다. 하지만 우리의 의식이 그 이전 시기, 곧 우리가 자아라고 부를 수 있는 것을 규정해줬던 구조들이 여전히 존재하던 시기로 되돌아가기 때문에 자아는 더 원시적인 형태들로 되돌아온다. 우리가 표상적 구조들을 꿰뚫어볼 때는 원시적인 본능적 구조들이 생겨나고, 우리가 다시 본능적 구조들을 꿰뚫어보면 전 인식적 구조들이 생겨난다. 우리가 미처 알지 못했던 그 이전의 구조들이 존재하기 때문에 자아 감각은 거듭 되풀이해서 돌아온다. 다시 나타나려는 자아의 성향은 아주 강력하고 본능적이다. 자아는 그 존재를 유지하기 위해 계속해서 이전 시기로 되돌아가고, 이전의 구조들로 회귀한다.

이 모든 다른 종류의 구조들은 서로 뒤얽혀 있고, 복잡한 방식으로 나타날 수 있다. 우리 가운데 일부는, 원시적이고 전 개념적인 구조들이 우리가 자신의 표상적 구조들을 꿰뚫어보기도 전에 나타날 수도 있다. 또 다른 사람들은 그들의 전반적인 에고 구조가 어떤 식으로 발달했느냐에 따라서 작업 초기부터 이런 원시적인 구조들을 지배적인 것들로 경험할 수 있다. 그리고 이런 전 개념적 구조들은 우리 삶이 처한 상황 때문에 나타날 수도 있다. 살아가면서 받는 엄청난 스트레스와 압박감은 우리의 경험을 통제하고 우리의 자아 감각과 실재에 대한 우리의 인식을 정형화하는 원시적 구조들을 불러일으킬 수 있다. 이 원시적인 전 개념적 구조들의 지배를 받는 데서 오는 한 가지 결과는 우리 경험이 무정형적이고 모호하고 이해하기 어려운 것이 되는 경향이 있다는 점이다.

표상적 구조들은 더 조직화되어 있기 때문에 이해하기가 더 쉽다. 그 구조들은 개념과 구상화가 원시적 인상보다 더 선연하게 구획되어 있어서 더 분명한 윤곽과 경계를 갖고 있다. 표상적 구조들을 대상으로 작업할 때, 우리는 자신의 역사를 통해서 사건을 떠올려낸다. 우리는 사건에 관한 말과 개념과 스토리를 연결시킬 수 있다. 우리는 자신과 타인들의 이미지들을 본다. 우리는 분명하고 특정한 정서적 반응을 느낀다. 원시적인 본능적 구조들조차도 어느 정도의 윤곽을 갖고 있다. 우리는 자신을 다른 종류의 동물 형상 혹은 부분적 구조 혹은 무정형의 덩어리blob로 경험할 수 있다. 우리는 공격성의 힘이나 리비도(성적 충동)를 경험할 수 있다. 이 모든 세부적인 구조들은 우리 경험을 규정하고 조식화한다. 이것들은 오늘날 우리가 "서사적 자아narrative self"라고 부르는 것을 위한 건축 재료들이 되어주는 구조들이다.

그 반면, 전 인식적 혹은 전 개념적 구조들은 거의 어떤 윤곽도 갖고 있지 않기에 서사적 자아 속에 포함될 수 없다. 우리가 그런 구조를 경험하고 있을 때는 말도, 지적 개념도, 자기 이미지도 갖고 있지 않다. 전 개념적 구조들은 우리 마음이 빚어낸 것이 아니기 때문에 분명한 윤곽을 갖고 있지 않거나 규정되어 있지 않고, 다른 종류의 구조들처럼 분명하지도 않다. 원시적 구조가 나타날 때의 경험은 앞서의 구조들이 나타날 때의 경험과는 다르다. 우리는 종종 어떤 일이 벌어지고 있는지 알지 못한다. 우리는 그저 약간 이상하게 행동하고 있는 것 같기만 하다. 원시적 구조가 덮쳐왔는데 상당한 시간 동안 우리가 그것을 미처 알아차리지 못할 경우, 우리가 이상하게 행동하고 있다는 것을 먼저 알아차리는 쪽은 대체로 다른 사람들이다.

그러나 만일 현존 감각이, 깨달음을 통한 자각이 존재한다면, 그런 전 인식적 구조가 나타나기 시작할 때 우리는 그것이 우리 의식의 명료함을 덮어 가리고, 우리 경험의 흐릿함을 빚어낸다는 것을 알아차릴 수 있다. 우리의 경험은 더 모호하고 무정형적인 것이 된다. 그리고 우리는 그런 구조를 경험하고 무엇인가가 잘못되었다는 것을 알아차리

※

우리가 표상적 구조들을 꿰뚫어볼 때는

원시적인 본능적 구조들이 생겨나고,

우리가 다시 본능적 구조들을 꿰뚫어보면

전 인식적 구조들이 생겨난다.

우리가 미처 알지 못했던 그 이전의 구조들이 존재하기 때문에

자아 감각은 거듭 되풀이해서 돌아온다.

다시 나타나려는 자아의 성향은 아주 강력하고 본능적이다.

자아는 그 존재를 유지하기 위해 계속해서

이전 시기로 되돌아가고, 이전의 구조들로 회귀한다.

는 정도에까지 이를 수도 있다. 원시적인 구조가 주로 나타나는 방식은 신체 경련과 같은 방식이다. 그것은 꼭 우리 몸이 어떤 종류의 뻣뻣함, 뒤틀림이나 비틀어짐, 뻑뻑함, 혹은 식별하기 어려운 어떤 종류의 패턴을 갖고 있는 것만 같다. 원시적인 구조의 그런 경험에서 영혼과 몸은 어느 의미에서 완전히 분화되어 있지 않다.

그보다 더 늦게 생겨난 구조들은 그것들이 나타나고 당신이 그것들을 이해할 때, 그것들이 사실은 몸body이 아니라는 것을 알아차리기가 훨씬 더 쉽다. 당신은 그것을 정신적인 것으로 경험할 수 있다. 그런 구조는 정신적인 특성을 갖고 있으며, 당신이 그것을 꿰뚫어볼 때 그것은 빈 것이 되고 생각처럼 덧없는 것이 되어 사라진다. 전 인식적 구조는 생각의 구조가 아니기 때문에 그런 식으로 작동하지 않는다. 그것은 개념 구조가 아니다. 그것은 표상 구조가 아니다. 그것은 영혼의 직접적인 인상이다. 그 영혼은 뻑뻑해지고 어떤 식으로 해서인가 닫힌다. 이런 구조가 나타날 때 그 구조가 만들어진 방식을 반영해주는 패턴으로 불명료함이 드러난다. 그것은 자궁으로부터 받은 초창기 인상이었을까? 아니면 출생 후에 일어난 일종의 무관심에서 비롯된 것이었을까? 아니면 수유 과정이나 음식물 섭취 과정의 교란에서 온 것일까? 이런 종류들의 경험 가운데 어떤 것이 영혼의 한 패턴을 만들어낼 수 있다. 의식 그 자체는 어느 시점에 이르러 우리 경험에 영향을 미치는 구조로서 나타날 수 있는 방식으로 형성되고 집적되고 각인된다. 이런 뻑뻑함은 마음의 내용물들로 구성된 것이 아니기에 마음이 이 뻑뻑한 상태를 꿰뚫어보고 이해하기는 아주 어렵다.

우리가 보통 표상적 구조들을 대상으로 작업하는 방식은 그런 구조들에 대한 우리 경험을 식별해내는 것이다. 우리가 그런 구조들의 내용과 역사를 더 선명하게 알면 알수록 그 구조들은 더욱더 쉽게 녹아버린다. 우리는 자신이 개념화할 수 있는 것들을 식별해낼 수 있다. 다시 말해, 우리가 식별해내는 것들은 우리가 그 전까지 미처 알아차리지 못한 개념들인 경우가 많다. 그러므로 예컨대, 우리가 어떤 결핍의 구조를 경험할 때 우리는 가치 없고 마음에 들지 않는 것으로 느낄 수도 있다. 하지만 가치 없다는 느낌은 명확한 개념적 경험이다. 여러분 가운데 일부는 이런 경험이 개념적인 것이라고 생각하지 않을 수도 있지만, 그것은 개념적인 것이다. 그것은 당신이 어떤 가치 개념이나 그것과 정반대되는 가치 개념을 갖고 있다는 것을 뜻한다. 그것은 당신이 가치 측정 가능성에 관한 어떤 개념을 갖고 있다는 것을 의미한다. 그것은 당신이 어떤 종류의 자아 개념, 곧 어떤 식으로 측정될 수 있는 가치라고 하는 어떤 것을 가질 수 있는 자아 개념을 갖고 있다는 것을 말해준다. 이 모든 것은 그것들이 다양한 개념을 기반으로 두고 있기 때문에 식별될 수 있는 것들이다.

그러나 전 인식적 구조들은 전혀 개념적이지 않다. 당신이 알고 있는 것이라고는 그저 자신이 무정형적인 어떤 것을 느낀다거나, 자신의 기능이나 작용에 약간의 이상이 생겼다고 느낀다는 점뿐이다. 당신은 균형이 상실되었다는 것을 알아차린다. 당신은 항상성恒常性[44]이 변했다는 것을 알아차린다. 그리고 당신의 이런 느낌은 얼마 동안 지속될 수 있다. 하지만 당신이 그런 점에 관해서 생각하기 시작한다 해도 별

---

[44] 생물체가 내부 환경을 최적화 상태로 유지하는 자율적인 조절 작용.

다른 일이 일어나지 않는다. 그러므로 통상적인 마음의 생각하는 힘과 식별하는 힘으로서는 이 전 인식적 구조들에 대한 이해에 다가갈 수 없다. 당신은 그런 구조를 식별하기에 충분할 만한 어떤 것도 붙잡을 수 없다. 당신의 경험에서의 그 어떤 것도 일상적인 방식으로 만질 수 있고 알 수 있는 어떤 것으로 응축되지 않는다.

우리가 가진 보통의 능력들로는 전 인식적 구조를 이해할 수 없기 때문에 그런 구조는 조사하기가 가장 어렵다. 예컨대 당신이 버림받은 느낌과 관련된 자기 이미지를 대상으로 해서 작업하고 있다고 치자. 당신은 그것을 조사하는 과정에서 자신을 돌봐줄 사람이 주위에 전혀 없는 버림받은 아이로서의 자기 이미지를 보게 될 것이다. 당신이 그런 이미지를 계속 갖고 있다 보면 그것이 자신에게 정체성 감각을 안겨주는 버림받은 아이라는 마음속 이미지라는 것을 알아차리게 된다. 당신은 버림받은 느낌이 당신이 아이 적에 겪었던 그런 경험 때문에 마음속에 간직해온 감각이라는 것을 알기 시작한다. 그리고 아이의 그런 이미지는 그것이 바로 이미지이기 때문에 곧이어 증발해버릴 수도 있다. 하지만 전 개념적 인상은 마음속의 이미지가 아니라 의식 속의 형상이다. 나중에 더 발달된 구조들이 초창기의 이런 인상들과 뒤섞일 수 있고, 계속 쌓여서 복잡한 구조들로 변할 수 있다. 그런 복잡한 구조의 맨 위층, 곧 의식이 가장 쉽게 접근할 수 있는 층은 인식적 구조들이다.

모든 사람이 다 이런 전 인식적 구조들을 갖고 있다. 어떤 사람들은 다른 이들보다 더 일찍 그런 구조를 경험할 수도 있다. 하지만 누구나 다 인생의 그런 시기를 거쳤기 때문에 모두가 다 그런 구조를 갖고 있다. 그 누구도 두 살에 태어나지는 않는다. 우리 모두는 다 이런 초창기 경험을 겪었으며, 영혼은 처음부터 민감하다. 사실, 어떤 이들은 자궁 벽에 착상되기 전에, 곧 접합자(난자와 정자의 결합으로 생긴 수정 난세포-옮긴이)에 불과한 동안에 자기네 영혼 속에 구조들을 갖고 있다. 심지어는 접합자가 형성되기 전에 이미 구조들을 갖고 있는 경우도 드물지 않다. 대상관계 이론이 처음 등장한 이래 현대 심리학은 이런 전 인식적 구조들을 포함하는 방향으로 진화해왔다. 의식은 인상을 간직하는 생각하는 마음thinking mind 없이도 그것을 간직할 수 있다. 물론, 신경과학도 역시 이런 개념을 강력하게 지지하고 있다. 우리가 마음속에서 무엇인가를 알고 있든 없든 간에, 우리가 그것에 관해서 생각할 수 있든 없든 간에, 신경회로망은 이미 형성되어 있기 때문이다. 신경회로망은 출생 전에 발달하기 시작하며, 출생 후 어느 시점에 이르면 우리가 무엇인가를 알아차리고 기억할 수 있을 만큼, 우리 마음이 그런 것들을 뭉쳐서 조직화할 수 있을 만큼 발달한다. 그렇게 발달하기 전에는 의식 속에, 영혼 그 자체 속에 그저 인상이 존재할 따름이며, 의식은 그것을 응결시키고 구성하고 어떤 방식인가를 통해서 정형화한다.

내가 각기 다른 종류의 이런 구조들에 관해서 언급하는 이유는 우리가 영적 행로에서 그것들과 만나기 때문이다. 표상적 구조와 본능적 구조와 전 개념적 구조를 아우르는 이 모든 구조들은 실재가 자신이 원하는 어떤 방식으로든 간에 스스로를 표현할 수 있는 자유와 활력을 가로막기 때문에 우리는 이것들의 전모를 명확히 밝혀야 한다. 우리는 자아에 관한 모든 것을 명확히 밝혀야만 한다. 자아에는 온갖 다양한 종류의 에고 구조와, 에고 구조들에게 버틸 수 있는 발판을 제공해주는 온갖 망상이 포함된다. 이런 것들을 탐구하는 작업은 전체적인 참존재가 자신의 가능성들을 실현할 수 있게끔 그 존재의 개방적 속성을 해방시킨다. 전체적인 참존재의 끝없는 개방성은 이런 가능성들을 표현할 뿐만 아니라 그 행로를 가로막는 온갖 구조와 미망을 훤히 다 드러나게 한다.

우리는 실재의 모든 가능성을 다 활용할 수 있다. 참존재의 모든 속성과 차원은 우리에게서 멀리 있지 않아 우리는 언제든 그것들을 경험하고 깨닫고 즐기고 구현할 수 있다. 우리가 무엇이 되었든 간에 어느 한 가지에 초점을 맞추고 그것에만 매달릴 때는 참존재와 접할 수 있는 이런 기회를 상실하고 만다. 우리는 빈번히 실재를 신뢰하지 않는다. 우리가 영혼의 어떤 구조와 패턴과 망상과 스스로를 동일시할 때는 그런 기회를 잃고 만다. 이 모든 것은 뭉쳐져서 보통의 자아 감각을 형성하며, 이런 자아 감각이야말로 제한된 삶의 전형적인 표식이다. 우리가 어딘가(자기 이미지든, 본능적 충동이든, 전 인식적 구조든, 참존재의 고양된 상태든 간에)에 안주할 때 참존재의 자유를 구현하는 일은 쉽지 않다. 우리의 작업은 단지 그런 고착에 대한 욕구 없이 살기 위한 것이요, 온 마음을 다한 참여이면서 동시에 완전한 무심으로써 전체적인 참존재의 모든 가능성을 구현하는 것이다.

Total Nonconceptuality

15장

전체적인 비개념성

나는 우리가 자신의 온갖 어려움과 애매모호함을 끝장내줄 하나의 압도적인 경험을 하지 못하리라는 사실을 이제는 인정했으리라고 믿는다. 사람들은 흔히 몇 차례에 걸친 깨달음을 얻기 전까지는 이런 사실을 알아차리지 못한다. 만일 우리가 충분히 자각한 상태라면, 느닷없는 최종적 깨달음(돈오)이라는 것이 말은 근사하지만 인간됨의 실재, 우리 의식이 작동하는 방식의 실재와 부합되는 것이 아님을 이해할 것이다. 그렇다고 해서 우리가 완전히 자유롭지 못하다면 실패했다는 뜻은 아니다. 핵심은 그것이 아니다. 핵심은 우리가 살아가고 성숙하고 배우고 발견함으로써 자신이 뜻한 바를 이루어가고 있다는 점이다. 완전한 인간됨은 능력과 지식과 각기 다른 형태의 경험들과 심지어는 각기 다른 형태의 깨달음들의 지속적인 발달에서 비롯되는 기쁨과 평화를 알아차린다는 것을 뜻한다.

우리가 배우면 배울수록 더욱더 높은 성숙과 더욱더 많은 자유가 존재한다. 자유는 규정하기 어려운 것들 가운데 하나며, 자유를 얻기 위한 수행이나 방법 같은 것은 없다. 당신은 그것을 얻을 전략을 짤 수 없다. 그것을 얻기 위한 계획을 세울 수 없다. 자유는 참본성의 특정한 어떤 상태가 아니기 때문에 당신은 자유를 이끌어낼 수 없다. 그것은 깨달음의 한 측면, 차원, 상태가 아니다. 자유는 많은 것과 관계가 있다. 참본성이 어떤 식으로 나타나든 간에 아무튼 참본성 속에는 자유가 내재되어 있기 때문에 자유는 참본성의 깨달음을 포함하고 있다. 우리가 깨어남에 관해 이야기할 때, 대체로 첫째가는 자각은 우리의 개별 의식을 넘어서는, 모든 능력의 원천인 개별 의식을 넘어서는 어떤 것이 존재한다는 사실에 대한 자각이다. 각각의 깨달음이 실재에 더 근접하는 근사치에 불과하기 때문에 개별 의식을 넘어서는 그것이 무엇인가를 발견하는 일은 끝없는 여행이다.

앞으로 어느 날 갑자기 비이원성이나 신적인 본질이나 법신Dhar-makāya이 터져나와서 우리가 해방되는 그런 일은 일어날 것 같지 않다. 이런 깨달음들이 어느 의미에서는 우리를 해방시켜주기도 하겠지만, 문제의 진실은 그런 깨달음들이 한낱 해방된 삶의 시작에 불과하다는 것이다. 따라서 자유에는 실재의 참본성에 대한 이해가 포함된다. 다시 말해, 자유에는 실재의 참본성을 깨닫고 그것이 될 수 있는 것, 그리고 그것이 우리 자신에 대한 우리의 평소의 이해를 넘어서는 어떤 존재임을 알아차리는 것이 포함된다. 그리고 자유는 참본성이 '될to' 자유로만 그치는 것이 아니다. 자유는 또 영혼의 구조들로부터, 마음의 미망들'로부터의from' 자유이기도 하다. 그것은 또 가급적 충만하고 완전하고 참답게 살기 '위한for' 자유이기도 하다. 하지만 이 모든 것을 다 합친다 해도 여전히 자유를 포괄하지는 못한다. 자유는 끊임없이 새로운 방식으로 스스로를 드러낸다.

우리 각자는 다 다르다. 모든 사람은 각자의 역사, 능력, 상황을 갖고 있으며, 우리가 탐구 작업을 할 때 우리 각자는 자신이 갖고 있는 자원들을 사용해야 할 것이다. 그러나 우리가 공통되게 갖고 있는 것 한 가지(나는 나 자신의 경험과 아울러 타인들의 경험에서도 그런 것을 인지해왔다)는 참된 진전이 있을 때, 실재에 관한 새로운 지식이 있을 때, 새로운 차원들을 가져다주는 실재의 경험이 있을 때, 그것은 항상 참본성 덕이라는 점이다. 우리가 알아왔던 것처럼 그것은 우리의 개별적인 노력 덕분이 결코 아니다. 그것은 우리가 자신이 하고 있다고 생각하는 것 덕분이 결코 아니다. 이것은 깨달음의 역학에서 나온 주요 통찰이다. 우리가 수행할 때 실제로 수행하는 주체는 전체적인 참존재다.

우리가 어떤 통찰을 갖고 있든 간에 그것들은 하나같이 참본성의 심원함, 실재의 청정함의 감각이 우리 마음을 건드려 통찰이나 개념이나 계시를 점화시켜주는 덕에 생겨난다. 즉, 우리는 그저 생각하는 것만으로는 참된 영적 통찰이나 이해에 결코 이르지 못한다. 그뿐만 아니라 생각하는 것만으로는 특정한 어떤 일도 하지 못하고 특정한 어떤 느낌도 불러일으키지 못한다. 우리의 개별 의식이 제아무리 진실하고 총명하고 능수능란하다 하더라도 우리 개별 의식의 의도나 노력은 자유를 가져다주는 깨달음의 영역, 영적인 영역에 결코 닿지 못한다.

이 가르침의 초장부터 깨달음과 가르침을 동시에 가져다준 것은 항상 근원적인 현존, 영적인 현존(생각, 느낌, 감각과는 무관한 앎이나 의식의 청정함)이었다. 여러 해에 걸쳐서 나는 다른 사람들이 확실한 경험이라고 여기는 많은 각성과 자각과 깨달음을 경험해왔다. 그 세월을 돌이켜볼 때 내가 알고 있는 것은, 모든 경험 가운데서 가장 중요한 것은 근원적인 현존이 어떤 속성과 차원을 드러내든 간에 상관없이 그 현존에 대한 알아차림이라는 점이다. 깨어나는 데 꼭 필요한 것은 존재being의 한 속성을, 마음을 넘어서, 생각과 감정을 넘어서 직접적으로, 즉각적으로 아는 것이다. 우리는 우리의 일반적인 경험과는 거의 단절되었다고 할 만큼 현저히 다른 경험의 방식으로 근원적인 현존을 경험할 수 있다. 이 가르침의 발달과 아울러 다른 모든 각성을 가져다준 것은 이 근원적인 현존, 그리고 다른 모든 것들과 그것의 관계에 대한 지속적인 탐구였다.

달리 말해, 나는 통찰들을 취합하거나 그것들을 논리적으로 고찰해서 합당한 결론에 이르는 식으로 해서 우리가 가르치는 다양한 요소들(여러 측면, 탈것, 차원)에 이르지는 않았다. 나는 결코 대단한 사상가가 아니다. 나는 그런 점들을 결코 생각해내지 못했다. 그런 일들은 내 생각뿐만 아니라 상상력까지도 넘어서는 것이었다. 이 가르침의 발전에 아주 중요한 것은 우리가 자신이라고 여기는 일반적인 정체성보다는 차라리 근원적인 현존이 우리 정체성의 핵심임을 알아차리는 것이다. 내가 이미 말했던 것처럼, 더 깊은 가능성들을 계속해서 드러내는 이 현존의 펼쳐짐은 그것이 내포하고 있는 의미들을 알아보는가의 여부에 달려 있다. 에센스의 현존 그 자체는 자신의 고유한 식별력과 지성을 현현한다. 그것은 우리 사고의 내용과 기억을 사용하는 것뿐만이 아니라 우리의 직접적인 지각과 경험의 내용을 사용함으로써 알고 이해한다. 현존의 이런 분별력은 이성을 사용하는 식으로 해서 직접적인 경험과 기억 내용을 이용한다. 이런 식으로 해서 이 모든 데이터를 모아서 조사하고 종합하기 위한 근거로 삼는다.

우리의 자유는 우리가 실재와, 그것이 우리 경험에 미치는 효과를 개념화하는 방식들에 관해 늘 더 정교해져가는 분별을 할 수 있는 근원적 현존의 그런 능력에 따라 좌우된다. 우리가 자신의 경험들(이원적인 것이든 비이원적인 것이든 간에)을 정형화하는(패턴화하는) 개념적 가설들을 꿰뚫어볼 때, 실재는 굳이 결정을 내리지 않고도 스스로를 자유로이 표현하게 된다(실재는 굳이 결정을 내릴 필요 없이 스스로를 자유롭게 표현한다). 대체로 우리의 탐구 작업 방식은 직접적인 경험을 다루는 것이다. 우리는 생각들, 계획하거나 생각하는 마음만을 대상으로 해서 탐구, 조사하지 않는다. 우리는 우리 경험 전체를 파고든다. 우리는 우리의 경험에 관해서 생각하지 않는다. 그보다는 차라리 경험을 정밀하게 조사하고, 탐구 능력을 갖춘 상태로 경험 속에 푹 빠져든다.

많은 사람들이 직접적인 경험이나 느낌이나 감각을 살펴볼 때 그런 경험이 그저 마음속의 개념들이 아니라는 이유만으로 비개념적인 것들이라고 생각한다. 어떤 전통들은 느낌과 감각, 직접적이고 즉각적인 경험을 비개념적인 것이라고 언급하지만, 우리 작업에서 우리는 그런 것을 비개념적 경험이라고 부르지 않는다. 우리에게 그런 경험은 여전히 개념적인 것이다. 그것을 인식할 수 있고 알아볼 수 있기 때문이다. 인식과 알아봄이 있는 한 개념화는 존재한다. 우리는 개념 없이는 알수가 없다. 어떤 정서나 감각이나 영적인 상태에 대한 앎은 개념을 필요로 한다. 그러므로 식별할 수 있는 어떤 경험이 존재하는 한, 반드시 개념이 존재한다. 예컨대, "이것은 광대함이다"라는 직접적인 경험 속에는 광대함이란 이런저런 것이라는 개념에 의지하는 광대함에 대한 앎이 존재한다. 설령 그것이 광대함에 관한 연상이 아니라 직접적인 지식이고 실제적인 광대함이라 할지라도 그것은 여전히 개념적이다.

내가 비개념적 경험이라고 부르는 것은 인식 없는 경험이다. 다이아 몬드 어프로치에서 우리는 비개념성의 세 가지 차원을 탐구한다. 나는 이 세 차원 중에서 둘은 "근본적인(급진적인) 비개념성"이라 부르고, 세 번째 차원은 "완전한 비개념성(전체적인 비개념성)"이라 부른다. 비개념성 의 이런 차원들은 우리가 지난 장에서 논의했던 원시적이고 전 개념적 인 구조들을 드러내서 조사해보는 데 꼭 필요하다. 우리가 참으로 자 유로워지려면 실재의 역동을 가로막는 이런 구조들을 이해하고 밝게 비춰봐야 한다. 현존이, 그것이 영혼이나 개별 의식의 본성일 뿐만 아 니라 모든 것의 본성이기도 하다는 사실을 드러낼 때, 우리는 근본적 인 비개념성의 차원들과 처음으로 맞닥뜨린다. 근본적인 비개념성과 완전한 비개념성 모두를 이해할 수 있으려면 내가 무한한 차원들이라 고 부르는 이 새로운 관점으로 조명해본 실재를 이해해야 한다.

우리가 실재의 이 무한한 차원들을 경험할 때 우리의 관점은 획기 적으로 변한다. 지각의 그런 관점은 이제, 우리가 자아라고 불러온 관 찰 센터가 아니라 참존재 그 자체의 광대함이다. 애초에 우리는 주체 임being a subject의 감각을 자아라는 구멍(틈)을 통해서 스스로를 보는 한 개인임being a individual으로 경험한다. 그 구멍이 활짝 열릴 때, 어 느 시점에 이르러 우리는 그 개인이 참된 주체가 아니라는 걸 알게 된 다. 의식이나 앎의 광대함이 참된 주체다. 그러나 그것조차도 아주 정 확한 것은 아니다. 이 광대함 속에서는 개별 의식과 경험의 다른 형태들이 동시에 나타나기 때문이다.

우리가 우리의 정체성이자 실재의 정체성인 참존재의 무한한 차원들을 발견할 때, 시간과 공간에 대한 우리의 관계는 변한다. 고전적이고 전형적인 신비 체험으로 들어가는 관문이 바로 이것이다. 우리 가르침에서 그 무한한 차원에 대한 이야기는 참으로 길고 많은 것을 포함하고 있다. 그것은 비이원적 깨달음의 모든 범위를 아우르고 있다. 특히 우리가 참본성의 무한함 속에서 깨달을 때, 그 무한함에 대한 경험이 지닌 한 가지 특징은 우리의 중력 중심이 광대함으로 이동한다는 점이며, 우리는 그곳에서 사물과 현상을 지각하기 시작한다. 이어서 모든 것이 그 광대함의 드러남이기 때문에 모든 것이 다 그 속에 포함된다는 알아차림이 따라온다. 그것은 마치 통일된 전체성처럼 느껴진다. 우리는 이 통일된 전체성을 사랑, 앎, 자각, 비존재, 활력으로 경험할 수 있다. 모든 것을 사랑으로 받아들이는 것은 자아의 경계를 뛰어넘는 가장 쉬운 방법이다. 자아의 경계선을 넘어서는 과정은 두렵고, 일종의 죽음이나 소멸 같은 것으로 느껴질 수 있기 때문이다. 모든 곳에 사랑이 존재한다면, 자아의 경계선이 녹아버리는 일이 한층 더 쉬워질 것이다.

사랑, 앎, 자각, 비존재, 활력의 영역들 같은 실재의 모든 무한한 차원들은 그것들이 주체와 대상 간의 이분법을 전혀 포함하고 있지 않다는 의미에서 비이원적이다. 즉, 그 무한한 차원들의 깨달음 속에는 그 차원을 경험하는 분리된 어떤 '나'도 존재하지 않는다. 거기서 나의 감각은 스스로를 통일된 전체성으로 경험하는 차원이다. 거기에서는 당신과 무한함 간의 주/객 이분법이 전혀 존재하지 않으며, 광대함과 그

※

많은 사람들이 직접적인 경험이나

느낌이나 감각을 살펴볼 때

그런 경험이 그저 마음속의 개념들이 아니라는 이유만으로

비개념적인 것들이라고 생각한다.

어떤 전통들은 느낌과 감각, 직접적이고 즉각적인 경험을

비개념적인 것이라고 언급하지만,

우리 작업에서 우리는 그런 것을

비개념적 경험이라고 부르지 않는다.

우리에게 그런 경험은 여전히 개념적인 것이다.

그것을 인식할 수 있고 알아볼 수 있기 때문이다.

안에 있는 모든 대상과 현상 간의 주/객 이분법도 역시 존재하지 않는다. 모든 단일한 형태들은 똑같은 장field의 나타남이다. 어떤 경계나 구획에 의해서도 제한받지 않는 현존을 경험하는 것은 우리의 자아 감각을 특정한 한 형태나 크기로 제한하는 온갖 구조와 믿음과 개념에 압력을 가할 것이다. 전체적인 참존재의 비이원적 차원들은 우리의 모호함과 분리되지 않은 채 일어난다. 그것은 각각의 차원이, 마치 그것들이 장애를 표현하기 위한 목적으로 특별히 설계된 것들이기라도 한 것처럼 일정한 어떤 수준의 장애를 표현하기 때문이다. 우리는 실재 속에 고유한 지성이 존재한다는 것을 발견한다. 우리의 장애, 망상, 한계는 실재의 순수하거나 자유로운 차원들과 직접 연결되어 있다.

실재의 무한한 차원들을 다루는 작업에서 우리는 우선 순수 의식의 차원들에서 근본적인 비개념성과 맞닥뜨린다. 실재는 본래의 맑음과 투명함으로 여기에 나타나지만 거기에는 어떤 앎도 없다. 이 차원에서는 어떤 앎도 없기 때문에 우리는 그것을 비개념적인 것으로 여긴다. 단지 순수한 지각, 순수한 비개념적 자각만 존재할 따름이다. 처음에 우리는 앎이 없다면 어떤 이름도 붙일 수 없기에 이 차원을 "이름 없는 차원"이라고 불렀다. 아무튼 우리는 그런 식으로 해서 가까스로 그것에 이름을 붙였다. 그렇게 하지 않았을 경우 그 차원에 관해서 얘기할 때마다 우리가 무엇에 관해 얘기하는지를 밝히기 위해 말을 길게 해야 했을 것이다. 이런 일은 연구의 어떤 영역에서도 일어난다. 우리는 좀 더 효과적으로 소통하기 위해서 개념과 상징과 라벨을 만들어내야 한다. 이 비개념적 차원이 나타남으로써 우리는 전 장에서 논의했던 원시적이고 전 인식적인 구조들의 역할을 이해할 수 있게 되었다. 우리는 이미 이런 구조들을 알아차리고 있기는 했지만, 그것들을 완전히 이해하지는 못했다. 한동안 나는 그런 구조들이 내가 미처 간파해내지 못한 구성물들이나 개념들이라고 생각했다. 하지만 비개념적 차원이 등장하면서 그것이 참으로 비개념적인 것이고 어떤 앎도 없기 때문에 이런 구조들이 표상적인 것들이 아니라 전 인식적인 것들이라는 사실이 드러났다.

순수자각의 차원은 광대함이자 비어 있음이며, 드넓은 토대다. 그 토대 위에 모든 것은 이 투명한 청명함의 현현으로 나타난다. 이것이 비개념적인 것이기 때문에 거기에는 기억이나 연상이 없다. 우리의 경험은 일상적인 자아 감각으로 패턴화되지 않는다. 그래서 실재는 새로움과 신선함으로 빛난다. 마치 모든 것이 늘 새로운 것처럼 보이며 처음으로 경험되는 것과 같다. 모든 지각은 즉각적으로 지금 일어나고 있다. 이 차원을 처음으로 경험할 때, 우리는 자각이 인식하는 현존의 더욱 정련된 방식임을 이해했다. 자각은 개념이 없이 일어나는 현존의 경험이다. 그것을 통해 순수지각pure perception의 능력, 순수한 비인지적 경험의 능력이 일어난다.

나는 순수현존과 앎의 경험으로 충분했다. 나는 그것으로 만족했다. 나에게는 다른 어떤 것도 필요치 않았다. 그래서 나에게는 순수자각이 놀라움으로 다가왔다. 앎이 있는 현존knowing presence의 통일된 전체성으로서의 실재 감각은 더 근본적인 어떤 것의 외적 현현으로 드러났다. 곧 순수하고 투명하고 텅 빈 자각으로 드러났다. 순수자각의 이런 차원이 나타나면서 그것이 처음부터 줄곧 존재해왔다는 알아차림이 따라왔다. 그 순수자각과 순수한 앎은 우리의 경험 속에서 항상 현존하고 있다. 하지만 그것들이 마음과 자아의 구성물들을 통해서 여과되고 있기 때문에 우리는 그런 앎과 자각을 알아차리지 못한다. 우리가 그런 경험들을 더 주시하고 구조들의 패턴을 더 세밀히 살펴봐도 모든 경험의 저변에 깔려 있는 앎의 통일된 장의 현존은 완벽하게 놓쳐버린다. 그러다 어느 시점에 이르면 우리는 앎이 전혀 없을 때도 자각은 여전히 존재한다는 사실을 깨닫게 된다. 이런 차원의 나타남은 암묵적인 방식으로 이미 존재하는 것을 경험 속에서 명시적이고 지배적인 것으로 만들어주는 일에 불과하다.

비개념적인 자각, 순수자각은 "비개념적"이라는 말이 단순히 비정신적not mental이라는 의미가 아님을 보여준다. 사람들이 관례적으로 비개념적이라고 언급하는 것은 생각하는 마음을 넘어서는 경험의 영역, 곧 즉각적으로 느껴지고 경험되는 어떤 것이다. 순수자각은 보다 더 근본적인 종류의 비개념성을, 즉 직접적인 어떤 경험이나 느낌이 아니라 그 안에 어떤 종류의 앎도 갖고 있지 않은 직접적인 경험을 드러내준다. 인식적인 앎과 직접적인 신비로운 앎은 이런 차원의 근본적인 비개념성 속에서 사라지고 만다.

그러므로 이 가르침이 발전함에 따라서, 어느 시점에 이르러 실재의 또 다른 차원들이 순수자각을 대신해서 들어서고 순수자각을 또 다른 표면적인 현상으로서 드러냈을 때, 그것은 훨씬 더 큰 놀라움으로 다가왔다. 그렇다고 해서 순수자각과 순수한 앎이 마음의 구성물들이라는 뜻은 아니다. 순수자각과 앎이 다른 것으로 대체된다는 사실은 경험이 훨씬 더 미묘하고 정밀하고 근본적인 것이 될 수 있다는 것을 뜻한다. 이런 일들이 내가 그것들에 관해서 깊이 생각한 덕에 일어난 게 아니라는 것을 보여주기 위해 내가 어떻게 해서 이런 비이원적 차원들을 알게 되었는가에 관한 이야기를 하고 있는 중이다. 이런 일들이 일어났고, 그다음에 나는 그것들에 관해서 생각했고, 다른 사람들도 역시 그것들에 관해서 생각했음을 깨달았다. 나는 깨달음에 관한 많은 이야기를 읽어봤다. 하지만 나는 그런 경험들이 실제로 일어나기 전까지는 그들이 무슨 얘기를 하는지 알지 못했다.

모든 경험 속에 현존하는 순수자각과 순수한 앎과는 달리 그다음에 일어난 차원은 보통은 모든 경험 속에 있는 것은 아니다. 그것은 어디에도 없는 곳nowhere에서 나타나 모든 다른 차원들의 근원으로서 중심적인 위치를 차지했다. 우리는 이 무한한 차원을 절대(절대 궁극)the absolute라고 부른다. 이 차원도 역시, 순수자각처럼 어떤 종류의 앎도 포함하고 있지 않다는 의미에서 철저히 비개념적인 차원이다. 그러나 순수자각의 차원과는 달리 그것은 순수한 맑음, 맑거나 투명한 빛이 아니다. 절대는 맑고 투명하지만, 그것은 순수자각과 같은 방식으로의 투명함은 아니다.

순수자각의 차원에서 당신은 모든 현상과 아울러 스스로를 알아차릴 수 있다. 모든 무한한 차원은 굳이 자기를 비춰보지 않아도 본래 스스로를 알아차린다. 자기를 비춰볼 능력 또한 있지만 말이다. 순수자각이 스스로를 볼 때, 텅 비고 무한한 광대함을 본다. 나는 예전에 그것을 무한한 수정crystal(참되고 투명하고 완벽한)인 온 우주로, 모든 형상을 그 수정(크리스탈)의 모든 면으로 경험한 적이 있었다. 이 차원은 일종의 도취시키는 각성, 어디에나 존재하는 상쾌하고 영롱하고 휘황한 자각으로서 경험된다. 의식은 스스로에게 깨어났다. 실재가 스스로에게 깨어난 것이다.

그러나 절대가 스스로를 볼 때, 그것은 어떤 것도 보지 못한다. 거기에는 지각할 것이 전혀 없다. 만일 당신이 절대를 본다면, 경험은 완전히 사라지고, 당신이 다음으로 아는 것은 자신이 현상들을 보는 위치로 되돌아온다는 것뿐이다. 설령 당신이 지각을 한다 해도, 거기에는 지각할 것이 없다. 절대는 비개념적인 것일 뿐만 아니라 비개념적 자각의 근원이기도 하다. 거기에는 어떤 감각 지각이 없고 자기를 비춰볼 수 있는 능력이 없기 때문에, 절대는 순수하고 원초적인 자각보다 더 미묘하다. 여기서는 자기를 비춰볼 수 있는 능력이 사라진다. 순수자각 상태에서 당신은 자기를 비춰볼 수 있다. 굳이 그럴 필요가 없기는 하지만 말이다. 한데 여기에서는 설령 당신이 스스로를 비춰본다 해도 어떤 일도 일어나지 않는다. 경험이 멈춘다. 그것은 아무 일도 아니다non-event. 그것은 당신이 비존재를 들여다볼 때 보는 것과도 같다. 절대적 실재의 이런 차원은 신비로운 어둠, 빛나는 밤을 안겨준다.

이따금 근본적으로 비개념적인 이런 두 가지 차원들, 곧 순수자각과 절대적 실재는 결합한다. 우리가 절대를 경험할 때 순수자각은 항상 현존해 있지만, 이제는 절대의 한 능력이나 한 면으로서만 현존한다. 이 두 가지 차원은 원시적 구조의 현존을 노출시키고 구별하는 데서 쓸모가 있다. 원시적 구조는 개념적이거나 인식적인 것이 아니기 때문에 보통의 방법으로는 드러낼 수가 없다. 그러므로 우리가 이런 차원들에 관해서 작업할 때 일어나는 장애들은 표상적인 것이 아니며, 이것은 그 장애들이 기능하기 위해서 개념을 필요로 하지 않는다는 것을 의미한다.

설령 이 차원들에 어떤 개념적 앎도 존재하지 않는다고 하더라도 실재의 분별 지성이 실재의 모든 차원에 현존하고 있기 때문에 여전히 그 차원들을 식별할 수 있다. 말하자면, 그것들의 정체가 무엇인지, 어떤 한 존재의 정체가 무엇인지, 그리고 그것이 모든 것의 존재이기도 하다는 것 등을 식별할 수 있다. 참존재의 지성은 새 차원이 나타나고 있다는 것을 식별할 수 있을 뿐만 아니라 그 현존의 본성을 조사해볼 수도 있다. 참존재의 탐구 능력들이 성숙한 형태로 기능하고 있을 때, 당신은 마땅히 자신의 경험을 식별할 수밖에 없고, 그것이 그 이상으로 함축하고 있는 의미도 알아볼 수밖에 없다.

이 비이원적 차원들이 처음으로 분명히 보일 때, 우리는 분별 지혜에 힘입어 순수자각의 내용을 탐구, 조사해볼 수 있는데, 거기에는 실제로 어떤 것도 존재하지 않으므로 이것은 엄밀히 말해서 "내용stuff"이 아니다. 우리가 순수자각의 본성을 조사해봤을 때 드러난 것은 자각의 비어 있음보다 훨씬 더 신비로운 절대적 광대함(자각의 절대적 본성과 근원)이었다. 달리 말해, 당신이 순수자각을 철저히 조사해볼 때 발견하는 것은 완전한 비존재다. 자각은 빈 것(이 두 차원과 관련해서 가장 인상적인 것이 바로 이런 점이다)일 뿐만 아니라 비존재의 느낌, 일종의 근본적인 무無도 역시 갖고 있으며, 근본적인 무無는 모든 현현을 본질적으로 덧없고 투명한 것으로 드러낸다.

근본적 비개념성에 속하는 이 두 차원의 비어 있음의 한 가지 중요한 특징은 그것이 어떤 방해도 받지 않는다는 점이다. 방해받지 않는 이런 속성(막힘 없음, 무장애)을 알아차릴 때 우리는 자각의 광대한 공간 안에서 나타나는 모든 형상과 자각의 바탕 간에, 그리고 한 형상과 다른 형상 간에 어떤 방해물도 존재하지 않는다는 것을 알게 된다. 이 두 번째 통찰(한 형상과 다른 형상 간에 어떤 방해물도 존재하지 않는다는 것)은 사물과 현상들을 경험하는 완전히 새로운 방식을 열어준다. 절대의 본성을 꿰뚫어보는 것은 더 깊은 깨달음들을 이끌어내 준다. 그리고 절대의 본성을 꿰뚫어보는 것은 순수자각이 전체적인 참존재의 자각이라는 것을, 전체적인 참존재Total Being가 모든 것의 근원임을 그 절대가 드러내준다는 것을 밝혀 보여주는 더 깊은 경험 방식들을 이끌어내 주기도 한다. 절대의 관점을 통해서, 당신은 모든 것의 근원이자 전체적인 참존재의 신비로서 절대the absolute를 본다. 그러나 우리가 더 충분히 조사해보면 상황이 확장되면서, 전체적인 참존재가 스스로를 현현할 수 있고 어떤 비이원적 차원으로도 나타날 수 있다는 사실을 드러내며, 그런 차원들 하나하나는 자체의 잠재력과 실재의 일부를 드러낸다. 따라서 순수자각은 전체적인 참존재의 자각을 드러내고, 절대는 그 신비를 전해준다.

이제까지 나는 즉각적인 경험 및 느낌과 아울러 정신적인 내용이 아니라 작용에 해당하는 인습적인 비개념성, 그리고 어떤 앎도 동반하지 않은 경험에 해당하는 근본적인 비개념성을 구분해왔다. 앎과 인식의 이런 부재는 참본성의 순수자각과 절대적 차원들 모두를 특징짓는 것이다. 순수자각은 모든 경험과 지각의 텅 빈 명료함과 참본성의 광휘이고, 절대는 광휘 이전의 투명함이요 비존재의 방해받지 않음이다.

이런 차원들(원초적 자각과 그 근원. 그 근원은 자각의 본질이자 절대적인 비어 있음과 신비에 해당한다)은 근본적으로 비개념적인 것들이기 때문에 온갖 종류의 개념을 노출시켜서 용해해버린다. 그것들은 표상적 구성물들과 개념적 구성물들, 경험의 개념화와 구상화를 알아보는 데 아주 쓸모가 있다. 그것들은 또 원시적이고 전 인식적인 구조들의 현존과 영향력을 알아차리기 시작하는 데 도움을 준다. 근본적인 비개념성의 두 차원과 전 인식적 구조들에는 개념적인 앎이 없으며 표상을 통한 작용 또한 없다. 이 비개념적 차원들은 개념적 앎을 갖고 있지 않기 때문에 우리의 원시적인 구조들을 노출시키고 그것들에게 도전한다.

하지만 이 비개념적 차원들은 비록 쓸모 있는 것들이기는 하나 전 개념적 혹은 전 인식적·전 인지적 구조를 열고 이해하는 데 완벽하다고 할 만큼 충분하지는 못하다. 비개념적 자각은 개념들을 해체한다. 그러나 전 인식적 구조는 개념 구조가 아니다. 전 인식적 구조는 그것들이 생겨날 때 알 수 있다는 의미에서 미성숙하거나 잠재적인 개념과 더 닮았다. 일단 우리의 개념 능력이 발달하고 나면 우리는 전 인식적 구조들이 인지 가능한 것임을 알아차릴 수 있다. 사실, 이런 구조를 철저히 조사해보려면 이것을 이해해야 하고, 그것은 우리가 이것을 알기 시작함을 뜻한다. 만일 우리가 이런 구조를, 아직 분리되지 않았으며 우리가 알지 못했고 생각해보지도 못한 잠재적 개념 내지 전前 개념으로 생각하고 있다면, 비개념적 차원들이 그 구조를 완벽하게 밝혀내지 못한다는 것을 알게 된다. 한데 순수하고 원초적인 비이원적 자각은 그것을 방해할 개념들을 갖고 있지 않기 때문에 이런 구조를 꿰뚫어볼 수 있다. 하지만 이 구조를 완벽하게 밝혀낼 수는 없다. 이 구조는 비개념적인 것일 뿐만 아니라 '전 개념적인 것'이기도 하다. 이 말은 그 구조가 개념성과 비개념성의 구분을 앞서는 것이고, 따라서 근본적 비개념성의 차원들보다 더 완전한(전적인) 비개념성을 필요로 한다는 것을 뜻한다.

순수자각의 차원들과 어떤 의미의 앎도 갖고 있지 않은 절대의 차원들을 탐구해보면, 우리는 그것들이 여전히 어떤 종류의 개념들을 품고 있다는 사실을 알아차릴 수 있다. 순수자각은 맑음, 비어 있음, 새로움 같은 개념들을 포함한다. 절대는 신비, 근원, 비존재의 개념들을 포함한다. 그러나 이 차원들은 훨씬 더 미묘한 한 가지 개념, 즉 '비개념성'을 공유하고 있다. 비개념적인 것은 개념적인 것과 정반대되는 것이기 때문에 개념적인 것이라는 극성의 다른 한 끝이다. 무엇인가가 반대되는 것을 갖고 있는 한, 그 무엇이 그 반대되는 것이 아닌 것으로 규정되는 한, 그것은 양극의 이분법의 일부요, 일종의 미묘한 개념성을 기반으로 두는 것이다. 따라서 순수한 생생함과 맑음과 투명함으로서의 비개념성의 경험도 여전히 완벽한 비개념적인 것이 되지 못한다. 완전한(온전한) 비개념성은 다른 그 어떤 것에도 반대되지 않는 것이어야 하기 때문이다.

그런데 비개념적 차원들의 그런 미묘한 개념성은 정신적인 개념성이 아니요, 우리의 개별적 마음이 빚어내는 것이 아니다. 그것은 우리의 자연스러운 인식적 발달의 일부요, 전체적인 참존재가 자각을 드러내는 방식들 중 하나다. 이것은 우리 마음이 구성하는 것보다 훨씬 더 기본적인 유형의 개념성이다. 이것은 우리가 만들어내는 개념이 아니다. 이 미묘한 개념은 우리가 보통 실재의 토대이자 실재의 선험적인 요소들로 생각하는 경험의 한 부류다.

비개념적 차원들에서 이 미묘한 개념을 알아차릴 때, 우리는 전체적인 참존재가 참본성을 개념과 상반되지 않는 비개념성으로, 개념적이라는 개념과 비개념적이라는 개념 모두를 초월하는 비개념성으로 드러내는 일이 가능하다는 것을 알기 시작한다. 이 완전한 비개념성은 전 인식적 구조를 밝혀내는 데 도움이 된다. 완전한 비개념성으로 나타나는 전체적인 참존재는 전 인식적 구조들에게 강력하게 도전하고 그것들을 밝게 비추어낸다. 전체적인 참존재는 개념들과 상반되는 것이 아니라는 단순한 사실만으로 그런 일을 한다. 완전한 비개념성은 개념들의 부재가 아니기 때문에, 개념들과 아무 부딪침도 없는 비개념성이다. 이 상태에서 개념성과 비개념성은 이런 자각 속에서 드러나는, 양극성의 두 극으로 인지되는 범주들이다. 많은 사람들이 논리적으로 이런 통찰에 이를 수 있다. 나는 대학에서 수학과 형식논리학을 공부하고 있었을 때, 무엇인가를 비개념적이라고 부르는 것은 그것을 개념으로 만든다는 사실을 알았다. 그러나 그것은 생각에 불과했다. 그 당시 나는 그런 경험을 해보지 못했다. 여기서 완전한 비개념성에 대한 이해는 완전한 비개념성에 대한 깨달음의 결과로 생겨난다. 그리고 다시, 완전한 비개념성은 우리가 그것을 식별하고 식별하지 못하는 것과는 무관하게 늘 현존하는 상태다.

완전한 비개념성이 개념적인 것과 비개념적인 것의 이분법을 넘어서는 것이기에, 우리는 마음대로 개념화할 수도 있고 하지 않을 수도 있다. 이런 상황은 개념과 개념의 부재를 식별할 수 있게 해주고, 개념과 개념의 부재를 그저 각기 다른 종류의 경험들로 여길 수 있게 해준다. 예컨대 비이원적 깨달음 상태에서 우리가 초월하는 중요한 한 가지 개념은 시간이다. 우리의 관례적인 경험은 항상 그 속에 시간개념을 내포하고 있다. 우리의 일상생활은 시간 속에서 펼쳐진다. 그러나 우리가 현존을 경험할 때, 우리는 현존이 즉각적인 현재성임을 깨닫는다. 그것은 시간을 초월하는 지금, 그저 현재 순간에 불과한 것이 아닌 지금이다. 하지만 시간을 초월하는 또 다른 방법이 있다. 우리가 시간 경과라는 양식화된 효과로부터 자유로워질 때 우리는 자신의 존재를 초시간적인 것으로 경험할 수 있다. 초시간성은 고전적인 신비 체험, 곧 시간을 넘어서는 자신의 참본성에 대한 체험을 특징짓는 것이다. 혹은 이따금 우리는 시간 초월을 영원한 지금, 혹은 영원성의 느낌으로 경험할 수도 있다. 이때의 영원성은 길거나 무한한 시간을 뜻하는 것이 아니다. 영원성은 그것이 모든 시간을 하나의 순간으로 압축한 것과 더 비슷하다는 점만 제외하고는 초시간성과 비슷하다. 시간 경과가 없기는 하지만 그것은 동시에 모든 시간이라는 느낌도 안겨준다. 가끔 우리는 "이건 영원한 것 같아(이건 영원히 끝나지 않을 것 같아)"라고 이야기하는데, 그 말은 곧 "나는 이 일이 끝날 때까지 기다릴 수 없어(못 참겠어)"라는 뜻이다. 그러나 영원성의 신비로운 경험은 오히려 영원한 지금에 존재하는 것과 같으며, 그것은 시간의 일어남을 초월한 것이다.

그런데 완전한 비개념성은 초시간성의 개념이 여전히 시간개념을 갖고 있다는 사실을 드러내준다. 그 점에 관해서 한번 생각해보자. 우리는 그것을 시간-없음time-less-ness이라고 부르는데, 그 말은 시간 time으로 시작해서 시간을 없애버린 것이다. 그 말은 "시간이 존재하지 않음" 혹은 시간의 부재를 뜻하기는 하지만, 당신은 시간의 의미를 알고 나서야 비로소 초시간성이라는 의미를 알 수 있다. 그것은 시간의 정반대되는 말이다. 그러므로 시간이 그 양극의 한 끝에 있고 다른 한 끝에는 초시간성이 있다. 그 둘은 한 양극 속에서 떼려야 뗄 수 없게 얽혀 있다. 당신이 시간을 아는 순간, 초시간성도 알 수 있다. 초시간성을 아는 순간 시간도 알 수 있다. 진정한 비개념성은 시간도 아니고 초시간성도 아니다. 그것은 시간이 존재하지 않는다는 것을 아는 일 없는 상태에서의 무시간성이다. 그러므로 완전한 지금에서는 시간개념이 없고, 초시간성 혹은 영원성이라는 개념도 역시 없다. 그것은 두 선택 가능성의 어느 쪽보다도 훨씬 더 단순한 것이다. "시간? 그게 뭔데?"와 아주 비슷한 것.

새나 도마뱀은 초시간성을 경험할까? 그것들은 시간을 경험할까? 나는 참으로 마음을 넘어선다는 것이 무슨 뜻인지에 관심이 있기 때문에 항상 그게 궁금하다. 당신이 대뇌의 신피질을 갖고 있는 한, 마음을 넘어설 수 없다. 내가 도마뱀을 떠올리는 건 바로 그 때문이다. 도마뱀은 신피질을 별로 갖고 있지 않아 생각을 하고 싶어도 할 수가 없다. 도마뱀은 개념화할 능력이 없지만, 마치 자신의 실재를 알고 인식하기라도 하는 것처럼 지각하고 반응하는 것 같아 보인다.

참본성은 인간을 위한 가능성의 하나로 이런 종류의 완전한 비개념성을 드러낸다. 비개념성은 우리가 경험하는 것과 반대극이 아닌 상태에 이를 수 있다. 그러므로 우리의 시간으로부터의 자유는 초시간성이 아니다. 우리의 시간으로부터의 자유는 시간개념으로부터의 완전한 자유다. 시간과 초시간성 모두를 넘어서 있는, 시간이 존재하지 않음에 대한 경험에서 흥미로운 점은 시간과 초시간성 모두에 걸림이 없다는 점이다. 시간은 현존할 수 있다. 하지만 참존재의 감각으로서는 참존재가 시간과 무관하다는 것이다. 그것은 완전한 비개념성 속에서의 개념들의 현존과 비슷하다. 그 상태는 개념들과 밀착된 것도, 상반된 것도 순수자각의 차원은 광대함이자 비어 있음이며, 드넓은 토대다.

그 토대 위에 모든 것은 이 투명한 청명함의 현현으로 나타난다.

이것이 비개념적인 것이기 때문에 거기에는 기억이나 연상이 없다.

우리의 경험은 일상적인 자아 감각으로 패턴화되지 않는다.

그래서 실재는 새로움과 신선함으로 빛난다.

마치 모든 것이 늘 새로운 것처럼 보이며 처음으로 경험되는 것과 같다.

모든 지각은 즉각적으로 지금 일어나고 있다.

이 차원을 처음으로 경험할 때, 우리는 자각이 인식하는

현존의 더욱 정련된 방식임을 이해했다.

자각은 개념이 없이 일어나는 현존의 경험이다.

그것을 통해 순수지각pure perception의 능력,

순수한 비인지적 경험의 능력이 일어난다.

아니다. 그것은 양극으로부터의 완전한 초월이다. 우리는 비개념성을 개념들로부터의 초월이라고 생각하지만, 완전한 비개념성은 바로 그 초월성으로부터의 초월이다. 더 정확히 말하자면, 우리는 그것이 초월성과는 전혀 무관한 것이라고 말할 수 있다. 완전한 비개념성은 경험과 지각의 순수한 단순함이다.

완전한 비개념성은 우리가 아직 미처 내다보지 못했을 가능성이 큰 자유의 새로운 지평들을 향해 경험을 열어준다. 만일 우리가 자신의 공간 경험을 깊이 살펴본다면 자유가 내포하고 있는 의미들을 더 잘 알 수 있다. 우리는 참본성의 무한한 깨달음 속에서 참다운 내가 모든 것이 생겨나는 공간을 넘어서 있다는 것을 알아차린다. 우리는 모든 드러남 혹은 현현이 시공간 속에서 나타난다는 것을, 우리 존재는 시공간을 넘어서 있다는 것을 알게 된다. 우리는 공간을 넘어서 있다는 느낌을 모든 것이 생겨나는 공간 이외의 것인 광대함, 드넓고 활짝 열려 있고 비어 있는 광대함의 느낌으로 경험할 수 있다. 우리는 광대함을 경계 없는 무한한 것으로 경험할 수 있다. 그 경험에는 어떤 한계나 경계도 없다. 그러나 그 광대함이 순수 의식의 드넓은 투명함이든 혹은 절대의 드넓은 어둠이든 간에, 아무튼 그것은 여전히 공간개념을 갖고 있다. 광대함이 보통의 공간개념을 넘어서 있는 것이긴 하지만, 그것이 광대하다는 느낌을 안겨준다는 사실은 거기에 아직도 공간개념이 존재한다는 점을 함축하고 있다. 그렇지 않다면 어째서 그것을 광대하다고 부르겠는가? 만일 우리가 자신의 경험을 좀 더 면밀히 조사해본다면, 무한한 공간은 공간의 초월이 아니라 공간의 무한한 연장이라는 사실을 알게 될 것이다. 유한함이 공간의 제한된 연장extension

인 것과 마찬가지로 무한함은 공간의 끝없는 연장이다.

공간의 이런 식의 고전적, 혹은 비이원적 초월성은 우리의 통상적인 공간 경험과 정반대되는 것이다. 그런 초월성은 본질적으로 유한성을 초월한 무한성이지만, 공간의 무한성도 여전히 공간이다. 공간에 대한 비이원적 경험은 그것의 가장 전형적인 특징을 갖고 있으니, 그 특징 이란 곧 한 형상과 다른 형상 간의 거리를 뜻한다. 공간에 대한 일반적인 경험 속에 내포되어 있는 거리 혹은 연장은 비이원적 경험 속에서 모든 것과 모든 곳이라는 느낌으로서 지속된다. 무한한 깨달음에 대한 일반적인 경험은 "나는 여기 있다, 나는 저기 있다, 나는 모든 곳에 있다"다. 그러나 우리가 이렇게 말하기 위해서는 여기, 저기 그리고 모든 곳을 만들어내는 많은 저기를(곳을) 경험해야만 한다.

우리가 유한에서 무한으로의 공간 초월을 넘어설 때, 공간개념으로부터 참으로 자유로울 때, 우리는 여기도, 저기도, 모든 곳도 없다는 것을 알아차린다. 그저 어떤 위치도 존재하지 않는다. 나는 공간 없음의 이런 경험을 "총체적 비국소성total nonlocality"이라고 부른다. 무위치는 보통 어떤 것이 여기에 위치해 있는 것이 아니라 모든 곳에 위치해 있음을 이르는 말이다. 완전한 무위치성은 그와는 다른 것을 뜻한다. 그것은 어떤 연장도 없고, 따라서 공간도 없다는 것을 뜻한다. 그것은 여기, 저기, 모든 곳에 존재함 없는 경험이다. 모든 곳이라는 것은 존재하지 않는다. 따라서 여기도 없고 저기도 없다면 현존한다는 것은 무엇인가? 여기서 우리는 도마뱀의 단순한 경험, 곧 순수한 지각으로 돌아가게 된다. 우리는 개념 이전의 단순함으로 돌아가게 된다. 이 완전한 비개념성의 상태는 공간개념으로부터 자유롭고, 공간개념으로부터의 자유로부터도 자유롭다.

무한한 차원들의 초공간성은 공간이라는 개념 속에 함축되어 있는 유한한 위치성으로부터의 자유다. 하지만 그것은 여전히 공간개념으로부터 완전히 자유롭지 않다. 우리가 참으로 공간개념에서 자유로울 때는 공간에도, 초공간에도 전혀 구애받지 않는다. 우리는 광대함을 경험할 수도 있고 유한함을 경험할 수도 있으며, 어느 쪽에도 전혀 구애받지 않는다. 그것은 우리가 어느 쪽과도 상반되는 일 없이 양자 모두를 참으로 넘어서 있기 때문이다.

참된 비개념성, 완전한 비개념성은 어떤 것과도 대립되지 않는다. 우리가 어느 것을 다른 것과 맞서게 하는 순간, 우리는 이미 개념의 영역에 존재하게 된다. 전체적인 참존재의 실재는 그 모든 것에서 벗어나 있다. 철저히 비개념적인 상태에서 시간과 초시간성 모두가 생겨날 수 있지만, 어느 것도 참다운 나의 느낌, 참존재의 느낌을 틀 짓지 않는다. 유한하든 무한하든 간에 공간과 초공간성은 나의 참다운 정체성을 규정짓지 않으며, 나는 둘 중 어느 한쪽을, 혹은 동시에 둘을 자유롭게 경험한다. 참존재의 창조적이고 분별력 있는 지혜는 완전한 비개념성에 내재된 더 깊은 많은 의미를 드러낼 수 있다.

우선은 비개념성이 우리가 흔히 비개념적인 것으로 경험하는 것을 넘어설 수 있다는 것을 아는 것만으로 충분하다. 그런 경험이 직접 경험으로서의 비개념성에 대한 통상적인 감각이든 혹은 개념들의 초월로서의 비개념성에 대한 비이원적인 감각이든 말이다. 비개념성을 넘어간다는 것은 그 어떤 것에 대한 부정도 아니다. 사실은 "넘어"도 "감"도 없기 때문에 "넘어감"이라고 하는 말조차도 정확한 표현이 못 되며,

차라리 그 상태의 근사치라고 해야 옳을 것이다. 근본적인 비개념성에서 완전한 비개념성으로 옮겨가는 것은 더 큰 포용이 된다. 완전한 비개념성은 양극에 의해서 정형화되거나 구속되는 것이 아니기 때문에 그 비개념성은 경험의 모든 가능성에 열려 있다. 개념적 경험에 대해서건 비개념적 경험에 대해서건, 그 밖의 어떤 경험에 대해서도 마찬가지다. 자유는 개념들을 제거하는 것을 통해서가 아니라 그것들을 제대로 꿰뚫어보는 것을 통해서 오며, 그렇게 함으로써 개념들은 어떤 고정된 방식을 통해서도 우리의 참다운 정체성을 정형화하지 못하게 된다. 우리의 자유가 무조건적이고 무제한적인 것이 됨에 따라, 우리는 고착에 대한 욕구를 넘어서는 단순함과 제한되는 것을 거부하는 개방성을 갖고서 개념들과 개념 없음을 느긋하고 수월하게 경험하고 활용할 수 있다.

Featureless True Nature

16장

특징 없는 참본성

우리는 수행의 미묘함들을 배우고, 또 어떻게 하면 우리가 미리 내다볼 수 없는 경험의 차원들 속에서 우리의 탐구가 잘 작동하고 지속적인 것이 될 수 있는가와 관련된 미묘함들을 배우고 있다. 우리는 앞 장에서 우리의 수행이 더 미묘한 것이 되어감에 따라서 우리가 앎과 알지 못함에 관한, 개념성과 비개념성에 관한 의문들을 살펴보게 된다는 것을 알았다. 이것은 가슴의 끈과 분리될 수 없는 영적 탐구의 길의 인식론적인 끈을 따라가는 것이다. 우리의 탐구가 지속적인 것이 되는 데 필요한 사랑은 밝게 깨어난 상태에서의 흥미와 발견의 기쁨으로 가득하고, 우리가 든든하고 안전한 느낌을 갖도록 도와주는 부드러움과 따스함으로 가득하다. 우리가 의외의 자리들places을 조사하고 직면하기 어렵거나 버거운 우리의 민감한 부분들을 노출시킬 때 사랑의 이런 속성들은 꼭 필요하다. 우리는 가슴의 끈에 드러나게 초점을 맞추지는 않았지만, 그 끈은 우리 수행의, 우리가 필요로 하는 것의, 인간

조건의 필수적인 부분이며, 전체적인 참존재가 우리 경험 속에서 스스로를 제공해주는 한 방식이다. 전체적인 참존재는 불명료한 구조들과 장애들을 꿰뚫어보는 데 필요한 완전한 비개념성을 제공해줄 뿐만 아니라 친절함과 사랑, 우리 내면의 그런 자리들에 대한 개방성을 뒷받침하는 온화함도 제공해준다.

전체적인 참존재를 탐구할 때 우리는 사람됨, 인간됨, 혹은 가슴을 가진 개인됨의 감각이 사라지거나 소멸될까봐 염려할지도 모른다. 비이원적 차원들에 대한 우리의 작업에서 무한함이나 형태 없음이 개인적인 경계선을 넘어서는 것임을 뜻할지라도 우리는 사람됨, 개인됨의 감각이 지속될 수 있다는 것을 안다. 설령 우리가 이 형태 없음과 밀밀하게 연결되어 있다 할지라도 말이다. 개인적인 물질대사와 성숙함(생물학적인 성숙)을 동반한 개별 의식은 전체적인 참존재가 스스로를 의식적으로 경험하는 데 꼭 필요하다. 우리는 바로 이런 의미에서 개별 인간을 깨달음의 기관으로서 살펴봤다. 우리는 사람됨의 감각을 잃지 않는다. 우리는 그저 실재를 경험하는 그 밖의 많은 방식을 얻기만 할 뿐이다. 완전한 비개념성이 개념적 양극들을 넘어서면서도 개념들을 버리지 않는 것과 마찬가지로, 전체적인 참존재는 개인의 감각을 넘어서면서도 개별 의식을 버리지 않는다. 양쪽 가능성 모두 허용된다. 그런 가능성들은 서로를 부정하거나 없애지 않는다. 그것은 완전히 다른 종류의 수학이다. A + (−A)는 0이면서 동시에 A + (−A) = A + (−A)이다. 양쪽 모두 참이다. 자아의 용해 혹은 정지 혹은 죽음에 대한 우리의 다양한 경험은 그런 두 가지 경험이 서로를 없애버리는 예들이다. 그러나 우리는 경험의 다른 가능성들 역시 존재한다는 사실을 발견한다.

참본성은 우리가 경험하고 알고 생각할 수 있는 어떤 양극의 한편 혹은 상대편으로 볼 수 없는 방식으로 자신을 드러낼 수 있다. 앞 장에서 우리는 앎을 그것의 모든 차원에서, 곧 개념적 앎, 개념 없는 각기 다른 정도의 앎, 완전한 비개념성의 차원들에서 조사해봤다. 우리가 가르치는 다양한 차원들은 대체로 과거의 개념들과 경험의 과거 양식들을 상실함으로써 나타난다. 하지만 완전한 비개념성은 어떤 종류의 경험도 떨쳐버리지 않는다. 완전한 비개념성은 그보다는 차라리 경험과의 동일시를, 경험에 관해 고정된 위치를 갖는 자세를 떨쳐버린다. 그러므로 완전한 비개념성은 필요할 때 위치를 갖는 경험을 포함해서 어떤 종류의 경험에도 완전히 열려 있다. 참본성은 모든 것, 모든 사람, 전체적인 참존재의 모든 표현, 경험이나 실재의 모든 관점에 열려 있는 완전한 개방성으로 스스로를 드러낸다.

우리는 순수 의식과 절대적 자각의 본성 속으로 더 깊이 파고들 때 우리 참본성의 완전한 비개념성을 처음으로 경험한다. 우리가 이 비이원적 차원들의 본성과 본질을 조사해보면, 그 차원들의 무無와 공空과 부재의 감각을 고찰해보면, 참본성이 우리가 상상조차 해볼 수 없었던 정도의 자유를 드러내는 방식으로 자신을 드러낼 수 있는 문이 열린다. 우리 작업의 통상적인 경로 속에서 우리가 펼쳐내는 발달 혹은 깨달음은 절대의 깨달음을, 자아로부터의 완전한 자유인 참본성의 절대적 깊이를 드러낸다. 어떤 가르침들은 절대를 큰 자아 혹은 궁극적 자아 혹은 궁극적 주체라고 생각한다. 하지만 절대는 사실 완전한 무아, 어떤 종류의 자아도 없는 상태의 경험이다. 여기서 개별 자아는 그저 무 자아no self를 경험하기 위한 창문으로 보일 뿐이다. 개별 자아는 중심이 아니며, 거기에는 어떤 중심도 없다. 그러므로 절대는 자아의 비어 있음에 대한 깊은 깨달음이다. 절대는 또 그 어떤 것도 궁극적인 자기 정체성을 갖고 있지 않다는 의미에서 모든 것의 비어 있음, 모든 것의 비존재로서 나타날 수도 있다. 사물과 현상들은 나타나고 우리는 그것들을 경험하지만 그것들은 우리가 흔히 생각하는 방식으로 존재하지는 않는다.

그러나 우리가 앞 장에서 살펴봤던 것처럼 절대조차도 완전히 비개념적이지는 않다. 절대는 그 깨달음의 수준에 고유한 약간의 미세한 개념들을 여전히 갖고 있기 때문이다. 나는 지금 그런 것에 뭔가 잘못된 점이 있다는 얘기를 하고 있는 것이 아니다. 사실, 깨닫기 위해서는 절대 혹은 순수 의식 혹은 순수한 현존을 깨닫는 것만으로도 충분하다. 만일 우리가 그런 차원들을 경험할 수 있다면 우리는 이미 행운아요 복 받은 사람들일 것이다. 그리고 우리가 그런 것들에 관심이 있거나 호기심이 있거나 열린 마음을 갖고 있다면, 실재는 더 많은 가능성들을 계속해서 드러낼 것이고, 깨달음은 더 이상의 통찰들을 계속해서 드러낼 것이다. 그것은 일종의 삶, 그 이상의 깨달음을 발견하는 깨달음의 삶이 된다. 경험하고 존재하고 작용하는 우리의 방식은 우리가 미처 예상하지 못한 새롭고도 다른 방식들로 계속해서 변하고 나타날 것이다.

예컨대, 완전한 비개념성은 존재와 비존재의 문제에 관한 그 이상의 이해를 드러내준다. 절대의 관점에서 볼 때 참으로 존재하는 것은 아무것도 없다. 실재의 그 절대적 깊이는 존재가 현상의 문제임을 보여준다. 이것은 세계가 환상이라는 뜻이 아니라 모든 것이 우리가 생각하는 식대로 존재하는 것이 아니라는 것을 말해준다. 절대의 관점에서 볼 때, 경험에 관한 근본적인 진실은 비존재성nonbeingness이다. 우리가 자아의 비어 있음, 모든 것의 비어 있음이 근본적인 깨달음임을 알게 될 때, 그런 앎은 자아로부터의 엄청난 자유를 안겨준다. 그러나 이런 깨달음은 여전히 미세한 개념들을 품고 있으며, 그런 것들 중 하나는 비어 있음의 개념, 곧 사물들이 존재하지 않는다는 생각과 경험이다. 비어 있음(공성空性)이 존재하는 것이 아니라는 알아차림인 "공성의 비어 있음emptiness of emptiness"으로 언급되는, 그 이상의 이해가 존재한다.

완전한 비개념성의 관점에서 볼 때, 문제는 비어 있음이 존재하지 않는다는 것이 아니다. 그보다는 차라리 사물과 현상들이 비어 있느냐 아니냐, 그것들이 존재하느냐 존재하지 않느냐 하는 것들은 그저 이 유형의 깨달음과 전혀 무관하다는 것이다. 여기서 참본성의 깨달음에 대한 알아차림과 경험은 사물과 현상들이 존재하는 것도 아니고 존재하지 않는 것도 아니며, 양쪽 모두와 무관하다는 것이다. 우리는 존재에 대한 그런 개념에 따라서 움직이고 있지 않기 때문이다.

참본성을 경험하는 이런 방식은 전체적인 참존재가 그것의 특징 없음, 곧 존재의 특징에 의해서 규정되는 것이 아닌 특징 없음을 드러내는 방식이다. 존재가 하나의 특징이라고 말하는 것은 비존재도 역시 하나의 특징이라고 말하는 것이기도 하다. 한데 존재와 비존재 모두 실재를 경험하는 효과적인 방식들이다. 그것들은 상대를 무효화하는 정반대되는 것들이다. 하지만 우리가 특징 없음을 경험할 때면, 그것은 마치 우리가 존재나 비존재의 개념들을 생전 들어본 적도 없는, 한 평행 우주의 생물인 것만 같다. 우리는 계속해서 살아가고, 실재는 계속해서 나타나고, 우리에게는 사물과 현상들이 존재하느냐 존재하지 않느냐는 의문이 일어나지 않는다. 우리는 이런 개념들을 부인하거나 부정하지 않으며, 그저 그것들을 우리와 무관한 것들로 알아차릴 뿐이다.

우리는 대부분의 영적 가르침들에서 중요한 깨달음에 해당하는 무아無我의 깨달음에서도 이와 비슷한 역학을 볼 수 있다. 대부분의 영적 전통들은 만일 당신이 무아의 자리에 이르지 못한다면 여전히 자아에 걸려 있다는 견해에 동의한다. 그것은 이 길에서도 역시 진실이다. 하지만 우리는 어느 시점에 이르러 깨달음이 그것의 자유를 좀 더 드러낼 때면 무아의 자리에서도 역시 스스로를 해방시켜준다는 것을 알고 있다. 우리는 무아가 이미, 자기로 존재하는 것이 가능한 앎으로서든 혹은 이제는 사라지고 없는 자기가 한때 존재했다는 것에 대한 자각으로서든 간에 모종의 자기 기억을 암시하고 있다는 것을 알아차릴 수 있다. 어느 쪽의 방식으로든 우리는 여전히 자아 개념을 건드리고 있다. 마음은 여전히 자아 혹은 무아의 관점에서 그것의 경험을 생각하고 있다. 그러나 실재가 그 특징 없음을 드러낼 때 의식 혹은 존재성은 자아 혹은 무아의 관점에서 스스로를 생각하지 않는다. 우리는 그런 관점으로 생각하지 않을 뿐만 아니라 그런 범주들(자아와 무아의 범주들)은 우리의 경험과 무관하기도 하다.

그런 범주들이 적합하지 않고 필요하지도 않긴 하지만, 그렇다고 해서 자아와 무아의 경험들이 완전히 사라졌다는 얘기를 하는 것은 아니다. 완전한 개방성과 더불어, 가끔 마치 무아가 존재하기라도 하는 것처럼, 또 어떤 때는 자아가 존재하기라도 하는 것처럼 여겨지기도 한

특징 없는 참본성은 스스로를 자각하기는 하나

생각과 구별과 개념화와 인식이 전혀 없는 의식을 드러낸다.

특징 없는 참본성은 의식에 관한 개념으로부터 자유로운,

어떤 식으로도 규정되지 않는 순수한 의식이다.

나는 그것을 "의식"이라고 부르는 것을 통해서,

도저히 뭐라고 정의내릴 수 없기에 우리가 현존 혹은

공이라고도 말할 수 없는 경험이 존재한다는 사실을

언급하고 있는 중이다. 의식 그 자체라는 점 말고는

규정할 수 있는 어떤 특징도 갖고 있지 않은,

어떤 것에 대한 의식이 어떻게 존재할 수 있을까?

그것은 마음의 완전한 부재다.

다. 따라서 거기에는 이것들이 전체적인 참존재가 스스로를 드러내는 각기 다른 방식이라는 점을 드러내주는, 경험에 대한 유연성과 개방성이 존재한다. 우리는 자신이 전체적인 참존재를 이런저런 식으로 경험할 수 있다는 것을, 그리고 전체적인 참존재가 그 자체를 경험의 어떤 개별적인 특징에 의해 구애받거나 영향받지 않는 것으로서 경험할 수 있다는 것을 알고 있다. 전체적인 참존재의 완전한 비개념성 때문에 이런 개방성은 개념들과 어우러지는 데 아무 문제가 없다. 전체적인 참존재는 그 자각과 의식 속에서 개념적인 것들과 비개념적인 것들을 모두 아우를 수 있으며, 그 양자가 서로 상반된 것들로 나타날지라도 그것들을 실재를 경험하는 유효한 방식들로 받아들인다.

우리가 전체적인 참존재를 이런 식으로 경험할 때, 우리는 그 본질과 핵심이 완전히 특징 없는 것임을 알게 된다. 그것은 특정한 어떤 개념이나 특정한 어떤 앎으로 특징지어지는 것이 아니기 때문이다. 우리는 전체적인 참존재에 관한 어떤 것도 가리킬 수가 없고, "이것은 순수한 사랑이야, 저것은 순수한 현존이야, 저 너머 것은 투명한 맑음과 공이야"라고 말할 수도 없다. 그런 어떤 말도 성립되지 않는다. 여기서 내가, 성립되지 않는다, 라고 말할 때, 그것은 그 각각의 항목은 현존할 수 있으나 그것들이 내 정체성에 대한 내 감각을 정형화하지 못하고, 어떤 식으로도 내 정체성을 규정하지 못한다는 뜻이다. 그런 개념들은 존재할 수 있고 그런 경험이 어떤 차원에서도 나타날 수 있지만, 그 어떤 것에 의해서도 영향받지 않는 깨달음의 확고한 감각이 존재한다.

특징 없는 의식은 모든 이분법에 이의를 제기하고 실재를 경험하는 다른 방식들을 드러낸다. 일반적인 경험들의 특징 가운데 하나는 주체와 대상 간의 이분법이다. 우리는 깨달음의 더 깊은 수준들에서는, 특히 참본성의 무한함의 관점에서 우러나온 깨달음에서는 이원성의 감각이 사라진다는 것을 알았다. 자아와 대상은 분리되어 있지 않으며, 바탕과 그 바탕의 나타남도 분리되어 있지 않다. 여기서 실재는 비이원적 경험으로 나타난다. 그것은 온전한 한 바탕이다. 그러나 완전한 비개념성의 관점에서 볼 때는 이원적인 것과 비이원적인 것 모두가 경험의 특징들이다. 그것들은 분리될 수 있고 인식되고 아는 것들이 될 수 있다. 우리의 경험이 특징 없는 것일 때, 우리는 생각한다. '비이원성은 근사해. 하지만 그게 나와 무슨 상관이 있지? 이원적인 것도 비이원적인 것도 내게는 맞지 않아. 내 경험은 이원적인 것도 비이원적인 것도 아니야.'

이원성과 비이원성은 분리됨 혹은 분리됨의 결여와 관련이 있다. 이것은 사물들이 각기 별개로 존재하거나, 혹은 같은 실재의 현현들이어서 서로 분리되어 있지 않다는 것을 뜻한다. 만일 우리가 이것을 더 섬세하게 파고든다면, 우리는 무한함이 경계 개념을 기반으로 하고, 비이원성은 이원성 개념을 기반으로 하고 있음을 알게 될 것이다. 하나는 다른 것을 지워버리고, 하나는 다른 것의 해독제다. 그것들이 전통적으로 내면 탐구 작업에서 기능하는 방식이 그렇다. 만일 우리가 비이원성을 경험하지 못한다면 항상 이원적 경험의 속박을 받을 것이다. 그리고 이원적 경험은 두통거리들을 동반하는 경향이 있다. 그런 경험은 비이원적 경험에서라면 용해되어버릴 온갖 종류의 고통과 번뇌를 포함한다. 그러므로 우리는 고약하게 느껴지는 경험보다는 좋게 느껴지는 경험을 선호하는 경향이 있다. 이것은 자연스럽고 이해할 만한 일이며, 전체적인 참존재가 스스로를 경험하는 한 방식이다. 그러나 전체적인 참존재는 앎과 의식이 참으로 비개념적이어서 사물들이 분리되어 있다고도, 분리되어 있지 않다고도 말할 수 없는 방식으로 스스로를 경험할 수도 있다. 여기서 우리는 다시 도마뱀으로 돌아가게 된다. 도마뱀이 주위를 두리번거리며 사물들을 보면서 뭔가를 경험하고 있을 때, 사물들이 분리되어 있다고 느낄까, 아니면 분리되어 있지 않다고 느낄까?

이원적인 경험을 할 때 우리는 이원성이 실재의 영원한 특징이라고 믿는다. 대부분의 사람들이 삶을 경험하는 방식이 그렇다. "여기에 내가 있고, 저기에 네가 있고, 우리는 참으로 분리되어 있으며, 우리는 각자 자기의 길을 가면서 다시는 서로 만나지 못할 수도 있다." 하지만 비이원성을 경험할 때 우리는 그 어떤 것도 분리되어 있지 않다는 것을 안다. 우리 모두는 분리될 수 없고 형태 없는 한 종류의 자각이다. 이것은 영적 경험의 중요한 한 단계다. 그리고 완전한 비개념성은 거기서 한 걸음 더 나아가 비개념성조차도 인식할 수 있는 한 가지 특징임을, 곧 이원적인 것과 상반되는 것으로 알려져 있고 따로 동떨어져 있는 어떤 것임을 보여준다. 완전한 비개념성의 경험은 다른 것들과 대비시키는 식으로는 경험할 수 없는 특징 없는 의식을 드러낸다. 따라서 특징 없는 의식에게는 경험이 이원적인 것이냐 비이원적인 것이냐가 전혀 상관이 없다. 그런 의식에게 경험은 그 둘 중 하나일 수도 있고, 양쪽 다일 수도 있고, 양쪽 모두와 아무 상관 없는 것일 수도 있다.

우리 참본성의 특징 없음 가운데서 우리가 꿰뚫어보기 시작하는 또 다른 것은 고요함과 활력의 관계다. 우리가 이제까지 별로 거론하지 않았던 무한한 차원들 가운데 하나는 사물과 현상들이 변하고 생겨나고 움직인다는 사실을 설명해준다. 창조적 활력이라는 이 비이원적 차원의 관점에서 볼 때, 모든 것은 매 순간 새롭게 창조되며, 모든 것은 그냥 나타났다가 그 즉시 사라진다. 실재는 끊임없는 흐름 속에 있고, 이 흐름은 곧 사물과 현상들이 생겨나고 나타나는 방식이라는 알아차림이 바로 이것이다. 완전한 비개념성의 관점에서 볼 때, 우리는 이 흐름과 활력이 아주 쉽게 식별할 수 있는 특징임을 알 수 있다. 따라서 움직임, 흐름, 창조성은 고요함, 침묵, 쉼과는 분리되어 있다.

우리가 로고스라고 부르는 이 활력 차원의 관점에서 볼 때 실재의 모든 것은 항상 동시에 생겨나고 있고, 그 모든 것은 지속적인 생겨남 혹은 지속적인 흐름이며, 우리의 생각과 느낌과 움직임과 삶을 포함한 그 모든 것은 항상 일어나고 있다. 그러나 완전한 비개념성의 관점에서 볼 때, 그 생겨남은 생겨나지 않음과 대조된다. 여기서 사물이나 현상이 생겨나느냐 생겨나지 않느냐 하는 의문은 이것과 무관하다. 그 경험은 다음의 경우와 더 비슷하다. 우리는 사물과 현상들이 생겨나는 것을 본다. 하지만 우리는 실제로 어떤 것도 생겨나고 있지 않으며, 마치 항상 생겨나고 있는 것처럼 보이긴 하지만 일찍이 어떤 일도 일어나지 않았고 어떤 것도 생겨나지 않았다는 것을 느낀다. 우리는 생겨남과 생겨나지 않음이 또 다른 개념적 이분법이라는 것을 알아차릴 수 있다.

우리는 특징 없는 완전한 의식인 완전한 비개념성에 힘입어 모든 것을 하나의 경험, 지각, 아주 평범하게 느껴지는 깨달음으로 볼 수 있다.

모든 것은 단순하고, 모든 것은 그저 그 자체들이다. 만일 우리가 "그 자체"가 뭘 뜻하는 것인지, 그리고 그것이 다른 것들과 분리된 것임을 뜻하는 것인지 아닌지 알기 위해 조사해본다면, 우리는 이렇게 생각할 것이다. '분리되어 있거나 분리되어 있지 않다고 하는 것들은 인간이 만든 개념들이기 때문에 그것은 분리된 것도 분리되지 않은 것도 아니다.' 여기서 실재는 개별적인 생각이 빚어낸 것이 아니라 완전히 비개념적인 것이다. 사물과 현상들이 분리된 것이냐 분리되지 않은 것이냐 (가끔 둘 다 진실일 수도 있다) 하는 의문은 삶과 자각과 존재와는 무관한 것이요, 그 모든 것들에게 불필요하다.

관련성이라는 게 존재하지 않는다고 해서 이해나 사랑까지 존재하지 않는다는 뜻은 아니다. 우리는 모든 경험을 소중히 여긴다. 하지만 그 어떤 것에도 계속해서 집착할 필요는 없다. 관련성이 있다거나 없다고 하는 것들은 우리가 자유로워질 필요성의 여지가 있는 또 다른 양극이기 때문에 어느 의미에서는 모든 것이 다 관련이 있다. 중요하거나 중요하지 않은 것들, 관련이 있거나 없는 것들을 포함한 모든 가능성이 다 열려 있다. 특징 없음은 모든 특징의 잠재적 가능성이다. 만일 개방성이 참으로 특징 없는 것이 아니라면, 그것은 반드시 무엇인가를 배제할 것이다. 개방성이 특징 없는 개방성이라는 사실은 존재의 모든 가능성을 허용해주는 것이다.

참존재가 이런 식으로 나타날 수 있다는 점을 이해하게 될 때, 우리는 이 미묘한 특징 없음이 참본성의 모든 표현 속에 실제로 내재되어 있다는 것을 알아차리게 된다. 즉 절대적 자각 속에, 근원적인 비개념적 자각 속에, 앎과 순수한 현존 속에, 무한한 사랑 속에, 실재의 활력 속에, 존재의 속성들에 그리고 주체와 대상에 대한 나날의 경험 속에 실제로 내재되어 있다는 것을. 이런 종류의 특징 없음은 항상 존재하고 있으며, 그것이 특징 없는 것이기에 우리는 그것을 정확히 인지하지 못한다. 우리는 특징을 잡아내는 일에 익숙해 있다. 우리는 항상 이런저런 특징들과 자기를 동일시하고 있다. 그리고 만일 어떤 특징도 존재하지 않는다면 아무것도 존재하지 않게 될 것(이것은 우리 대부분에게 나쁜 소식으로 들린다)이라는 관점이나 위치가 존재하기 때문에, 특징 없음은 무無처럼 느껴질 수도 있으나, 사실 그것은 모든 것이다.

특징 없는 실재의 경험은 아주 평범하다. 모든 것이 다 단순하다. 삶은 평소처럼 지속된다. 그저 이런저런 견해들(존재 혹은 비존재, 자아 혹은 자아 없음, 이원적 혹은 비이원적, 생겨남 혹은 생겨나지 않음 등의)에 고착되거나 구속받지 않는다는 점만 예외가 될 뿐이다. 우리는 그저 이런 종류의 규정이나 한정에 아무 관심도 갖지 않는다. 우리는 궁극적인 어떤 방식의 집착이나 고착의 벨크로(나일론제 접착 천을 이르는 상표 이름)도 없는 상태에서 자신의 평범한 삶을 살아간다. 특징 없음의 완전한 개방성은 일종의 순수한 무지다. 그 경험은 "나는 알아. 나는 내가 알고 있다는 걸 알고 있어. 하지만 내가 뭘 알고 있는지는 몰라"다. 실재는 궁극적으로 어떤 특징에 의해서도 한정되지 않으며, 그 덕에 실재는 모든 특징을 자유자재하게 경험할 수 있다.

특징 없는 의식의 경험은 그것이 공간/공간없음 혹은 시간/시간없음의 개념들에 의해서 규정되거나 정형화되지 않는다는 의미에서 초시간적이고 초공간적이다. 우리는 굳이 시간개념과 동일시할 필요가 없는 상태에서 사건들의 경과를 지각한다. 우리는 여기와 저기에 대한 지속적인 어떤 감각도 없이 공간 차원들을 경험한다. 우리의 경험은 어떤 크기나 위치, 특성이나 색깔 감각도 갖고 있지 않다. 특징 없는 참본성은 스스로를 자각하기는 하나 생각과 구별과 개념화와 인식이 전혀 없는 의식을 드러낸다. 특징 없는 참본성은 의식에 관한 개념으로부터 자유로운, 어떤 식으로도 규정되지 않는 순수한 의식이다. 나는 그것을 "의식"이라고 부르는 것을 통해서, 도저히 뭐라고 정의내릴 수 없기에 우리가 현존 혹은 공이라고도 말할 수 없는 경험이 존재한다는 사실을 언급하고 있는 중이다. 의식 그 자체라는 점 말고는 규정할 수 있는 어떤 특징도 갖고 있지 않은, 어떤 것에 대한 의식이 어떻게 존재할 수 있을까? 그것은 마음의 완전한 부재다. 특징 없음이 비록 특징(특징들은 현존할 수 있고 또 대체로 현존하고 있다) 친화적이긴 하지만, 특징들은 특징 없음을 정형화하지 않는다. 특징 없음은 마음과 대립하거나 마음을 부정하는 어떤 특징도 갖고 있지 않기 때문에 마음을 넘어서 있으면서도 마음과 쉽게 공존할 수 있다.

많은 전통들이 깨달음을 어떤 종류의 상태로 이야기한다. 자연스러운 상태 혹은 근원적 상태 혹은 절대적 상태 등으로. 내가 지금 서술하고 있는 특징 없는 깨달음은 일종의 상태 없음이다. 거기에는 따로 분리할 수 있다거나 특징 없다고 부를 수 있는 어떤 한 가지 상태가 존재하지 않는다. 모든 상태를 다 환영하며, 모든 상태가 다 경험하는 데 유용하다. 어떤 상태나 경험이 나타나든 간에 그 모든 것은 전체적인 참존재의 표현의 일부이지만, 전체적인 참존재는 어떤 한 상태라고 규정되거나 그런 식으로 제한받을 필요가 없다. 그러므로 전체적인 참존재는 최종적이고 궁극적인 어떤 방식으로도 규정될 수 없다. 전체적인 참존재는 이 모든 서술과 이 모든 정의로 스스로를 나타낼 수 있기 때문이다. 그러나 전체적인 참존재의 경험이 꼭 "나는 우주와 실재 속에 있는 모든 것을 경험하고 있어, 나는 모든 가능성을 동시에 경험하고 있어"라는 것이 될 필요는 없다. 그런 일이 일어날 수도 있기는 하나 전체적인 참존재는 더 미묘한 방식들로 스스로를 드러낼 수도 있다. 어느 시점에 이르면, 우리는 전체적인 참존재의 어떤 표현, 실재의 어떤 차원(깨달음이든 깨달음이 아닌 것이든 간에)을 경험하는 것이 바로 전체적인 참존재의 경험임을 알게 된다. 우리는 그것that으로 존재하고 그것that(그것이 뭐가 되었든 간에)을 경험하는 것이 바로 전체적인 참존재로 존재하는 것이요, 모든 것으로 존재하는 것임을 즉각적으로 알아차리게 된다.

따라서 우리 각자는 늘 전체적인 참존재의 이런저런 표현들 속에서 전체적인 참존재를 경험하고 있다. 그리고 우리의 수행은 그저 지금 당장 그것이 무엇인지(전체적인 참존재가 어떤 형태로 표현된 것인지) 밝혀내고 그 본성을 탐구, 조사하는 것일 뿐이다. 그리고 우리가 그것을 파고들 때, 일종의 초대처럼 느껴지는 탐구 그 자체는 전체적인 참존재가 자신의 지성을 표현하고, 그 잠재력 실현의 일환으로 다른 가능성들을 드러내는 것이다. 우리는 그 이상의 잠재력들을 발견에 대한 우리의 사랑으로 표현하는 전체적인 참존재의 흡인력을 경험한다. 우리는 의식의 특징 없음으로 나타나는 전체적인 참존재의 바닥을 모르는 끝질긴 불확정성을 경험한다. 자유의 끝없는 여정의 시작이 바로 이것이다.

Not One, Not Two

17장

하나도 아니고 둘도 아니다

지금까지 우리는 여러 각도에서 전체성의 관점을 살펴봤다. 이 관점의 기본이 되는 것은 어떤 관점이나 지향성도 부정하지 않는다는 점이다. 우리는 그저 실재를 경험하는 새로운 방식들을 얻을 뿐이다. 전체적인 관점이 지닌 이점들 가운데 하나는, 그 관점이 경험할 것들을 선택해야만 하는 일에서 우리를 해방시키며, 그 덕에 우리의 탐구는 특정한 어떤 목적을 지향해야만 하는 처지에서 자유로워진다는 것이다. 우리가 실재를 경험하는 하나의 궁극적인 방식이 존재한다고 느끼는 한, 우리의 탐구가 참으로 개방적인 것이 되기는 어려울 것이다. 탐구의 힘은 실재의 근원적인 비어 있음의 표현에 해당되는 탐구의 개방성과 자유로움에서 나온다. 열린 탐구에서 작용하는 활력이 지닌 자유의 원천은 바로 그 비어 있음이다.

우리는 전체성의 관점을 통해서 동시에 다수의 관점들, 즉 인습적 관점, 무한한 관점, 비개인적 관점, 우주적 관점, 비이원적 관점을 비롯한 그 밖의 여러 관점들을 알 수 있다. 그리고 우리는 그런 관점들이 서로 어떻게 관련되어 있는지도 알 수 있다. 우리는 비이원적 관점이 이원적 관점과 관련되어 있는 각기 다른 여러 가지 방식을 살펴봤다. 우리가 전체성의 관점에서 고찰해볼 때, 우리가 알아왔던 것 이상가는 가능성들을 드러내기 시작하는 영역들 가운데 하나는 주체와 대상의 이분법에서 생겨나는 상호작용의 영역이다. 이원적 관점은 세계 속의 자아, 경험하고 지각하고 대상들(타인들을 포함한)과 상호작용하고 있는 자아라는 측면에서 사물과 현상을 경험하는 일과 많은 관련이 있다. 그 이름이 함축하고 있다시피 이원적 관점 속에 본래 내재되어 있는 것은 두 가지 것들, 곧 나와 남, 이것과 저것 등에 관한 고정된 감각이다. 다른 한편으로, 비이원적 관점은 이런 구별을 지워버린다. 나와 남, 이것과 저것을 포함한 모든 것이 근본적으로 하나다. 그러나 우리가 우리의 일반적인 경험, 그런 경험에서 나온 둘(나와 나 아닌 다른 어떤 것 간의 상호작용이라는 지속적인 감각에서 나온)이라는, 널리 통용되는 감각을 좀 더 파고들어 가보면, 더 많은 것들이 드러난다. 우리는 그 둘이 같은 전체의 일부가 될 수 있다는 것을, 하나됨 혹은 단일성의 감각이 비이원적인 방식으로 둘됨two-ness의 감각을 대체할 수 있다는 것을 발견한다. 하지만 이때 둘됨의 감각을 대체할 수 있는 방식으로는 비이원적 방식뿐만 아니라 비이원적이지 않은 다른 방식들도 있다. 앞으로 곧 알게 될 테지만, 전체성의 관점은 이원적인 경험과 비이원적 경험의 이분법을 넘어서는 상호작용의 가능성들을 드러내준다.

주체와 대상 간의 상호작용은 많은 차원에서 나타날 수 있다. 그 상호작용이 나타날 수 있는 방식들 가운데 하나는 내재화된 한 대상관계의 경험 속에 존재한다. 당신은 자신을 주체로, 혹은 대상으로 경험할 수 있다. 당신은 그 대상관계의 한 끝이거나 다른 한 끝이다. 그러나 당신은 자신이 그 대상관계의 전체임을, 곧 동시에 주체와 대상임을, 동시에 양극 모두임을 경험할 수도 있다. 그러고 나서 당신은 자신을 주체도 아니고 대상도 아니고 동시에 둘 다도 아닌, 그 대상관계 전체를 넘어서 있는 존재로 경험할 수도 있다. 그럴 때 어느 의미에서 당신은 하나도 아니고 둘도 아니다. 하지만 우리는 "하나도 아니고 둘도 아니다"라는 것이 영적인 표현으로 사용될 때 그것이 이원적인 것과 비이원적인 것의 이분법을 넘어서는 경험에 대한 이해를 뜻한다는 것을 알게 될 것이다.

인습적인 관점, 이원적 관점은 주체와 대상의 항식으로 본 실재에 대한 경험이다. 거기에는 경험하는 자와 경험된 바, 지각하는 자와 지각된 바, 행하는 자와 행해진 바가 존재한다. 그리고 물론, 그것은 정상이다. 대부분의 사람들에게는 그런 것이 사물과 현상들이 일어나고 생겨나는 방식이다. 그리고 그것은 실재가 스스로를 드러내는 주요한 한 가지 방식이기도 하다. 사실, 그것은 대단히 비중이 큰 방식이어서 대부분의 사람들은 늘 그런 식으로 실재를 경험하다시피 한다. 만일 우리가 전 세계 모든 사람의 경험을 고려해본다면, 실재가 스스로를 비이원적인 것으로 경험하는 데 들이는 시간의 양은 스스로를 이원적인 것으로 경험하는 데 들이는 시간의 양과 비교할 때 아주 적을 것이다. 아니, 사실은 극히 적다. 대부분의 시간 동안 우리의 경험은 이원적이며, 주체와 대상 간의 이분법에 의해서 결정된다. 그런 이원론적 관점은 우리의 과거 경험의 정형화와 관련이 있다. 우리는 구성 개념들과 인상들이 우리의 현재 경험을 어떻게 여과시키는지를 알고 있으며, 그렇게 하는 것은 우리의 경험을 참본성의 바탕으로부터 분리시키고 참존재의 단일성을 각기 다른 자아와 대상들로 분할시켜버린다.

자아를 파고드는 방식을 통해서 이원론적 관점을 탐구해볼 때, 우리는 이런 관점이 더 많은 어려움과 단절과 고통을 불러일으키는 경험 방식으로 우리를 몰아간다는 사실을 깨닫는다. 실재를 경험하는 다른 방식들이 있다는 것을 알게 될 때, 그것은 이런 속박들로부터 자유로워질 가능성을 허용해주기 시작한다. 비이원적인 관점은 과거 인상들의 속박에서뿐만이 아니라 이원론적 경험의 중요한 부분들인 갈등과 좌절감과 불만에 휘말려 들어가게 하는 많은 상황들에서도 역시 자유로워진다. 비이원론적 관점은 우리에게 실재를 경험하는 방식의 또 다른 선택 가능성을 제공해준다. 우리는 더 바람직하고 건강하고 유익하게 느껴지는, 이 다른 존재 방식에 관심을 가질 수 있다.

이런 통찰, 더 바람직한 이런 관점에 도달할 수 있는 많은 방법이 있다. 만일 우리가 과거에 자신을 제한해온 흔한 속박들에 대해서 자유롭게 이의를 제기한다면, 실재는 비이원적인 방식으로 스스로를 드러내기 시작할 것이다. 사실, 우리는 어느 시점에 이르면 주체와 대상의 이원성으로 보이는 것이 사실은 실재라는 한 바탕의 드러남이라는 것을 알아차릴 수 있다. 전체성의 관점에서 볼 때 이원성과 비이원성은 서로 연결된 것들임을 잊지 말자. 그것들은 같은 것을 경험하는 두 가지 방식이다. 우리는 이원적 관점을 세밀히 살펴봄으로써 이런 점을 더 분명하게 알 수 있다.

만일 우리가 이원적 관점을 제대로 살펴본다면, 모든 경험에서 항상 주체와 대상이 존재한다는 사실을 깨닫게 될 것이다. 이원적 관점을 규정해주는 것은 바로 그런 구조다. 거기에는 항상 무엇인가를 경험하는 누군가가 있다. 당신은 다른 누군가에게 이야기할 수 있고, 공중을 나는 새를 볼 수 있고, 어떤 느낌을 받을 수 있고, 내면을 스치는 생각을 알아차릴 수 있다. 경험 대상은 내외면의 어떤 것이 될 수 있다. 그것은 인간일 수도 있고 생명 없는 대상일 수도 있다. 심지어 그것은 당신이 현존이나 행복을 경험하고 있는 참존재의 상태일 수도 있다.

대부분의 영적 전통들은 이원적 관점을 인류가 겪어온 고통의 뿌리라고 생각하는 경향이 있지만, 그것은 또 근대 서구 과학의 철학적 바탕이 되어온 관점이기도 하다. 처음으로 주체와 대상을 분명하고도 확고하게 가른 사람은 르네 데카르트였다. 서구 과학은 이런 구분법을 토대로 세워졌으며, 주체로 하여금 대상을 연구하고 대상들과 외적인 실재에 관해 가급적 많은 사실을 발견할 수 있도록 허용해 주었다. 그렇게 해서 어떤 일들이 일어났는지를 간략하게 더듬어보기만 해보라. 엄청나다! 이원론적인 관점은 긍정적인 많은 것을 낳았다.

이원적 지각의 한 특징은 거기에 비이원성의 자취가 포함되어 있다는 점이다. 주체와 대상의 분리 상태는 결코 완전하지 못하다. 내 말인즉슨, 당신은 단독으로 존재하는 주체를 결코 찾아내지 못하리라는 뜻이다. 주체는 항상 대상을 동반한다. 반대로, 대상 역시 결코 홀로 존재할 수가 없다. 항상 대상의 경험자가 따라붙는다. "이 사람은 타인이야"라고 말하는 누군가가 없이 타인이 홀로 존재할 수는 없다. 그러므로 이원적 경험에서는 단독적인 자아나 주체의 경험이 존재하지 않으며, 단독적인 타인이나 대상의 경험도 존재할 수 없다. 주체와 대상은 서로 별개의 존재들이지만 항상 한 단위로 생겨난다. 그것들은 항상 어떤 식으로든 서로 연결되어 있다. 이것은 우리가 인습적 관점을 통해서 경험하고 있을 때 우리 대부분이 결코 고려해볼 생각조차 하지 않는 신비로운 종류의 지각이다. 만일 당신이 침실에 혼자 있다면, 자기가 온전히 혼자라는 사실을 알아차릴 수도 있을 것이고, 어느 의미에서는 그것이 진실이다. 그러나 당신은 주체로서 홀로 있는 것이 아니다. 당신은 주체이긴 하지만 당신의 대상은 다른 누군가에서 당신의 침대로, 혼자라는 느낌으로 바뀌었다.

우리가 이런 점을 알아차리고 자세히 살펴볼 때, 주체와 대상 관계의 핵심을 이루는 특징은 그것들이 그냥 둘이 아니라 항상 함께 존재하고 결코 서로를 떠나지 않으며 하나의 일부인 둘이라는 점을 알게 된다. 그것들은 본래 서로 결혼한 상태다. 어째서 이렇게 되었을까? 어째서 우리는 홀로 존재하는 주체나 대상을 결코 발견할 수 없게 되었을까? 이것은 좋은 질문이다. 내 말은 그런 일이 절대로 일어날 수 없다는 뜻이 아니라 오로지 이원적 경험에서만 일어날 수 없다는 뜻이다. 이원적 경험에서는 대상과 주체가 동시에 생겨나고, 타자와 자아가 함께 간다. 그런 상황을 간략하게 살펴보기만 해도, 모든 지각에는 항상 함께 생겨나는 주체와 대상이 존재한다는 것을 깨닫게 될 것이다. 만일 우리가 자신의 견해와 개념들을 옆으로 제쳐놓을 수만 있다면, 그런 사실을 좋은 것이라거나 나쁜 것이라고 생각하지 않을 수만 있다면, 관념연합과 영적인 온갖 잡설과 과거와 모든 다른 영향에서 해방될 수만 있다면, 주체와 대상이 함께 생겨난다는 사실을 온전히 이해할 수 있을 것이다.

예컨대, 내가 명상용 염주를 돌리고 있을 때, 나는 '나'라는 주체와 '염주'라는 대상이 존재한다는 것을 지각할 수 있다. 보통의 이원적 관점은 나와 염주를 분리된 둘이자 서로 다른 두 현상으로 여긴다. 그러나 나는 주체로서의 나라는 감각이 대상으로서의 염주와의 관계 속에서 일어나고, 동시에 생겨나는 나와 염주에 대한 경험으로부터 완전히 동떨어신 나는 존재하지 않는다는 것을 알아차리기 시작할 수 있다. 우리가 과거와 관념연합과 자기 동일시들의 영향을 알아차릴 때, 그것들로부터 자유로울 때, 우리는 비이원적 상태라고 부르는 것 속으로 들어가기 시작한다. "오, 염주와 나… 사실, 나와 염주는 존재하지 않아. 오로지 하나만이 존재하고, 이 하나가 그저 모든 것의 전체성을 알아차리고 있을 뿐이야. 그것은 나를 알아차리고 염주를 알아차리고 있으며, 그것은 통일된 완전한 하나이고 모든 것은 이 단일성의 일부야"라는 감각이 존재한다.

이것은 순수한 방식으로 참본성을 경험하는 한 상태다. 우리가 이런 상태를 경험할 때는, 그것이 과거의 영향으로부터 자유롭고 주체와 대상이라는 이분법을 낳는 개인적 역사의 정형화로부터도 자유롭다는 것을 깨닫게 된다. 그 비이원적 상태는 그런 종류의 정형화에서 자유롭기 때문에 황홀한 기분과 아울러 자유롭고 날아갈 것처럼 가벼운 느낌을 안겨주는 경향이 있다. 그리고 앞에서 살펴봤던 것처럼, 비이원적 현존이나 의식의 본성을 알아보는 데서 비롯되는 다양한 종류와 수준의 비이원적인 깨달음이 존재한다.

흔히 비이원적인 상태를 경험할 때 그 상태에는 우리로 하여금 비이원성은 실제적인real 것이고 이원적인 상태는 실제적인 것이 아니라고

우리는 모든 망상과 무지로부터

꼭 자유로워지지 않고서도

참본성을 제대로 경험할 수 있다.

우리는 그런 비이원적인 상태를 경험할 수 있으며,

그와 동시에 무지와 망상들이

우리가 미처 알아차리지 못하는 가운데

그런 경험을 정형화하는 개념들로서 지속될 수 있다.

그리고 비이원적인 상태를 정형화하고

우리로 하여금 비이원적인 상태야말로

실재의 참된 상태라고 생각하게 만드는

대표적인 개념이 비이원성이라는 개념 그 자체다.

믿게 만드는 어떤 것이 존재한다. 전체성의 관점은 그런 관점에 절대로 동의하지 않는다. 우리는 전체성의 관점을 통해서 그 둘 모두가 생겨난다는 것을 알게 된다. 이원적인 것과 비이원적인 것 둘 다 실재한다. 이런 상태에서는 이런 것이 생겨나고, 저런 상태에서는 저런 것이 생겨날 뿐이다.

비이원적인 경험은 어떤 상태도 갖고 있지 않은 듯하고 자유롭기 때문에 우리는 그것을 실제적인 것real thing이라고 생각할 수도 있다. 우리는 비이원적인 상태를 모든 것을 드러내고 있고 모든 것을 알아차리고 있는 하나의 장으로, 모든 것을 자신의 광휘와 현존으로 경험하는 순수 의식이나 현존으로 경험할 수 있다. 깨달은 상태라고도 부르는 비이원적인 상태는 고통으로부터 벗어나 있다는 의미에서 자유롭다. 하지만 그것은 우리가 이미 살펴봤다시피 어떤 위치들이나 개념들로부터는 자유롭지 못하다. 달리 말해, 우리는 모든 망상과 무지로부터 꼭 자유로워지지 않고서도 참본성을 제대로 경험할 수 있다. 우리는 그런 비이원적인 상태를 경험할 수 있으며, 그와 동시에 무지와 망상들이 우리가 미처 알아차리지 못하는 가운데 그런 경험을 정형화하는 개념들로서 지속될 수 있다. 그리고 비이원적인 상태를 정형화하고 우리로 하여금 비이원적인 상태야말로 실재의 참된 상태라고 생각하게 만드는 대표적인 개념이 비이원성이라는 개념 그 자체다.

나는 여러분 가운데 일부가 '그게 무슨 소리야? 비이원적인 것은 당연히 비이원적인 것이고, 그것이 바로 비이원성의 놀라운 점인데'라고 생각하리라 확신한다. 그 말은 사실이다. 비이원성의 놀라운 점이 바로 그것이다. 하지만 비이원성을 더 철저히 살펴본다면, 그것이 함축하고 있는 몇 가지 속뜻을 알아차리기 시작할 수도 있다. 참으로 비이원적인 가르침은 적절한 때에 이르러, 비이원적인 것이 이원적인 것과 상반되는 것이 아니고, 비이원적인 것이 온전히 비이원적인 것이 아니라는 점을 짚어줄 것이다. 비이원적인 상태를 경험하는 초장에 우리는 그 상태를 그저 주체와 대상 간의 이원성이라는 분리 현상의 부재로 경험한다. 주체와 대상은 이제 더 이상 이원적인 것들이 아니다. 그것들은 통합되어 있다. 대상을 경험하는 주체는 더 이상 존재하지 않는다. 모든 것은 하나다.

그러나 하나는 바로 이원적인 것과 대조되는 것이기에 통일된 하나로 경험된다. 그것은 둘과 대조되는 것이기에 하나다. 달리 말해, 하나는 하나이기 때문에 그 속에 둘의 개념을 내포하고 있다. 만일 당신이 하나를 갖고 있다면, 둘을 갖게 될 것이다. 그러므로 비이원성은 사실 이원성의 상극이다. 비이원성은 오로지 이원성과의 대비 속에서만 존재할 수 있다. 그것들은 상호보완적인 개념들이요, 사물과 현상을 아는 상호보완적인 방식들이다. 그리고 그것들은 살아 있는 참존재가 드러나는 두 가지 방식이다. 비이원성은 과거와 개인사의 정형화에서 자유롭기는 하지만, 여전히 하나의 암묵적인 가설, 곧 '실재는 비이원적이고 주체 및 대상과 상반되는 것이다'라는 가설을 갖고 있다.

이 가설을 살펴보는 한 가지 방법은 이원성과 비이원성의 경험이 인간 특유의 것임을 아는 것이다. 인류가 존재하기 전에 실재는 어떠했을까? 우리가 등장하기 전에도 우주는 분명히 존재했다. 그것은 이원적이었을까, 비이원적이었을까? 이 두 가지 모두, 실재는 분리된 것이거나 분리되지 않은 것이라고 말하는 어떤 종류의 마음을 암시하고 있다. 이원적 상태가 우리의 과거에 의해 고정되고 정형화된 탓에 참본성의 광휘와 빛을 덮어 가리는 것은 사실이다. 하지만 그 상태는 삶의 개별적인 것들과 그것들이 갖고 있는 의미에 주의를 기울인다. 그 반면에 해방과 깨달음의 상태인 비이원적인 상태는 참본성의 빛을 분명히 드러나게 해준다. 하지만 만일 우리가 더 자세히 살펴본다면, 비이원적인 상태에서는 빛이 모든 것을 같은 것으로 만드는 식으로 드러나고 있다는 사실을 알게 될 것이다. 모든 형태의 현현들에 같음과 동등함이 존재하고 있다. 사실, 이런 점은 비집착(집착으로부터의 자유, 어느 하나를 다른 것보다 더 좋아하는 것에서의 자유)의 관점을 동반하고 있기 때문에 비이원적 가르침의 중요한 한 부분이다. 여기서 우리는 모든 것이 다 같은 광휘와 소중함을 갖고 있다는 것을 안다. 그런 점은 종종 "동등함, 단일성, 하나됨, 한 맛―味, 한 정취"로 표현된다.

지각적 동등함의 비이원적 상태에서 흥미로운 것은 그 상태가 실재에 관한 어떤 중요한 점, 즉 실재의 바탕이 되는 본성에서는 모든 것이 다 같다는 것을 드러내주고 있다는 것이다. 이런 점은 모든 물질이 같은 소립자로 이루어져 있다는 의미에서 다 같은 것들이 되는 방식과 비슷하다. 이 상태는 사물들의 같음을 강조하고 사물들을 그런 식으로 통합시킨다. 하지만 그렇게 하는 과정에서 사물들의 동등함을 강조하고 그 점에 초점을 맞추는 경향이 있다. 사물들의 동등함이 진실이라고 할지라도, 또 다른 견해 역시 그에 못지않게 진실하다. 그 진실은 곧, 형상들은 각자 자신만의 독특함을 갖고 있으며 각 형상은 유일무이한 것이기 때문에 그들의 독특함은 중요하다는 것이다. 달리 말해, 동등함에 대한 초점이 개개의 것들이 다 다른 방식을 덮어 가린다. 그러므로 참본성을 자각하는 깨달은 상태인 비이원적 지각은 독특함의 유일무이함과 특수성을 드러내지 않는 경향이 있다.

비이원적인 상태는, 모든 특수성은 배경이고 전경에 해당하는 것은 순수 의식 혹은 참본성의 현존임을 보여준다. 모든 것은 같은 것의 나타남이다. 모든 형상은 덧없고 일시적인 것들이며, 지각의 면에서 동등한 가치를 갖고 있다. 우리는, 만일 우리가 인생에서의 모든 것이 동등한 가치를 갖고 있다(우리 가슴이 사랑으로 가득 차 있을 때는 모든 것을 다 그렇게 지각할 수도 있다)고 여긴다면, 결국 많은 어려움에 봉착하리라는 것을 알고 있다. 우리는 그중 일부가 다른 것들보다 더 중요하고, 가치들의 위계가 존재하므로 우선순위를 정해야 한다는 사실을 알아차려야 한다. 우선순위가 없다면 세상 살기가 쉽지 않다. 비이원적인 상태는 나날의 삶의 문제들에 별로 초점을 맞추지 않는 경향이 있다. 그 상태는 우리가 성숙하게 살려면 우선순위를 매겨야 한다는 사실을 인정하지 않는 경향이 있다. 성숙하게 살려면 특수한 것들의 유일무이함을 이해해야 한다.

우리가 이원성과 비이원성 속에 내재된 개념들과 그것들의 대치 상태를 알아차리고 그 이분법을 꿰뚫어볼 때는 깨달음 상태의 성격이 달라진다. 모든 것이 다른 모든 것과 분리되어 있지 않고 모든 것이 비이원적인 하나의 전체임을 아는 게 아니라, 사물들이 분리되어 있는지 아닌지, 이원적인 것인지 비이원적인 것인지, 실재가 전체인지 아닌지에 관한 생각들이 전혀 부재한 상태를 경험하게 된다. 이원성과 비이원성이라는 개념들이 증발해버린다. 우리는 그런 것들이 존재한다는 사실을 잊고 만다. 그러고 나서 사물들을 볼 때, 사물들을 경험할 때, 우리는 그저 그것들을 지각하기만 한다. 주체와 대상의 관계라는 게 뭐지? 그것들은 이원적인가? 아니. 그것들은 비이원적인가? 아니. 그것들은 뭘까? 각각의 것은 존재 그 자체다. 모든 것이 다 있는 그대로다.

이 상태에서 우리는 실재의 광휘가 갑자기 다차원성을 얻는다는 사실을 깨닫는다. 어떤 면에서 우리는 비이원적 상태가 삼차원 세계의 감각을 증폭시킨다고도 말할 수 있다. 하지만 이 상태는 이원성으로 퇴행하지 않고 비이원성을 넘어서기도 한다. 세계의 삼차원성이 이원적으로 되는 일 없이 생겨나고, 광휘의 순수함과 아울러 현존의 순수함과 더불어 생겨난다. 세계의 삼차원성은 "이것은 저것과 반대되는 것이다"라거나 "이것은 저것과 연관된 것이다"라고 말하지 않는 현존의 순수함과 더불어 생겨난다. 그 현존은 실재를 하나라고 말하지 않고, 둘이라고 말하지도 않는다. 그 현존은 자신의 특수함 속에서 각각의 개별적인 것들을 드러낸다. 실재는 삼차원적인 것이 되지만, 이 삼차원성은 크게 향상된다. 말하자면 대단히 밝아지고 또렷해지고 선연해진다. 이 선연한 실재는 자체의 충만함과 비어 있음에서의 현존 그 자체다.

여러분 가운데 상당수는 고화질 TV를 봐왔다. 여러분은 그런 화질이 여러분의 일반적인 지각보다 더 향상된 것임을 알아차렸을 것이다. 고화질 TV를 보는 것에 비해 우리 눈의 일반적인 지각은 덜 입체적인 듯하다. 여러분이 고화질로 볼 때, 시각적 지각은 훨씬 더 향상된다. 3-D 영화를 볼 때도 사정은 마찬가지다. 그런 영화에서의 차원성은 보통의 시각으로 볼 때보다도 더 확장된다. 이원성과 비이원성을 넘어서는 것은 그와 비슷한 효과를 낼 수 있다. 개별적인 것들이 있는 그대로의 것들로서 스스로를 충분하고도 완전하게 드러내고 있기 때문에 실재의 차원성은 더 향상된다. "있는 그대로의 것"은 참본성과 다르지 않다. 여기서 참본성은 빛나는 것으로서보다는 그 비어 있음과 광휘를 잃지 않으면서 윤곽이 매우 또렷하고 구체적이고 선연하게 스스로를 드러내는 것으로서 나타난다. 우리는 이런 상태를 비이원성이라고 부를 수 없다. 여기서는 비이원성이라는 개념이 들어설 자리가 없기 때문이다. 여기서는 그저 "이원적이라거나 비이원적이라고" 생각할 수 있는 마음이 끼어들 여지가 없다.

이 상태가 비록 비이원적인 것이 아니긴 하지만, 사실 우리는 그것이 비이원적인 것이 아니라고 말할 수가 없다. 그렇게 말하려면 먼저 이원적인 것과 비이원적인 것을 개념화해야 한다. 이 말할 수 없음이야말로 이 상태를 "하나도 아니고 둘도 아니다"로 특징짓는 것이다. 그러나 이 상태는 그 경험이 모호하고 흐릿하다는 사실 때문에 말로 표현할 수 없는 것이 아니다. 그 경험은 사실 대단히 또렷하고 선명하다. 그 경험은 마음의 통상적인 범주들이 작동하고 있지 않다는 의미에서 말로 표현할 수 없다. 우리는 주체와 대상이라는 이분법을 조사해봄으로써 비이원성뿐만 아니라, 하나도 아니고 둘도 아닌 이 상태도 역시 발견한다. 그리고 이 상태는 단지 그 가능성들의 시작에 불과하다.

이것은 전체성의 관점을 통해서 일들이 일어날 수 있는 방식의 한 예다. 그렇다고 해서 비이원적 상태가 참된 것이 아니라는 뜻은 아니다. 절대는 절대성을 잃지 않는다. 순수 의식은 그 광휘를 잃지 않는다. 이 상태들은 여전히 같은 것으로 남아 있지만, 그 지각은 다르다. 마음은 다르게 작동한다. 여기서 순수한 마법이라고 할 만한 것은, 비록 이원성과 비이원성이라는 개념들이 작동하고 있지 않고 경험을 정형화하고 있지도 않지만, 여전히 앎이 존재한다는 점이다. 당신은 개별적인 것들을 알고 있다. 당신은 개별적인 것의 모든 가능성 속에서, 그것이 스스로를 드러내고 있는 온갖 방식(그것이 가능하게 해주는 온갖 것, 곧 그것의 색깔, 특징, 모양, 작용 등) 속에서, 그것의 유일무이함을 알고 있다. 개별적인 것에 대한 이해와 지각 그리고 그것에 대한 직접적인 앎이 존재하지만, 그 지각은 그것이 이원적인 것이냐 비이원적인 것이냐, 분리되어 있느냐 연결되어 있느냐 하는 문제들을 두고 펼쳐지는 생각이나 관념에 의해서 정형화되지 않는다.

우리는 실재가 이원적인 것이라거나 비이원적인 것이라고 말할 수 없다. 오로지 인간들만이 그런 식으로 생각하기 때문이다. 우리가 분리되어 있지 않음nonseparation을 알려면 사물과 현상들을 분리시키고, 분리가 뭔지 알고 있는 마음을 갖고 있어야 한다. 그러나 우리 마음이 그런 이분법을 넘어서 있을 때, 실재는 단지 실재일 뿐이다. 그 경험은 그저 있는 그대로의 현상, 곧 유일무이함에 대한 증폭된 감각 속에서 생겨나는 개별적인 것들의 광휘에 대한 지각이 될 뿐이다. 주체와 대상의 관계는 상호작용하는 둘도 아니고 현현되는 하나도 아니다. 그것은 둘 다이자 둘 다가 아니며, 전체적인 참존재의 활력을 통해서 조명된 실재의 경이이자 신비다.

Total Freedom

18장
완전한 자유

우리는 수행하는 개인과, 깨달음을 드러내고 있는 더 큰 실재 간의 관계를 살펴보는 것으로 이 책을 시작했다. 우리는 깨달음의 역학(영적 탐구의 길의 지렛대 받침)을 이해하기 위해 전체성의 관점에 의지해야만 했다. 그리고 우리는 깨달음의 어떤 한 상태의 관점을 통해서는 수행과 깨달음의 관계를 제대로 이해할 수 없다는 사실을 발견했다. 그 깨달음의 상태가 제아무리 심오하고 밝게 깨인 것일지라도 말이다. 전체성의 관점은 매우 불안정하면서 또 아주 자유자재하다. 해방시켜주는 그 힘은 무제한한 포용성에서 나오며, 그와 동시에 그 포용성은 우리에게 어디에 자리 잡아야 할지를 말해주지 않기 때문에 불안감을 안겨준다. 사실, 그것은 어디에도 자리 잡을 곳이 없다는 사실을 우리에게 보여준다. 이런 사실은 어딘가에 고착되고, 자아 감각의 초석이 되는 자리를 잡으려는 우리의 성향에 도전하고 있다. 우리의 통상적인 자아 감각은 자아를 확립할 수 있는 어떤 종류의 자리, 곧 안전한 횃대나 토대나 바탕을 요구한다. 전체성의 관점은 어떤 안정성, 경험을 고정시켜주는 그 어떤 것도 궁극적으로 망상에 지나지 않는다는 점을 드러내준다. 실재는 비어 있을 뿐만 아니라 유동적이기도 하다. 실재는 자유롭게 흐르는 공空처럼 유연하게 움직인다.

우리는 전체성의 관점에 힘입어 평범한 관점에서 특별한 관점에 이르는 다양한 관점들과 깨달음들을 확립할 수 있긴 하지만, 그 관점은 그것들 가운데 어떤 것도 최종적인 안식처로 붙잡거나 떠받들지 않는다. 우리는 편히 쉴 만한 안정된 자리를 얻고 싶어 하기 때문에 가끔 이런 종류의 활력을 감내하기 힘들다는 것을 깨닫는다. 그러나 이런 불안정성의 반대편에는 꿈에도 생각해보지 못한 자유가 있다. 전체성의 관점은 고착의 결여와 모든 것을 아우르는 포용성 덕분에 우리가 가능하리라고 결코 생각하지도 못했던 유형의 자유를 예고해준다. 우리는 이 자유의 대가가 존재론적인 불안전임을 알게 된다. 우리는 안전할 수 없고, 우리가 자유롭게 되리라고 짐작할 수도 없다. 안전은 안정성을 필요로 하고, 안정성은 쉽사리 고착화되며, 이 고착화야말로 통상적인 자아 감각의 핵심이다.

그러나 전체성의 관점은 무엇으로도 속박되지 않는 그것의 무한함으로 인해 어떤 장이나 영역에서도 발견하는 일이 무한히 일어나도록 허용해주는 틀을 제공해준다. 그것은 이해와 지식과 경험에 어떤 한계도 없다는 것을 보여준다. 어떤 한계나 목적도 설정할 이유가 없다. 닫혀 있는 시스템을 만들어내는 것은 항상 어떤 진실을 배제하게 되며, 그것은 결국 전체적인 참존재의 진리를 배제함으로써 그것이 그 자유를 거의 실현하지 못하게 하는 결과를 초래한다. 그러므로 전체성의 관점이 드러내는 불안전과 불안정은 우리가 깨달음의 역학을 이해하도록 도와주며, 이어서 그런 이해는 우리의 수행을 생기발랄한 것이 되게 해주고 더 효과적인 것이 되게 해준다. 전체성의 관점은 수행을 자유롭게 해방시켜주며, 이때 드러나는 가치가 바로 수행을 개인과 실재 간의 생생한 역학으로 드러나게 해주는 자유다. 우리가 전체적인 참존재가 생생하게 살아 있는 것임을 너 잘 알아차릴수록 자유의 감각은 더욱더 강렬해지고, 우리의 삶도 더욱더 자유로워진다.

삶이 자유롭다는 것은 무슨 뜻일까? 자유롭게 산다고 해서 어떤 대가도 치르지 않고 그렇게 산다는 뜻은 아니다. 우리는 분명 그에 대한 온갖 대가를 치러야 하니까. 자유의 그런 문제는 유서 깊은 난제이며, 역사 전체를 통틀어 인류의 큰 관심사가 되어왔다. 인류는 항상 자유를 열망해왔고, 사람들은 자유를 위해서 죽기도 한다. 어느 정도의 자유 없이 삶을 향유하고 만족스럽게 살기는 어렵다. 우리는 언론의 자유, 집회의 자유, 표현의 자유에 관해서 잘 알고 있다. 이런 것들은 외형적인 자유로, 중요한 것이다. 하지만 여기서 우리가 관심을 갖고 있는 것은 어떤 정황에 의해서도 제약받지 않는 자유다. 그리고 자유를 그런 식으로 생각할 때, 우리는 우리가 대체로 자유롭지 못하다는 사실을 알아차린다. 사실상, 우리의 자유는 심하게 제한되어 있다.

영적 탐구가 시작될 즈음에, 자유는 우리의 고통으로부터의, 우리의 고정된 틀로부터의, 동일시로부터의 자유를 뜻한다. 우리는 자유의 앞길을 가로막는 온갖 방해와 장애, 장벽, 위치, 오해, 미망을 살펴본다. 우리는 점차 더 미세한 구조들을 알아차리게 되고, 그것은 그 이상 가는 자유를 드러내준다. 우리가 이런 장애들로부터 자유로워질 때 삶을 더 완전하게 살 수 있을 만큼 자유로워진다.

자유의 또 다른 차원은 우리가 우리 참본성의 현존을 발견할 때 스스로를 드러낸다. 이것은 자기 자신이 될 수 있는 자유다. 자기 자신이 될 수 있는 자유는 깨달음의 경험과 참본성에 대한 경험 속에서 가장 쉽게 인식되며, 그런 경험들은 우리가 예상하지도 못한 종류의 자유를 드러내준다. 우리가 참본성(참존재의 어떤 측면이나 차원)에 대해 어떤 경험을 할 때, 우리는 그 현존 속에서 우리가 암묵적인 자유의 한 감각을 식별할 수 있다는 것을 알아차린다. 참본성은 본래 자유롭다. 이것은 사람들이 대체로 생각하지 않는 유형의 자유다. 그것은 외적인 자유가 아니기 때문이다. 그것은 내적인 자유다. 스스로를 경험하고, 존재를 경험하고, 있는 그대로의 실재를 경험하고 또 그것을 아는 자유.

우리가 참본성을 직접 경험할 때, 특히 우리가 참본성으로 존재하는 깨달음의 상태 속에서 그런 경험을 할 때, 우리는 마음과 우리의 통상적인 의식이 알지 못하는 자유를 알아차린다. 사랑이나 자각이나 공空을 경험할 때, 처음에는 그 특정한 지혜 혹은 참본성의 특성들에 더 끌릴 수도 있긴 하지만, 그럼에도 우리는 그런 경험 고유의 자유 감각을 식별할 수 있으며, 그 깨달음이 성숙할 때는 특히 더 그렇다. 깨달음의 그 어떤 상태에서든 간에 참본성의 현존은 어떤 점착성이나 고착성도 갖고 있지 않다. 참본성은 무조건적인 것이고, 이것은 참본성이 어떤 한계도 갖고 있지 않다는 것을 뜻한다. 대부분의 영적 전통들에서 깨달음은 참나와 실재의 본성인 참본성을 자각한다는 것을 뜻한다. 이런 깨달음은 심오한 자유를 드러내준다. 그 마음은 자유롭고, 그 가슴도 자유롭고, 그 의식도 자유롭다.

그러나 자유를 규정하는 일은 여전히 어려운 일로 남아 있다. 우리는 이런 것으로부터의 자유, 저런 것을 할 자유에 관해서 얘기할 수 있다. 하지만 이 모든 것들은 자유의 현현에 불과하다. 자유 그 자체는 대체 무엇일까?

우리는 어느 정도의 자유를 경험할 때마다 행복감을 느낀다. 자유를 맛볼 때 우리 가슴은 노래한다. 그리고 자유는 항상 뜻밖에 다가오는 새로운 것이다. 우리는 자유를 계속 진행되는 자유의 발견이라고도 말할 수 있다. 달리 말해, 자유는 하나가 아니다. 자유는 어떤 한 측면이나 한 차원이 아니다. 그것은 참본성의 모든 측면, 차원, 현현 속에 내재하는 좀 더 미묘한 현상이다. 자유에 관해서 탐구하는 한 가지 중요한 방식이 바로 우리의 참본성에 관해 탐구하는 것인 이유는 바로 이 때문이다. 깨달음이 중요한 것은 우리가 어떤 존재이고 실재가 무엇인가에 관한 진실을 드러내주기 때문이다. 하지만 그보다 더 근본적인 이유는, 깨달음이 실재의 핵심 속에 내재된 자유를 드러내주기 때문이다.

실재만이 자유로운 건 아니다. 당신도 자유롭다. 정확히 어떤 식으로 당신이 속박되어 있지 않은지를 설명하기는 어렵다. 자유롭다고 해서 자신이 원하는 것은 뭐든 다 할 수 있다는 것을 뜻하는 것은 아니다. 그런 것은 십대나 갖고 있음직한 자유에 대한 생각이다. 깨달음이 안겨주는 자유 속에서도 당신은 자신이 하고 싶어 하는 걸 여전히 다 할 수 없다는 사실을 알아차린다. 달리 말해, 당신에게는 제멋대로 날뛸 자유가 없다. 당신이 자유롭고 자유를 누리고 있다고 해도, 자기가 사는 곳의 법에 따라서 살아야 할 의무를 면제받지는 못한다. 경찰

관은 여전히 당신에게 과속 딱지를 발부할 수 있다. 당신의 이마에서, "자유다. 따라서 딱지 같은 건 나하고 아무 상관 없다"라는 내용의 네온사인 같은 것이 명멸하지는 않는다. 그보다는 차라리, 당신이 자유로울 때면 법을 따른다고 해서 당신의 깨달음이 방해받을 일이 없으며, 딱지를 받았다고 해서 당신의 자유가 속박당할 일은 없다는 것이 맞는 얘기일 것이다.

비록 우리가 자유를 명확하게 규정할 수 없을 것 같기는 하지만, 자유를 알고 분명히 알아차리려면 분별할 수 있는 지혜가 필요하다. 많은 사람이 자유로워지지 않은 상태에서도 깨달음과 현존 혹은 참본성에 대한 근본적인 경험을 할 수 있다. 나는 우리 각자가 동일한 근본적 경험에 대해 각기 다르게 반응하는 경우를 종종 목격했다. 즉, 우리가 자신의 삶과 경험 속에서 얼마나 자유로워지는가, 우리가 자신의 표현 속에서 얼마나 자유로워지는가, 자유에 대한 경험 속에서 얼마나 큰 성취를 이루는가 등과 관련된 관점에서 볼 때, 같은 깨달음이라 해도 그것이 우리 각자에게 미치는 영향력은 엄청나게 다를 수 있다. 많은 요인들이 깨달음에 대한 이런 다양한 반응을 낳게 한다. 하지만 오랜 세월에 걸쳐서 내게 분명해진 것은, 만일 우리가 자신의 참본성을 그것이 드러나는 어떤 방식으로(현존으로, 공空으로, 사랑으로, 자각으로, 연민으로, 힘으로) 경험한다면, 또 우리가 그것이 드러나고 있는 그 특정한 방식을 제대로 이해한다면, 참본성은 자연스럽게 다른 모든 측면과 차원과 가능성을 이끌어내리라는 점이다.

실재의 이런 지속적인 드러남을 가능하게 해주는 것은 우리의 경험 속에 현존하는 지혜를 식별하고 이해할 수 있는 능력이다. 참본성의 모든 지혜는 그 형태의 어떤 것 속에도 다 내재되어 있지만, 대체로 우리는 그것을 알지 못한다. 물론 일부 사람들은 다른 사람들보다 더 잘 안다. 예컨대, 어떤 사람은 개인적인 에센스(자신의 참본성)의 충만함과 친화력을 경험할 수 있고, 그것은 그의 삶과 관계와 인간됨의 감각을 변화시킨다. 다른 어떤 사람도 동일한 충만함과 친화력을 경험할 수 있는데, 그의 다음 생각은 이렇게 흘러간다. '이것이 내가 원하는 관계를 맺을 수 있도록 어떻게 나를 도와줄까?' 무엇이 이 두 가지 반응의 차이를 빚어내는 것일까? 그중 일부는 성숙과 관련이 있는 게 분명하다. 하지만 그것은 또 참본성에 대한 어떤 경험 속에 함축되어 있는 것들을 식별하는 능력의 개별적인 발달 과정과도 관련이 있을 것이다. 자유를 알고 그것을 제대로 평가하기 시작하려면 이런 창조적인 분별력이 필요하다.

이 때문에 우리는 현존 그 자체(더 수준 높은 지능, 본질적인 지성nous, 우리가 "다이아몬드 가이던스"라고 부르는 것)의 분별하고 아는 능력으로 되돌아가게 되며, 그런 능력은 자유가 다른 의미와 지평들을 갖고 있다는 점을 드러내준다. 우리가 이 분별력과 관련해서 꼭 이해해야만 하는 것은 그것이 우리의 지식과 우리 마음의 내용뿐만 아니라 우리의 직접적인 경험도 역시 알아차린다는 점이다. 그 분별력은 존재하는 것을 인식하고 알고 드러냄으로써 우리가 경험하고 있는 것의 직접성immediacy을 식별해낸다. 그것은 직접적인 경험이 함축하고 있는 의미를 추출해낼 수 있는데, 참본성의 어떤 경험에서도 그런 의미들은 무수히 많고 다양하다.

내가 "더 수준 높은 지혜" 혹은 "신의 마음divine mind"이라는 말을 하면, 많은 사람들이 그 뜻을 잘못 이해하고 이것들이 정신적인 기능을 뜻하는 말이라고 여긴다. 하지만 이런 종류의 창조적인 분별력에는 가슴이 꼭 필요하다. 이런 능력의 작용은 사실 마음과 가슴의 조화를 통해서 일어난다. 사랑이 없이는 연민도, 마음이 식별해낸 것들에 대한 민감성도 존재하지 않을 것이기 때문이다. 현존의 창조적인 분별력은 가슴의 참여에 의해서 활성화된다. 이런 분별력은 참되고 깊은 실존적 욕구에 따라서, 그리고 우리의 올바른 지향성, 곧 진실을 알고 싶어 하는 간절한 갈망에 따라서 생겨난다.

앞에서 말했다시피, 경험을 분별할 수 있는 현존의 이런 능력은 삶을 발견과 계시의 과정으로 변형시킨다. 이 현존은 우리의 마음과 느낌과 몸을 모두 활용하기는 하지만 우리 마음이 아니고 느낌이 아니고 몸도 아니다. 그것은 그 자체의 진실이다. 그것은 알아차림과 이해뿐만 아니라 창조적인 분별력도 함께 가져다주는 지성intelligence이다. 그 분별력을 창조적인 것으로 만들어주는 것은, 우리가 분별을 하는 순간 거기에 내재된 의미(자유)를 알게 되리라는 점이며, 그 의미는 또 다른 통찰과 경험을 열어주거나 앎과 존재의 또 다른 온전한 차원을 열어주는 경험의 다른 가능성을 드러내준다. 우리의 핵심적인 자유, 우리의 근원적인 자유를 알기 위해서는, 그리고 그것이 중요한 가치가 되기 위해서는, 우리 영혼의 엄청난 성숙이 요구된다. 우리는 참본성의 발견에 더해서, 그런 종류의 자유를 분별할 수 있게 해주는 성숙을 필요로 한다. 그리고 우리의 즉각적인 경험에 대한 분별능력을 발달시키고 갈고 다듬는 일은 곧 이런 성숙의 일부에 해당된다.

참본성의 발견은 참본성 고유의 자유뿐만이 아니라 또 다른 방식들에서의 자유도 드러내준다. 우리가 현존을 발견하는 순간 완전히 새로운 경험의 지평이 열린다. 우리의 관점은 물리적으로 우리 눈에 들어올 수 있는 것들에만 의지하는 고지식한 사실주의적realist 관점에서, 의식이 우리가 미처 알지 못했던 영역과 진실들을 포함하고 있다는 것을 알아차리는 이상주의적idealist 관점으로 변한다. 우리가 이런 본질적인 경험들과 친숙해짐에 따라, 우리는 참본성의 어떤 측면이나 자원을 경험할 때마다 실재에 대한 우리의 관점이 변하고 새로운 가능성들을 향해 열린다는 것을 알게 된다. 참본성의 각 측면이 다른 관점들을 낳을 때, 우리는 우리 경험 속에서 새로운 방식으로 펼쳐지는 자유를 알아차리기 시작한다.

현존의 어떤 경험인가가 당신의 관점과, 실재에 대한 당신의 관점을 변화시킬 수 있다. 예를 들어, 당신이 연민compassion[45]으로 가득해서 그 관점에서 실재를 바라볼 때 당신은 그것이 당신 자신에 대한 당신의 경험뿐만 아니라 다른 모든 것에 대한 당신의 지각에도 역시 영향을 미친다는 것을 알아차린다. 당신의 마음가짐, 당신이 인생에서 중요하다고 생각하는 것, 당신이 실재에 관해서 소중하다고 생각하는 것이 완전히 변한다. 당신은 자신이 자기의 경험에 대해 부드럽고 따뜻하게 이야기한다는 것을 느끼고, 다른 사람들이 자기네 삶에서 겪고 있는 어려움들에 대해서도 더 깊이 공감한다는 것을 느낀다. 이어서 만일

---

45 '측은해하는 마음'을 뜻하는 이 말은 우리말로 딱 맞아떨어지는 번역어가 없어서 '연민' 혹은 '동정'이라는 말로 번역할 수밖에 없다. 불교의 자비慈悲에서 '자'는 자기와 동등한 존재들에 대한 사랑을, '비compassion'는 나이 어린 사람, 병자나 장애자 혹은 동물에 대한 사랑을 의미한다.

당신이 청정함을 경험하고 느끼며 청정한 상태로 존재하고 있다면, 그 투명함과 광휘가 당신의 관점을 전환시켜줄 것이다. 당신은 자신의 익숙한 편견들과 가정들을 꿰뚫어보고 더 객관적이고 자기중심적인 면이 덜한, 실재에 대한 경험을 알아차리기 시작할 것이다. 당신은 청정함 없이는 자신이 길을 잃는다는 걸 깨닫는다. 당신이 얼마나 많은 연민을 갖고 있는가는 중요하지 않다. 만일 당신이 맑고 투명한 상태에서 사물과 현상을 접하고 있지 않다면, 실재가 뭔지, 진리가 뭔지 알지 못하게 될 것이다. 그러므로 참본성에 대한 각각의 경험은 참나와 실재에 대한 당신의 관점을 확장시키고 심화시킨다.

지혜의 탈것들과 비이원적 차원들을 경험함에 따라 당신의 관점은 계속해서 확장된다. 당신은 무한한 사랑에 힘입어 모든 것에서 사랑이 스며나오고, 사랑이 실재를 드러내고 실재를 휩싸고 있는 바탕임을 깨닫는다. 인간성, 인류, 자신의 개인사, 실재에 대한 당신의 관점, 무엇이 중요한가 등에 관한 당신의 전체적인 시각은 극적으로 달라진다. 그러고 나서 순수 의식의 차원을 발견할 때, 당신은 모든 것이 다 자각이요, 자각이 경험과 우리 모두에게 근본적인 것임을 알게 된다. 당신의 관점은 다시 변하고, 자각이 모든 것의 근원적인 본성이라는 관점이 당신의 경험을 지배한다. 이어서 당신은 공空을 발견한다. 만일 내가 '절대'라고 언급하는 것을 깨닫는다면, 당신은 공空을 이해하게 될 것이고 공空이 없이는 자각도 없다는 것을 깨닫게 될 것이다. 공空이 없다면 자각은 콘크리트만큼이나 빽빽한 것이 될 것이다. 하지만 공空 덕분에 자각의 행로에는 어떤 방해물이나 장애도 없다. 공空은 자각에게 투명함을 안겨준다. 공空이 자각을 온갖 장애에서 해방시킨다는 것을 알아차릴 때, 당신의 관점은 다시 변한다. 모든 것이 비어 있음을 알지 못하고 경험하지 못한다면, 모든 것을 놓칠 뿐만 아니라 참으로 자유롭지도 못한 상태가 되리라는 것을 느낀다.

각각의 경험은 그 관점을 바꾸고, 확장하고, 실재에 대한 우리의 관점에 새로운 지평을 열어주며, 그 덕에 우리는 자유의 다른 맛을 보고 자유의 다른 의미를 얻는다. 여기서 중요한 것은 자유가 대체로 '실재에 대한 우리 관점의 자유'임을 아는 것이다. 실재에 대한 우리 관점은 곧 무엇이 실제적인 것이고 참된 것인지, 실재의 본성이 뭔지, 그 본성이 어떻게 나타나는지와 관련된 관점들을 뜻한다. 실재에 대한 우리의 관점이 얼마나 열려 있는가는 그런 관점이 가져다주는 자유의 감각이 얼마나 열리는가를 결정한다.

우리의 자유와 관점이 확장될 때, 그리고 만일 우리의 분별 지혜가 자유롭고 창조적이라면(그 지혜가 우리 경험 속에 내재된 의미들을 계속해서 드러내리라는 것을 의미한다), 우리는 절대적 공空조차도 다른 방식으로 이해하거나 경험할 수 있음을 알아차릴 수 있을 것이다. 이어서 우리는 그 관점을 그 이상으로 열어주고, 공空이 비록 비존재이기는 하나 역동적인 것임을 드러내주는 경험의 전 영역과 만나게 된다. 그리고 우리는 활력과 계시의 자유를 가져다줄 수 있는 역동적인 무無를 알아차리기 시작한다.

절대the absolute 자신의 비어 있음의 활력은 절대가 평소에 우리가 경험하던 것과는 다른 방식들로 나타날 수 있다는 사실을 드러내준다. 그 활력은 근원적 바탕과 그 바탕에서 생겨나는 온갖 형태들과의 관계뿐만 아니라 그 형태들 상호 간의 관계까지 보여주기 시작한다. 그리

고 그 활력이 이런 형태들 상호 간의 관계를 보여주기 시작할 때, 우리
는 그것들 상호 간의 관계라는 것이 그것들이 모두 같은 바탕의 현현
들이고 따라서 하나로 통일되어 있다는 점을 뜻하는 것임을 알아차린
다. 그것들이 하나로 통일되어 있다는 것은 곧 비이원적 깨달음의 관
점이다. 우리는 그런 알아차림이 그 깨달음이 뜻하는 것의 첫 장에 불
과하다는 것을 깨닫는다. 공空을 더 꿰뚫어볼 때, 우리는 비록 모든 형
태가 다 동등하다고 해도 각각의 형태가 유일무이한 의미를 갖고 있다
는 것을 알기 시작한다. 각각의 형태, 각각의 독특함은 우리가 참본성
의 모든 측면이나 형태에서 봐왔던 실재의 모든 비밀을 포함하고 있
다. 우리는 참본성의 바탕뿐만 아니라 모든 형태의 경험도 그 안에 실
재의 모든 것을 내포하고 있다는 것을 알고 있다. 비이원적 관점은 개
별적인 것들이 중요하다는 점을 무시하거나 경시한다. 하지만 그 중요
성을 아는 것은 우리가 앞 장들에서 살펴봤던 바와 같이 시공간에 대
한 우리의 이해를 변화시키는 실재에 대한 다른 관점들로 안내한다.

　시공간에 대한 우리의 관점이 처음부터 줄곧 영적 여행을 변화시키
기는 하지만, 절대에 대한 깨달음이 굳건해지고 성숙될 때, 존재에 대
한 창조적인 분별력이 작용할 때, 우리는 시공간과 관련된 그 이상의
신비들을 만나게 된다. 우리는 시공간에 관한 우리의 이해가 초시간성
과 초공간성에 대한 비이원적인 경험 너머로까지 확장될 수 있는 몇
가지 방식을 이미 살펴봤다. 그러므로 예컨대, 우리의 관점이 시간개념
의 구속으로부터 자유로워질 때도 시간개념은 여전히 현존할 수 있다.
우리는 시간 경과를 알아차릴 수 있고 영원함과 초시간성의 현존을 알
아차릴 수 있지만, 이것들 가운데 어떤 것도 우리의 지각과 경험을 정

우리는 어느 정도의 자유를

경험할 때마다 행복감을 느낀다.

자유를 맛볼 때 우리 가슴은 노래한다.

그리고 자유는 항상

뜻밖에 다가오는 새로운 것이다.

우리는 자유를 계속 진행되는

자유의 발견이라고도 말할 수 있다.

달리 말해, 자유는 하나가 아니다.

자유는 어떤 한 측면이나 한 차원이 아니다.

그것은 참본성의 모든 측면, 차원,

현현 속에 내재하는 좀 더 미묘한 현상이다.

형화하지 않는다. 우리의 존재 감각과 참나에 대한 감각은 그 양자를 모두 포함하고 있다. 우리는 자신이 시간을 초월해 있음과 동시에 모든 시간이기도 하다는 것을 알고 있다. 우리는 참본성이 경험의 현재성nowness을 넘어서는 것임을 알고 있다. 참본성은 또 모든 시간을 포함하고 있는 신비로운 진리이자 실재이기도 하다. 이것은 우리가 지금now으로 경험하는 것이 단지 하나의 현현, 혹은 참존재나 참본성을 경험하는 한 가지 방식에 불과하다는 것을 보여준다. 지금now은 여전히 시간에 대한 미묘한 참조점reference을 포함하고 있기에, 지금과는 무관한 더 미묘한 경험이 존재한다. 시간개념이 우리가 자기 자신과 실재를 경험하는 방식에 참으로 영향을 미치지 못하고 있을 때, 우리의 경험과 관점이 활짝 열리면서 우리는 또 다른 수준의 자유를 알게 된다.

이렇게 늘 확장되는 시간 경험은 깨달음 속에 내재된 미묘한 의미들을 이해하는 한 가지 예에 속한다. 한데 우리가 그런 시간 경험을 통해서 배우는 것은, 자유의 실현에는 관점의 자유가 중요하다는 점이다. 다시 말해, 우리는 참본성이 각기 다른 관점을 드러내는 과정에서 궁극적인 어떤 관점도 지향하지 않는다는 것을 깨닫게 된다. 전체성의 관점은 이 관점의 자유를 예증해준다. 전체성의 관점은 모든 관점에 열려 있고 모든 관점을 다 포함하고 있으며, 이것은 전체성의 관점이 어떤 관점도 다 수용할 자유를 갖고 있다는 것을 의미한다. 우리는 연민compassion의 관점을 가질 수 있고, 비어 있음의 관점을 가질 수 있고, 자각의 관점을 가질 수 있고, 시간 내지 초시간성의 관점을 가질 수 있고, 이 모든 관점을 동시에 갖고 있을 수도 있다. 동시에 모든 관점을 갖고 있다는 점이야말로 세계 속에서 작용하기에 더없이 편리하다. 우리가 동시에 더 많은 관점들을 갖고 있을수록 우리 삶의 실질적인 조건들에 더욱더 잘 적응할 수 있을 것이다. 우리는 한 가지 차원의 관점을 동시에 모든 곳에서 모든 상황과 모든 사람에게 적용할 수 없다. 전체성의 관점은 필요한 어떤 관점도 가질 수 있는 자유를 표현하고 있다. 그러나 전체성의 관점 자체는 특정한 어떤 관섬이 아니다. 그 관점은 이원적 관점이나 비이원적 관점 어느 하나에 고정되는 일 없이 필요에 따라서 이원적 관점만 갖고 있을 수도 있고 비이원적 관점만 갖고 있을 수도 있다. 그리고 그것은 전체성의 관점이 그런 관점들을 갖고 있되 필요하면 언제든지 갖지 않을 자유를 누리고 있다는 것을 뜻한다. 전체성의 관점은 또 굳이 모든 관점을 갖고 있을 필요가 없는 상태에서 그 두 가지 관점만 동시에 갖고 있을 수도 있다. 따라서 우리는 전체성의 관점에 힘입어 어떤 관점이나 관점들의 조합을 가질 수 있으며, 경우에 따라서는 어떤 관점도 갖고 있지 않을 수도 있다. 그럴 때는 우리가 선택하지 않고, 그저 전체적인 참존재로 하여금 매 순간 어떤 관점을 드러내게 할 것인가를 결정하게 하면 된다.

어떤 궁극적 관점에도 매달리지 않고 어떤 특정한 관점에도 집착하지 않는 이런 관점의 자유는 참존재의 활력을 해방시켜 전체적인 참존재의 다른 가능성들을 드러내게 하는 데 꼭 필요하다. 우리는 궁극적인 어떤 진리에 집착할 필요가 없으며 어떤 경험을 하든 간에 그 경험 속에서 편안함을 느낄 수 있다. 어떤 것을 궁극적인 진리라고 말할 필요가 없기 때문에 편안하고 자유롭다. 무엇인가를 궁극적인 진리로 내세울 때는 우리의 자유를 잃고 만다. 사실, 그것은 에고의 이야기다. 에고는 이런저런 것을 골라서 그것을 최종적인 진리라고 선언한다. 자유는 기본적으로 우리를 온갖 구조, 위치, 개념으로부터 해방시켜주며, 결국 어느 시점에 이르러 우리는 그 어떤 것도 필요로 하지 않게 된다. 우리는 이런 자유를 어떤 흐트러짐도 없는 평화로서 경험한다.

자유는 이 관점의 자유에 더해, 스스로를 깨달음의 자유로도 드러낼 수 있다. 우리는 깨달음의 자유를 참본성의 모든 형태 속에 본래부터 내재하는 자유의 감각으로서 이미 조사해왔다. 참존재의 각 측면과 차원들은 특정한 정도degree의 자유를 드러내고 있다. 여기서 "정도"는 자유의 점진적인 이행移行이라는 의미에서가 아니라 수학적인 의미에서의 "정도"를 뜻한다. 그 자유의 정도(자유도)들은 각기 다른 종류의 자유를 뜻한다. 예컨대, 수학에서 한 평면은 두 가지 차원을 갖고 있고 당신은 이 길 아니면 저 길로만 이동할 수 있기 때문에 2도degrees의 자유를 갖고 있다. 한 선에는 단지 1도의 자유만 존재하므로 당신은 일직선에서만 움직일 수 있다. 삼차원 공간에는 3도의 자유가 있다. 그리고 만일 그것에다 시간을 더하면 4도의 자유를 갖게 된다. 거기에 다시 색깔을 더하면 자유도가 하나 더 올라간다. 거기에 정서를 더하면 도수가 또 하나 올라가고.

이것은 각기 다른 깨달음은 각기 다른 정도의 자유를 드러낸다는 뜻이다. 달리 말하자면, 똑같은 자유의 척도를 따라 이동하는 것이 아니라 각기 다른 종류의 자유들을 드러낸다는 뜻이다. 새로운 도수의 자유를 열어주는 것은 자유 그 자체다. 전체적인 참존재는 이렇게 펼쳐지는 자유의 정도들에 힘입어 그 이상의 가능성들을 드러낼 수 있으며, 나는 그것을 일러 "그 이상의 깨달음을 실현하는 깨달음"이라고 한다. 우리의 깨달음은 깨달음의 다른 형태들을 드러내는 방식으로 지속된다. 우리의 깨달음은 다른 정도의 자유들과 다른 종류의 경험들에 스스로를 개방함으로써 그렇게 한다. 우리의 깨달음이 성숙해졌다는 것은 우리의 관점이 충분히 많은 횟수에 걸쳐서 변해왔다는 것을 뜻한다. 그리고 그런 성숙이 이루어질 때, 우리는 어떤 관점을 굳이 부정할 필요 없이 그저 그것을 갖지 않을 수 있는 유연성을 깃게 된다. 전체적인 참존재가 모든 관점 속에 현현되어 있기 때문에 우리는 모든 관점이 다 유효하다는 것을 알게 된다. 심지어는 에고의 관점조차도 유효한데, 그것은 에고의 관점, 곧 자아와 다양한 대상들 간에 이루어지는 모든 상호작용의 세계를 드러내주는 것이 바로 전체적인 참존재이기 때문이다. 만일 당신이 "아냐, 에고를 드러내주는 것은 전체적인 참존재가 아니야, 그렇게 하는 것은 나 자신의 무지야"라고 믿는다면, 당신은 이미 에고의 관점을 끌어안고 있는 것이다. 즉, 당신은 자신을, 실재를 창조해낼 수 있는 힘과 특권을 가진, 따로 분리되어 있는 사람이라고 생각하고 있다. 이것은 당신 자신이 전체적인 참존재의 창조물이라는 사실을 알아차리지 못하고 있다는 것을 뜻한다.

보통, 우리는 더 깊은 차원들의 깨달음 상태에 이르기 전까지는 모든 관점을 드러내는 주체가 전체적인 참존재라는 사실을 이해하지 못한다. 그러나 깨달음 그 자체만으로는 충분하지 않다. 우리는 자신의 지혜, 자신의 창조적 분별력을 활용해서 더 깊은 그 차원들에 내재되어 있는 속뜻을 파악해야만 한다. 각기 다른 자유의 정도들 내에는 한 방향 혹은 다른 방향으로 발달한다는 의미에서의 등급들이 존재한다. 하지만 이런 창조적인 분별력을 구사하여 완전히 새로운 정도의 자유를 지향하는 일 역시 가능하다. 우리가 이 다른 차원들을 발견할 때, 자유의 그 새로운 정도들은 실재의 다른 관점들을 드러낸다. 그리고 전체적인 참존재는 불확실하고 불확정적인 것이므로 거기에는 무수히 많은 정도의 자유가 존재한다. 이것은 우리가 전체적인 참존재를 이런저런 깨달음에 최종적으로 고정시킬 수 없다는 것을 뜻한다. 그렇게 하는 순간 자유의 다른 정도들을 부정하게 되기 때문이다. 자유의 정도들에는 끝이 없다. 가능한 관점들에도, 경험의 잠재력에도, 우리가 자유로워질 수 있는 방법들에도 끝이 없다.

우리는 머무르지 않는 깨달음으로서도 활짝 펼쳐진 자유의 정도들을 경험할 수 있다. 내적인 여행에서 어느 시점에 이르면 우리의 경험은 깨달음으로 전환될 수 있으며, 그것은 우리가 현존과 참본성의 펼쳐짐이 될 수 있다는 것을 뜻한다. 이런 경험에서는 우리가 스스로를 알아보는 방식과, 전체적인 참존재가 우리의 참나로서 드러나는 방식 간의 이원성이 존재하지 않는다. 여기에서 자유는 깨달음이 한 종류의 깨달음에서 다른 한 종류의 깨달음으로 이동해가는 방식으로 살아간다는 의미에서, 머무르지 않는 깨달음이 된다. 이원성과 에고의 정체성의 생겨남은 물론이요 심지어는 반작용의 생겨남까지도 스스로를 그런 형태들로 구현하는 전체적인 참존재가 된다. 삶은 그 이상의 깨달음을 실현하는 깨달음이 되고, 발견과 확장과 미묘함과 정밀함과 아름다움으로 가득한 것이 된다.

깨달음이 이런 식으로 자체의 삶을 살 때, 자유는 특정한 조건, 상태, 깨달음으로 존재할 필요가 없는 것으로 나타난다. 거기에는 어떤 편애도 없고, 우리의 경험을 어떤 식으로든 고정시킬 필요도 없다. 그러므로 우리는 어떤 것이 나타나든 그것을 자유롭게 경험한다. 우리는 절대일 수도 있고, 순수한 현존일 수도 있고, 개인적인 현존일 수도 있고, 보통의 개인일 수도 있으며, 그 어떤 것도 아닌 것일 수 있다. 우리는 이원적일 수도 있고 비이원적일 수도 있다. 달리 말해, 그 자유는 경험의 어떤 범주에 의해서도 구속받지 않는다.

자유가 전체적인 참존재의 자유라는 것을 알아차릴 때 생겨날 수 있는 논점들 가운데 하나는 '자유의지'에 대한 의문이다. 이것은 서구 사상사에서 자유를 고찰하는 고전적인 한 방식이다. 이 방식에서는 자유의지를 자유와 같은 것으로 보고, 자유의지의 결여를 운명론과 같은 것으로 본다. 서구 전통들은 온갖 종류의 난해한 신학 사상에 의지해서 신이 주재자이면서도 피조물들에게 자유의지를 부여해준 방식을 설명한다. 이런 식의 자유의지의 문제는 신이 인간을 창조하고 그에게 자유의지를 부여해준다는 내용의 일신교 전통 때문에 서구 특유의 것이다. 그런 일신론적 관점이 없다면 자유의지에 대한 의문도 없다.

그러나 만일 신이 당신을 창조했고, 그는 전능하고 전지하며 당신에게 어떤 일이 일어날지 정확히 알고 있다면, 당신이 자유의지를 갖고 있다는 말은 대체 무슨 뜻일까? 당신은 그런 선택의 결정자인 신 없이도 결정을 내릴 수 있을까? 달리 말해, 신의 선견지명은 모든 사건을 신이 결정한다는 말과 같은 것인가? 이런 수수께끼는 많은 미묘함을 갖고 있고, 도서관들은 이런 의문을 다루는 신학 논문들로 가득 차 있기도 하다. 가끔은 도덕과 윤리에 의지하는 방식으로 자유의지에 대한 의문을 풀어내기도 한다. 즉, 신은 당신에게 어떤 일이 일어날지 알고 있지만, 당신이 분별력을 갖고서 악보다는 선을 행하기로 결정하는 방식에 의해서 자신의 자유로운 선택권을 행사하기를 바란다는 식으로 말이다.

우리가 참본성의 관점을 통해서 자유 및 여러 가지 정도의 자유에 관해서 배우고 있을 때는 자유의지에 관한 의문이 단지 영혼에게만 존재할 뿐 참본성에게는 존재하지 않으리라는 것을 깨닫게 된다. 당신은 참본성에게 자유의지를 갖고 있는지 여부를 물어볼 수 없다. 참본성은 자연의 힘과 비슷하다. 그것은 자체의 법칙들에 따라서 행할 뿐이다. 그러므로 자유의지에 관한 의문은 오로지 개별 영혼에게서만 일어난다. 그리고 개별 영혼은 자유를 제한된 것으로 경험할 수 있는 존재이기도 하다. 참본성은 자유의 어떤 제한도 경험하지 않는다. 영혼은 조건화될 수 있기 때문에 자유의 제한을 경험한다. 참본성은 조건화될 수 없는 무조건적인 것이다. 그것은 완전히 자유롭다. 그러나 영혼은 여러 가지 인상들의 영향을 받을 수 있기 때문에 조건화될 수 있으며, 참존재의 활력과 자유를 구속하는 다양한 방식으로 정형화될 수 있다. 우리가 영혼에 대한 정형화를 대상으로, 곧 표상적 구조와 망상과 개념과 원시적 구조와 선천적 무지 등을 대상으로 아주 많은 탐구, 조사를 하는 이유는 바로 이 때문이다.

우리는 영혼이 자유를 경험하거나 자유롭게 되는 것이라고 말할 수도 있다. 더 정확하게 말하자면, 영혼은 전체적인 참존재가 그 자유를 알아차리는 통로다. 그러나 자유는 어느 시점에 이르러서는 영혼의 펼쳐짐 속에서 더 이상 자유의지에 의해서 규정되지 않고, 또 자유의지와 결부되지도 않는다. 깨달음의 여러 상태를 경험함에 따라 우리는 자유의지(우리가 선택의 자유를 갖고 있느냐의 여부와 관련된)의 문제가 우리가 전체적인 참존재의 표현이 아니라 개별 영혼이라고 믿을 때만 의미가 있다는 사실을 알게 된다. 우리가 자신의 정체성과 존재를 개별 영혼, 특히 홀로 동떨어진 개별 영혼으로 경험하는 한, 자유의지에 대한 의문은 지속될 것이고, 계속해서 자유에 대한 우리의 경험을 틀 지을 것이다.

깨달음의 관점, 특히 전체성의 관점을 통한 자유의지에 대한 이해는 아주 미묘하다. 전체성의 관점은 모든 관점의 진실성을 인정한다. 만일 우리가 분리된 개별 영혼이라는 가설에서 출발한다면, 개별 영혼을 변하지 않는 실재의 상태로 여긴다면, 우리가 자유의지를 갖고 있다고 믿는 것은 이치에 맞는 일이요, 나아가 바람직한 일이기도 할 것이다. 우리는 선택권을 갖고 있다는 관점에서 행동하며, 그것은 전체적인 참존재가 드러나는 한 방식이기도 하다. 자유의지를 가진 한 개인으로서 말이다. 그러나 다른 관점, 비이원적 차원들의 관점에서 볼 때는, 일어나고 있는 일들이 항상 개별 영혼보다 더 깊은 곳에서 생겨나며, 개별 영혼은 그저 그런 경험이 일어나는 자리에 불과하다는 것을 깨닫는다. 개인적 관점에서는 선택권처럼 보이는 것이 무한한 관점에서는 참존재 자체의 활력을 우리가 횡령하는 것으로 드러난다. 무한함boundlessness을 통해서 우리는 일어나는 일들이 우리의 개인적인 의지 혹은 사적인 의지의 결과가 아니라는 것을 안다.

전체성의 관점은 이 두 가지 관점의 진실이 어떤 식으로 관련되어 있는지를 알고 있다. 우리가 자신이 자유의지를 갖고 있다고 여길 때는 자신의 행위에 책임을 지고 지혜롭게 선택할 가능성을 얻게 되며, 그런 가능성을 얻게 된다는 것은 우리 자신과 타인의 경험을 적절히 활용한다는 것을 뜻한다. 다른 관점에서 볼 때, 이 지혜로운 선택이라는 것은 곧 전체적인 참존재가 자신의 무한함을 통해서 지속적으로 더 밝은 방식으로 깨어나는 것임을 뜻한다. 그러므로 당신이 자유의 문제를 보는 방식은 당신이 어디에 서 있는가, 당신이 어떤 관점을 취하는가에 달려 있게 될 것이다. 당신은 자유의지가 있다고도 말할 수 있고 없다고도 말할 수 있으며, 또 자유의지와 관련된 모든 문제가 자유와는 아무 상관 없는 문제라고도 볼 수 있다.

우리는 자유를 다른 많은 방식으로 탐구해볼 수 있다. 우리가 더 많은 정도의 자유를 알아차릴 때 자유가 의미를 바꾸기 때문에 그렇게 하는 것은 깊이 있는 발상이다. 우리는 우리가 가능하다고 생각하지 못한 방식으로 나타나는 가슴의 자유를, 새로운 방식들로 지각하고 식별하고 알고 생각하는 마음의 자유를, 전체적인 참존재로서 행위하고 소통하고 관계 맺을 자유를, 발견한다. 자유는 또 성숙과도 관련이 있다. 우리가 더 성숙하면 할수록 그 이상의 정도들의 자유를 다룰 수 있게 된다. 우리는 우리의 경험 속에, 자신의 정체성과 실재의 가능성들에 대한 우리의 감각 속에 더 많은 자유를 포함시킬 수 있다. 자유는 또 이 모든 현현들로부터 스스로를 자유롭게 할 수 있다. 그것은 그저 모든 것에서 독립된 자유에 지나지 않는 것일 수도 있다. 우리 존재나 정체성이 어떤 식으로도 결정될 필요가 없기 때문에 그것을 자유라고 부르는 일조차도 무의미한 일이 된다.

이런 것들은 전체성의 관점에서 볼 때 가능한 자유에 대한 명상의 일부다. 우리가 우리 참본성의 특징 없음이 지닌 진가를 인정하기 시작할 때 자유는 독특한 가치로서 나타난다. 우리는 그 특징 없음의 휑

한 상태에서 자유로움이라는 그런 정서affect를 식별할 수 있다. 자유의 정서를 느끼는 것은 특징 없음의 감각과, 존재being나 존재하지 않음not being의 특별하지 않은 방식과 긴밀하게 연결되어 있다. 특징 없는 의식은 어떤 식으로도 규정되지 않기 때문에 전체적인 참존재가 스스로를 경험할 수 있는 모든 가능한 방식들에 활짝 열려 있다. 우리는 자유를 그것의 어떤 맥락과도 무관한 하나의 특수한 정서 혹은 감삭으로 인지할 수 있기 때문에, 이런 특징들의 부재는 자유를 한층 더 도드라지게 만든다. 그러나 자유는 하나의 정서로만 그치는 것이 아니다. 그것은 또 원하는 어떤 방식으로도 나타나 작용할 수 있는 우리 능력들, 특히 우리의 전체적인 참존재의 창조적인 활력의 자유이기도 하다.

　전체성의 관점은 자유를 어떤 특수한 경험이나 깨달음에 의해 규정되는 것으로부터 해방시켜준다. 참본성 자체는 자유롭고 어떤 한계도 갖고 있지 않기 때문에 어느 시점에 이르러 자유는 깨달음에서 자유로워진다. 우리가 봐왔던 것처럼 자유는 깨달음의 어떤 경험 속에도 다 현존해 있긴 하지만, 전체성의 관점은 자유가 어떤 특정한 깨달음과 측면과 차원 특유의 것은 아니라는 점도 보여준다. 이 각각의 것은 자유의 한 맛을 제공해준다. 하지만 자유는 그보다 더 신비로운 어떤 것이다. 그리고 전체성의 관점은 우리가 자유와 연결시킬 수 있는 어떤 것들로부터도 자유를 지속적으로 해방시켜준다. 어느 시점에 이르러 자유는 참본성에 대한 관념연합을 포함한 모든 관념연합으로부터 스스로를 해방시킨다. 전체성의 관점은 그런 걸 허용해주는데, 그것은 생겨나는 어떤 관점도 다 그런 관점을 환영하고 풍부하게 해주기 때문이다.

자유의 범위가 확장될 때, 즉 고통으로부터의 자유에서 현존과 깨달음을 경험하는 자유로 확장될 때, 우리는 자유를 향유하고 있는 자가 누구 혹은 무엇인지 알지도 못하는 자리에 이를 수 있다. 그런 상태는 관점과 위치로부터 자유롭기 때문에 자유는 심원한 어떤 방식을 통해서 모든 자아 감각으로부터의 자유가 된다. 그러나 그와 동시에 우리는 특정한 개인이고, 자유는 바로 그 특정한 개인과 연관된 것이다. 우리는 소중하고 의미 있는, 그리고 우리가 주의 깊게 영위하고 향유해야 할 사적인 삶을 살고 있다. 내 경험에 비추어볼 때, 더 많은 자유가 존재하면 할수록 더욱더 풍부한 감성과 사랑과 즐거움과 감사한 마음이 존재하고, 개인으로서의 삶 속에 더욱더 명료한 맑음과 이해가 존재하게 된다. 어느 누구도 갖고 있지 못하고 누리고 있지 못한 정도의 맑음과 이해가, 사랑과 즐거움이 풍부하게 주어진다. 개인으로서 우리는 그것들을 공유하고 표현하고 향유한다. 그것들은 어디에서도 오지 않고 어디로도 가지 않는다. 이것들은 우리가 자유로운 삶을 살 때 경험하는 특성들 가운데 일부다.

깨달음과 자유를 구현한다는 것은 삶이 수행이 되고 수행이 삶이 된다는 것을 뜻한다. 수행은 자유에 이르는 길이 아니다. 수행은 스스로를 수행으로 표현하는 자유다. 자신이 특수하고 유일무이한 개인이면서 동시에 불확실한 상태의 전체적인 참존재이기도 하다는 사실을 알아차릴 때, 당신의 삶은 불필요한 고통으로부터 자유로워진다. 하지만 그보다 더 중요한 것은 당신의 삶이 근본적으로 자유로워진다는 점이며, 이것이야말로 전체적인 참존재의 진짜 삶을 사는 즐거움이기도 하다. 모든 시간과 공간과 존재와 현상을 아우르는 실재인 전체적인 참존재는 무엇으로도 억누를 수 없는 우리 개인 삶들의 자유로서 살아간다. 그리고 당신 삶의 자유는 그저 전체적인 참존재의 역동적인 창조성의 자유를 표현하고 있을 뿐이다. 우주가 당신으로서 살아갈 때 당신은 바로 살아 있는 우주다.

수행이 곧 깨달음이고 깨달음이 곧 수행이다

'황금사자상像'이라는 비유가 있습니다. 베네치아 국제영화제에서 주는 최고상이 황금사자상賞이기도 합니다만, 전자는 존재의 실상을 비교적 정확히 알려주는 하나의 상징입니다. 사람들이 황금사자상을 볼 때는 대체로 크게 두 가지 관점으로 본다고 할 수 있습니다. 하나는 머리, 갈기, 몸통, 다리, 꼬리로 이루어진 사자로, 또 하나는 본체에 해당하는 황금으로.

황금에 눈이 어두워 이게 비유라는 것을 깜박 잊은 사람들을 제외한 대다수 사람들은 황금사자상에서 사자만 봅니다. 극소수만 황금을 보지요. 여기서 사자란 바로 형상을 말합니다. 이 세상 대다수 사람들은 모든 존재를 볼 때 낱낱이 분리되어 있는 것으로 보이는 형상들만 봅니다. 그리고 흔히 영적 수행의 첫 단계는 바로 이렇게 형상들, 곧 모든 사물과 현상이 사실은 자체의 고유한 정체성 혹은 실체성을 갖고 있지 못하고, 낱낱이 분리된 존재들도 아니라는 사실을 꿰뚫어보는 일입니다. 그렇게 해서 모든 것이 하나임oneness을 깨닫고 보면 모든 것이 오로지 황금뿐이라는 걸 알게 되죠.

알마스는 이렇게 사자만 보던 자세에서 황금을 보게 되기까지의 깨달음의 여정을 '상승의 여행'이라고 부릅니다. 그러면 당연히 하강의 여행이 따르게 되겠죠. 하강의 여행은 이미 모든 것이 오로지 황금(영성, 실재, 신성 등의 다양한 이름으로 부르는)일 뿐이며 이 세상 모든 사물과 현상은 그것의 현현임을 투철히 깨달은 뒤, 현상계에서 그 깨달음을 구현하는 삶의 여정입니다.

하지만 알마스는 국내에 이미 소개된 《늘 펼쳐지는 지금The Unfolding Now》(김영사)에서 자세히 소개한 다이아몬드 어프로치의 상승과 하강의 여정(그것뿐만은 아닙니다만)에 이어 이 《늘 깨어나는 지금 Runaway Realization》에서는 그것을 훨씬 더 넘어서는 새로운 차원의 깨달음들을 소개합니다. 그에게 깨달음의 최종적인 끝은 존재하지 않고 전체성의 관점view of totality을 통한 관점의 무한한 확장, 끝없는 깨달음과 그것의 실현 과정만 있을 뿐입니다.

저는 처음에 이 《머무르지 않는 깨달음》을 접하고는 문장이 쉬워 보여서 두 달만 번역하면 될 걸로 생각하고 번역을 하기 시작했습니다만, 막상 하면서 보니 이 책은 영적 수행에 관한 산문이 아니라 한 구절 한 구절이 다 엄청난 정보량을 가진 압축된 시여서 번역하는 데 애초에 예상했던 것보다 두 배 이상의 시간이 걸렸습니다.

알마스는 우리가 알고 있는, 불가佛家의 가르침을 포함한 몇몇 중요한 가르침들에 나오는 내용들을 다른 방식으로 변주합니다. 대단히 세밀하고 정교한 방식으로. 그의 가르침은 대부분의 가르침들이 지닌 한계를 뛰어넘는 깊이와 차원을 갖고 있습니다.

저는 논리가 더없이 미묘하고 정교해지면 초논리가 되고 시가 된다는 것을 알마스를 통해서 알았습니다. 하지만 사실 이것은 논리가 정교해져서 생겨난 결과물이 아니라 영적인 수행을 통한 경험에서, 거듭되는 깨달음을 통해서 나온 것이기에 이미 논리와 개념을 넘어서 있습니다. 다만, 언어로는 절대로 표현할 수 없는 것을 서구인답게 어떻게 해서든 언어와 논리와 개념으로 표현하고자 하는 깊은 열망에서 나온 언어의 거대한 건축물이죠.

사실, 저 역시 다른 이들과 마찬가지로 한 번의 깨달음을 통해서 존재의 실상을 확연히 알고 나면 모든 것이 다 끝나는 줄로 알고 있었습니다. 그다음부터는 존재의 실상에 환하게 깨어난 상태에서 그냥 살면 되는 거라고 생각했습니다. 한데 알마스의 이 책을 만나면서 깨달음은 하나에서 그치는 것이 아니라 그 이상의 더 깊은 깨달음이 연속될 수 있다는 것, '에고 자아'가 아니라 '참나'로서의 발견의 과정, 깨달음의 여정은 끝이 없다는 것을 알았습니다. 그에 따라 삶의 체험도 얼마든지 더 깊어질 수 있고요. 알마스의 표현을 빌리자면, 실재의 깊이와 다채로움은 결코 바닥나는 일이 없다는 것을 알았습니다.

다 그런 건 아니겠지만, 그저 불립문자나 내세우면서 공이나 무위 속에서 자맥질하는 것으로만 그치는, 혹은 극소수 제자들에게 비전적 전수를 하는 것으로만 그치는 상당수 동양 수행자들과 달리 알마스나 켄 윌버 같은 서구 수행자들은 언어로 돌파해낼 수 없는 진리 혹은 실재의 세계를 수행을 통해서 돌파한 뒤 그걸 다시 언어로 세밀하고 꼼꼼하게 건축해내서 대중에게 비교적 친숙하게 다가갑니다. 그들의 그런 놀라운 솜씨와 치열함에는 절로 감탄하는 마음이 우러납니다.

또 하나, 제 마음에 깊이 다가오는 것은 "수행이 곧 깨달음이고 깨달음이 곧 수행이다"라는 한 구절입니다. 이 구절은 깨닫지 못한 자와 깨달은 자 간의 이분법을 넘어서게 해주는 빼어난 구절입니다. 우리는 흔히 그 둘 사이에는 엄청난 거리가 있을 거라 생각하기 쉬우나, 사실 우리가 수행할 때는 개별 자아가 아니라 참본성이 수행을 한다는 알마스의 말뜻을 이해하면 수행을 한다는 것 자체가 이미 깨달음의 실현 혹은 구현의 과정이라는 점을 이해할 수 있습니다. 그래서 이 구절은 참 따뜻하게 다가옵니다. 깨닫지 못한 이라도 그가 진지하고 열의 있는 자세로 수행을 한다면 그것은 이미 참본성의 수행이요, 참본성이 그 깨달음을 구현하는 과정이 되니까요.

이 책은 앞에서 말했듯이 국내에 이미 소개된 그의 전작 《늘 펼쳐지는 지금》을 모두 아우르면서도 그간의 발견의 과정, 그 이상의 깨달음들을 《늘 펼쳐지는 지금》처럼 열여덟 개의 장 안에 펼친 내용으로 이루어져 있습니다. 그러니 이 책을 읽는 분들은 그의 전작을 참고로 하면 이해하는 데 더 도움이 되겠지만, 그 책을 꼭 읽지 않아도 이 책 내용 자체만으로 충분히 이해가 가능합니다. 이 안에 알마스의 다이아몬드 어프로치의 내용이 암묵적으로 혹은 명시적으로 포괄되어 있으니까요.

이 책에는 일반 독자들에게 생소할 수도 있을 몇 가지 용어들이 나옵니다. 살아 있는 참존재Living Being나 전체적인 참존재Total Being, 참본성true nature, 존재성beingness 등이 그 예들인데, 이런 용어들은 실재reality의 다른 표현들로 볼 수 있으며, 알마스가 문맥의 필요성에 따라

적절히 변주해서 쓴다고 생각할 수 있습니다. 글을 깊이 음미하며 읽다 보면 저절로 이해가 되시리라 믿습니다.

치밀하고 정교하면서도 따듯하고 정감 있게 다가오는 그의 이 유려하고 살아 있는 시구(활구)들을 모쪼록 즐겨주셨으면 합니다.

2018년 3월 부여에서

김훈

찾아보기